コリーヌ・ペリュション
Corine Pelluchon

レヴィナスを理解するために
Pour comprendre Levinas

倫理・ケア・正義
Un philosophe pour notre temps

渡名喜庸哲＋樋口雄哉＋犬飼智仁 訳
TONAKI Yotetsu
HIGUCHI Yuya
INUKAI Tomohiro

明石書店

レヴィナスを理解するために――倫理・ケア・正義　◎目次

まえがき

本書は、パリ第一二区、ピクピュス大通り三番地で二〇一八年一一月から二〇一九年一月にかけて毎週木曜の夕方に行なわれたセミナーがもとになっている。このセミナーは、パリ東（マルヌ・ラ・ヴァレ）大学、現在のギュスターヴ・エッフェル大学で二年間の哲学科修士課程を終えた、学生およびケアに携わる人々に向けられたものである。セミナーのタイトルは「レヴィナスを理解するために」で、「医療人文学」コースの枠組みのなかで行なわれた。この科目は、修士課程のあと、とりわけ博士論文を準備しようとしている人々に向けられたものである。参加者の多くは、老年医学・腫瘍学・対処療法の専門家、緊急医、麻酔医、小児科医、精神科医、心理学者、看護師、保健医療管理職などだった。哲学で博士論文を準備する者も何名か参加した。

私が自分の授業の一部でエマニュエル・レヴィナスの哲学を取り上げることにしたのは、それが、倫理、政治、医療において、かなり幅広い人々の関心に響くような含意をもっているからである。とはいえ多くの人は、レヴィナスの書いたものをうまく理解できない。彼は出典をめったに明記しないし、論の筋を摑むのに助けとなる手がかりもほとんど与えてくれない。一般に哲学者の書いたものを読み解くのは難しいが、レヴィナスはおそらく他の哲学者よりもいっそう難しいだろう。たとえば、ポール・リクールの思想はかなりレベルの高いものだが、他の論者とはっきりと論を突き合わせているし、論証的で、容易に論を辿れるようになっている。逆に、レヴィナスは注も付けないし、いくつかの節では、冒頭に置かれている思想家が誰かを明示しないことすらある。加えて、彼のテクストのなかでは倫理やタルムードの参照といったさまざまな層が重なり合っている。さらに、彼はいくつもの暗喩を用い、書き方のスタイルも誇張的だ。それゆえ、「顔は感性的なものを引き裂く」とか、「無限を表出する」「私は他者の人質である」「身代わりはあらゆる受動性よりも受動的な受動性だ」「平和は戦争に先立つ」といった表現に魅了される読者がいるにはいるが、その意味を把握しているかというとそうではないこともある。思想の力強さに感づくことはあっても、なぜそうなのかを述べるにはいたらない。あるいはレヴィナスの思想を道徳主義的ないし心理学的な文句へと還元してしまい、さらには、現象学的な方法をすっかり無視することで、レヴィナスがどのような意味を倫理に与えているのかを等閑視してしまう場合もある。

レヴィナスはすでに古典となった哲学者であり、もちろん多くの研究がすでになされてきた。しかし、それらは専門的な知識をもった読者向けだった(1)。より教育的なかたちでレヴィナスを紹介する著作もあり、これらは見当をつけるのには役に立つ。だが、これらの著作の垂訓的な構えは、テクストを読み、解明し、解釈することがどのように一人の人間を変えうるか、ということに関連した思想的経験をもたらすことはできない。そのため、このセミナーは次の二つの目的を設けることにした。まず、学生に対してレヴィナスの哲学の厳密さと深遠さを理解するための鍵となる考えを伝えることである。さらに、彼の本を読むことが私自身に与えた衝撃、この衝撃がつねに繰り返し現れて私を鼓舞するときの気持ちを共有してもらうことも試みた。そうした感情は、私が彼の思想から距離をとったり、いくらかの難点を意識したりしたときですら現れるものだ。

こうして、私としては、一人の偉大な哲学者と向き合うことは自分が自分自身に対して開かれるという冒険だと示そうとした。そのとき私が期待したのは次のことだ。すなわち、読者がそこに自分の見たいものを投影するのではなくて、問いを育んでくれる源泉から手がかりを得られるようにすることだ。私の考えとしては、彼らに、レヴィナスの書き方、語り方、そして語られたものに身を浸してもらいつつも、同時に、そのテクストが解釈に開かれたものであることも理解してもらいたかった。回を重ねるごとに、レヴィナスが用いる概念や表現の意味が明らかになり、また彼がなぜそのように書いているのかその理由も明らかになっていったはずだ。それは〈存在〉の思想、すなわちあらゆる現象を本質へと還元し、未知のものを既知のものへと、他を同へと還元する存在論の思想を抜け出して、「別の仕方で思考する」ということだ。

本書はテーマごとに分かれているが、段階的にもなっており、レヴィナスの著作のいくつもの主要概念が必然性をもって現れ、それらの意味が明確になっていくように構成されている。第I部は、レヴィナスの思想の典拠となるもの、とりわけエトムント・フッサールとマルティン・ハイデガーという現象学者を取り上げる。レヴィナスは彼らの遺産を相続しつつ、そのアプローチを変化させているのである。ここでの目的は、レヴィナスが提示する現象学、つまり受動性の現象学が、私の志向性、意味を構成する私の権能を挫折させるような現象に注意を払うような現象学であることを示すことにある。ここでは現象学の中心的な考えに加えて、レヴィナスの経歴や研究歴にも触れるが、こうした準備作業によって、私が他人を全面的に把握したり構成したりすることができないという不可能性を起点にして、私の他人との関係の次元を倫理として描き出すときにレヴィナスが何を述べようとしていたのか、理解できるようになるだろう。

それ以外の部はいずれもレヴィナス哲学の根本的なテーマを扱っている。第Ⅱ部は他者の超越に関わっており、公現としての顔という観点が明らかにされる。『全体性と無限』では殺人の禁止について論じている節があるが、それを分析することで、他人とは私を攪乱する者であり、私によって保護されなければならない者でもあると同時に、私が殺すことを望む者でもあるという、他人との関係の両義性が強調される。

他人の超越を認めること、自由に対し責任が優越すること、そして非対称性こそが倫理の条件だと考えることは、力強い主張ではあるが、それが実践的にどのような意義をもっているかは注意深く検討すべきだろう。第Ⅲ部では、責任から、『存在するとは別の仕方であるいは存在することの彼方へ』〔『存在の彼方へ』〕の中心的な考えである身代わりへの移行が検討されるが、そこではレヴィナスの思想が行き着きうるアポリアにも言及される。さらにこの第Ⅲ部では、レヴィナスの身体性の現象学の二つの側面の一つである傷つきやすさについても検討を行なう。これは、疲労、痛み、苦しみ、老化といった現象において示されるものだが、身体が他なるものへと変質することと、自我における他性ないし責任のあいだの関係をいっそう明らかにしてくれるだろう。

第Ⅳ部では、この身体性の現象学のもう一つの側面である主体の物質性、空間性、空気、水、環境といった元基〔élément〕にも触れる。糧を得ること、居住することについてのレヴィナスの考えの展開、さらに、糧における生に関連した享受の次元についてのこだわりは、感性的なものや「〜によって生きる」についての彼の哲学の独自性を示しているだろう。

第Ⅴ部では、彼の身体性の現象学が、個人を身体へと縛りつける生物学的な考えからどのような点で区別されるのかを指摘する。ここでレヴィナスの問いがどのような背景から生じたのかに立ち戻る必要がある。とりわけ、レヴィナスが思想的な土台を分析しているヒトラー主義の台頭だ。レヴィナスの死の意味についての考察、さらにハイデガーの《死に臨む存在》についての彼の批判は、ナチズムからわれわれを守ることができなかった思想に対するオルタナティブを提示するというその野心がどこにあったのかを見分ける手助けとなるだろう。

続く二つの部は、倫理と政治の関係に関わる。第Ⅵ部では、単数形の他者と複数形の他者を結ぶ紐帯、すなわちレヴィナスが第三者と呼ぶものが問題となる。比較不可能なものを比較するという正義の領域へと足を踏み入れることは、他人の例外性を考慮に入れる非対称性を特徴とする倫理とは区別される。しかし、第三者は、他人の顔のうちにすでに現前しているとされる。つまり、倫理と政治の関係は、見かけ以上に複雑なのだ。第Ⅶ部では、レヴィナスが社会性を責任および顔を起点に理解しようとすることの政治的な含意、さらにレヴィナスの人権についての現象学が中心的なテーマとなる。最後に、戦争および平和の条件、レヴィナスが推進しようとしたもう一つのヒューマニズムの意味について考察する。最終の第Ⅷ部では、宗教と哲学の関係、他人との関係と神の呼びかけ、他性と彼性が主題となる。

以上の主題はすべて、レヴィナスの主著『全体性と無限――外部性についての試論』の表題のなかに含まれるものである。同著はわれわれの主たる参照項の一つであるが、もう一つの参照項が『存在の彼方へ』である。これは、叙述の点でも、その背景についても、彼の思想のいくらかの進展を示すものである。これら二つの著作に先行ないし後続するテクストについては、レヴィナスの主たるテーマに重要な解明をもたらす場合にかぎって取り上げる。

エマニュエル・レヴィナスの哲学は、『砕かれた自律――生命倫理と哲学』(PUF, 2009) から『傷つきやすさの倫理のための諸原理』(Cerf, 2011)、『糧――政治的身体の哲学』(Seuil, 2015) を経て『顧慮の倫理』(Seuil, 2018) にいたるまで、倫理および政治についての私自身のこれまでの仕事につねにともにあった。彼から着想を得たのは、とりわけ私が傷つきやすさの倫理と呼んできたものである。それは、自律と傷つきやすさを関連づけ、前者を再構成すると同時に、後者の意味を明らかにするというものだ。自律のほうは独立には還元されず、傷つきやすさを真剣に捉える作業の地平となる。傷つきやすさはよく脆弱性と同一視されるが、とはいえそれは他者たちおよび世界へと開かれていることの約束でもある。責任に中心的な位置を与えるレヴィナスの主張は、私が練り上げようと試みていた主体の哲学の核心にある。私はこれを、自由主義理論を支える哲学へのオルタナティブとして提示した。自由主義的な哲学は、部分的には、民主主義が生気を失ってしまうという問題、民主主義がエコロジーや他の生き物の利害を考慮するといった現代の試練に対処することができないという問題を物語るものだからだ。さらに私は、レヴィナスから糧という考えを借り受けており、そこから「〜によって生きる」ことの哲学、エコ現象学、あるいは〈地球〉への居住の哲学を展開した。これらの倫理的かつ政治的な意義に照らすと、国家の目的も再定義を迫られるだろう。

以上のように、私は本書でレヴィナスの思想の一解釈を提示していくが、その際、私自身が理解したことを伝えるばかりでなく、彼の思想のなかに含まれる動揺や、ときには難点を示し、いくつかの論点はさらに議論ないし敷衍すべきであることも示唆したい。このセミナーは、レヴィナスの著作を読もうとする聴衆に向けられていたが、それはまた、近代および現代の思想の雰囲気を完全に一新させた著者に立ち向かうことを勧めるものでもある。彼が哲学史のなかで独特の地位を占めるのはそのためだ。それはまた、医療倫理、動物との関係、エコロジーといった、レヴィナスが自身の考えを示さなかった主題について考察するときにも当てはまるだろう。

レヴィナスは、基本的に主体をアトムとして考える自由主義の土台を深く再検討していた。彼は、ときに内実を失ってしまう「友愛」「多元的様態」「他人の尊重」「歓待」といった語に意味を与え直そうとしているとも言えるだろう。個々人が全体主義によって無化され、道具的合理性によって打ちのめされはしないかという彼の恐れ、自由主義がファシズムへと変転することもありうるのではないかという強迫観念、自らの思想をユダヤ教およびそれについての自分自身の歴史に根付かせたこと、一九四〇〜一九四五年までの捕虜収容所での勾留、両親や兄弟たちがナチスによって殺害されたこと、こうした彼の思想の背景もまた、本書の歩みのなかに現存している。
このセミナーでは聴衆との意見交換がきわめて重要な役割を果たした。私のほうは自らの理解を伝え、彼らのほうはレヴィナスのテクストの解釈のさまざまな意味の地平や次元を見出すことで私たちが得た心地よい感覚は、いまなおその授業の痕跡があることを物語っている。最終回で、学生たちはこのセミナーを公刊するよう私を説き伏せた。ジョエル・シェカルディは、リブルヌ〔ジロンド県のボルドー近くの町〕のロベール・ブーラン病院の血液学部門の主任を努めており、現在博士論文を準備中だが、仕事のためにすべての回には参加できなかった他の参加者たちのために録っておいた音声から本書の全体を転記してくれた。私は、口頭での授業や発せられた言葉の自然さを重視しながら、それを一冊の本にした。

それゆえ、以下の方々にはお礼を申し上げたい。二五年目を迎えるこの哲学修士コースを創設してくれたドミニク・フォルシェード、二〇一六年にここに私を教授として迎え入れてくれた同僚のエリック・フィアット、ベルトラン・カンタン、ダヴィッド・スマジャ、前任者のシャンタル・デルソル、サルペトリエール倫理学校のメンバーたち、とりわけエルザ・ゴダール、さらにこのエマニュエル・レヴィナスをテーマにしたセミナーに参加してくれた以下のケアラーや学生たち。ディアヌ・ドーディフレ、ヴェロニク・アヴェルス、ジョン・バレエ、セリーヌ・ブノス、ローラン・ベルジェス、ジャン＝ルイ・ベロー、ティエリー・ビレット、ソフィー・ブキニャール、ジョン・カイヤール、ナディア・

シェルシェム、シルヴィ・クラス、ジェラール・コーエン、フレデリク・コットレル、イリス・デルゼル、メリス・デュバスク、オディール・ファラルディ、パスカル・ファーヴル、シルヴィ・フレッソン、クリスチアン・ゴリー、ジスラン・グロダール、マリー・ベルナデット・ギヨー＝エルグアルシュ、フランソワーズ・ローディエール、ヴェロニク・ルフェーブル＝デ＝ノエット、ガエル・ランクリュド、ネリー・ル＝ラン、ロナン・ル＝ラン、シルヴィ・ロスタンラン、クリスチアン・マルタンス、パスカル・ミュソー、シルヴィー・パンドゥレ、ペリーヌ・パゼロ、エリザベット・ペランク＝ゼメク、ドミニク・ペンゾ＝アサティアニ、クリステル・ピシャール、イザベル・ピピアン、ロミュアル・ポマトー、クリスチアン・タニエ、ミシェル・ヴァン・デン・ベルク。最後に、ジョエル・セカルディに深い感謝をお伝えしたい。

クラヴァン－ドゥー・リヴィエールにて
二〇一九年五月六日

Éléments préparatoires

第I部

いくつかの予備的材料

第1章　一つの生、一つの作品

方法

本書の目的の一つは、エマニュエル・レヴィナスの諸作品、とりわけ『全体性と無限——外部性についての試論』（一九六一年公刊）、『存在の彼方へ』（一九七四年公刊）に関心のあるすべての人々が彼の著作を読むのを手助けすることである。レヴィナスの略歴や知的遍歴を辿ることは必要であるが、何にもまして現象学的方法にこだわるべきである。というのも、それなしには彼の思想の厳密さを捉えられないからである。

レヴィナスが彼の第一の師であるエトムント・フッサールに何を負っているかは、検討が欠かせない。レヴィナスは、いくつかの本質的な点においてフッサールの現象学的アプローチから距離をとってはいるが、彼のアプローチを徹底化させてもいるからだ。レヴィナスは、フッサールに関する博士論文を提出し、また一九二八‐二九年にフライブルク・イム・ブライスガウにおいて開講されたフッサールの講義に参加した。レヴィナスのアーカイヴに見られるノートや講義から明らかなように[1]、レヴィナスは生涯を通じてフッサールを読んでいた。レヴィナスにとって、第二の哲学の師はマルティン・ハイデガーである。レヴィナスは彼の『存在と時間』を読み、驚嘆した。一九二九年、ダヴォスでカッシーラーと対決した有名な対談でもそうだが、ハイデガーはレヴィナスを魅了したのである。レヴィナスは、諸々の存在様態ないし実存の諸様相に及ぶハイデガーの現象学的な問題提起を継承しているが、その配慮の存在論は拒絶している。

現象学について何も知らなければ、またレヴィナスがフッサールとハイデガー、さらにはデカルトから何を取り入れたのかを知らなければ、レヴィナスの思想の新しさや独自性を捉えることはできないし、レヴィナスが伝統的な哲学者の大多数と一線を画しているのはテクストのどの箇所においてなのか、たとえば《死に臨む存在》という考えに異議を唱えることでハイデガーに反駁しているのはどの箇所においてなのかを見分けることもできない。このような予備的な材料を欠くと、なぜ同一性、無限、他性、応答可能性、身体性といった主題をレヴィナスが好むのかを摑むことはできないし、レヴィナスが倫理や正義に与える意味を取り損ねてしまい、さらに、いかなる意味において彼が政治哲学を刷新することに寄与しているのかが理解できない。レヴィナスが現象学者であると示すこと、そして彼がどのように二人の師から距離を取りつつもその教えを継承しているのかにこだわることによって、レヴィナスを読む鍵が得られるのだ。同様に、この出発点は、他の源泉、とりわけ聖書という源泉、さらにロシア文学やいくつかの伝記的な要素がどのように彼の諸々のテクストに合流しているのかを理解するのにも役立つ。したがって、現象学は、諸々の断絶――とりわけ『全体性と無限』および『存在の彼方へ』のあいだの――をも含んでいるレヴィナスの作品を読むにあたり指針を示してくれるアリアドネの糸である。レヴィナスは一九七四年の著作において、糧をはじめいくつかの主題を捨て去り、そして責任について、自我を他者の人質とする身代わりにいたるまで思考するようになるからである。

したがって、ある哲学者を研究するためにその人生を知ることが重要であるとしても、とりわけエマニュエル・レヴィナスの場合、彼の個人史が二〇世紀の大激動と切り離せないのだとしても、われわれは、彼の現象学的手法とその主たる思想的源泉に的を絞り、伝記的な要素は彼の作品を明らかにすることができるものを取り上げるだけにとどめよう(2)。同様に、われわれはレヴィナスの哲学的著作を検討するだけにとどめ、タルムード講話には取り組まない。とはいえ、彼の思想のこの側面が無視しうるものだということではない。本書最終部において、他人との関わりと神の観念のあいだの絆、他性と彼性のあいだの絆を分析するが、その際に見るように、ユダヤ的伝統が彼に与えた影響に疑いの余地があるということでもない。

伝記的および書誌的な手がかり

エマニュエル・レヴィナスは、一九〇六年一月一二日、コヴノ（カウナス）で、教養あるユダヤ人の家に生まれた。リトアニアのこの地域は一八世紀末以来、ロシアの支配下にあった。レヴィナスはツァーリの臣民だったわけだ。彼が生まれたのは、ニコライ二世の即位から一二年後、第一次ロシア革命の一年後である。それから社会的・政治的抑圧の時代が続くことになった。彼は三人兄弟の長男である。二人の弟はボリスとアミナダブといい、それぞれ一九〇九年と一九一三年に生まれた。レヴィナスは十分に保護された幼少期を過ごした。ユダヤ教徒とキリスト教徒の断絶は現実ではあったが、彼の祖父母はポグロム〔一九世紀後半のロシアにおけるユダヤ人排斥運動〕を逃れたコヴノのユダヤ共同体に属していた。レヴィナスの父は書店を営み、家族はまずまずの生活をしていた。この父親は、長男が最良の教育を受けることを心から望んでいた。父親はユダヤ的伝統に対する深い愛着をもち知的なユダヤ教に帰属していたが、このことが、ヘブライ語と聖書の読解を幼いエマニュエルに教えるための個人教師を雇うようになることとの説明となるだろう。エマニュエルの母親はきわめて教養に富み、プーシキンの『オネーギン』を息子のために暗誦した。エマニュエルはごく幼い頃から、バルザックやゾラなど、多くの小説を読んでいる。家のなかで両親は互いにイディッシュ語で話したが、子供たちに対してはロシア語で話しかけ、エマニュエル・レヴィナスはロシア系の高校に登録された。

第一次世界大戦によって困難な状況が始まる。一九一五年、ドイツ軍はコヴノを奪取し、家族は〔ウクライナの〕ハリコフ〔ハルキウ〕に身を寄せた。レヴィナス家はウクライナに移った五年のあいだ、比較的安全に暮らすことができた。エマニュエル・レヴィナスは、高校で学んだドイツ語をこの頃にはすでに話せるようになっていた。一九二〇年、家族は共産主義化したウクライナを離れ、コヴノに戻る。父は書店を再開し、子供たちはコヴノのユダヤ系の高校に通った。ここでは、授業はヘブライ語で行なわれていた。高校の校長であるモシェ・シュヴァーベ博士は、同化したドイツ・ユダヤ人で、ドイツ語およびドイツの文化を愛した人である。大学を受験する学生たちは、とりわけロシア文学、トルストイ、ツルゲーネフ、ドストエフスキーを読んだ。これらの作家の形而上学的な思索は、言ってみれば、この高校で教えられていなかった哲学の代わりをなしていた。

レヴィナスは、幼少期および思春期において、以上のような文化的源泉に育まれていたわけだが、このことは彼の思想に決定的な影響をもつことになった。さらに、彼の受け継いだユダヤ教は、ヴィルナのガオンという人物とその弟子のヴォロズィンのラビ・ハイームから切り離すことができない。それは、知性主義、合理主義、そして聖典の倫理的次元の強調を特徴とするユダヤ教である。それはまた、一義的な意義を取り出すことにこだわったり、典礼や道徳的な教訓に特化したりするのではなく、語の多義性に基づきながら聖典を解釈する必要性を強調するという特徴ももつ。レヴィナスは、ユダヤ教のさまざまな潮流、たとえばヴォロズィンのハイームが参照するカバラーやその他の神秘主義的伝統、マイモニデスといったユダヤ哲学を非常に早い時期に知った。彼は、神秘主義から十分に距離を置きながらも、これらの相対立する傾向を和合させる仕方を学んでいた。一般的に言えば、彼のリトアニア的なユダヤ教は、ある種の謹厳さを特徴としており、ハスカラーに由来するさまざまな要素と交差するものである。ハスカラーとは、他の諸文化、とりわけドイツ哲学を統合したユダヤ的啓蒙主義のことである。

レヴィナスは大学入学資格を得ると大学に登録した。彼の両親、特に母は、息子をドイツに行かせることを望んでいた。最終的には、彼は当時フランスで最良の大学の一つであったストラスブール大学の哲学科に登録した。一九二三年のことである。レヴィナスは大急ぎでフランス語を学び、アンリ・カルテロン、マルシャル・ゲルー、モーリス・プラディーヌ、モーリス・アルヴァックスといった哲学の教授、マルク・ブロッホ、リュシアン・フェーブルといった社会学の教授に出会う。心理学では、彼はシャルル・ブロンデルの講義に参加した。レヴィナスはのちに次の三人のことを回顧している。アリストテレスの専門家であるアンリ・カルテロンには、レヴィナスはフッサールについての博士論文を捧げている。それに加えて、実験心理学を教え医師でもあったシャルル・ブロンデル、そして感覚の哲学について講義をしていたモーリス・プラディーヌである。レヴィナスは彼らの人格に感銘を受けた。ストラスブールでは、友人となる一人の学生に出会う。モーリス・ブランショである。裕福な家庭に生まれ、一九三〇年代末以降にユダヤ系の雑誌に関わる以前はアクション・フランセーズに近かったブランショは、エマニュエル・レヴィナスの配偶者ライッサと二人の娘シモーヌが戦争中に身を隠すのを手助けすることになる。ライッサとシモーヌは、まずパリで身を隠し、次いで一九四三年からはオルレアン近郊のサン゠ヴァンサン・ド・ポール修道院のシスターたちのもとに身を隠した。レヴィナスはドイツで捕虜だった際、この修道院のシスターによって手紙を通じて妻と娘の近況を知ることができた。

一九二四年から一九二八年まで、レヴィナスは大学の課程に所属する。彼はカントの著作を読み、アンリ・ベルクソンの持続の哲学を歓喜とともに発見した。ベルクソンはレヴィナス自身の思想に重大な衝撃を与えることになる。しかし、とりわけ彼の興味を引いたのは、ジャン・ヘーリンクというプロテスタント神学部の若い牧師が教えていたフッサールの現象学である。哲学科においてレヴィナスは、フッサールに関する諸々の仕事に対してポール・メラン賞を受賞したガブリエル・パイファーと知り合う。のちに彼は彼女と一緒に『デカルト的省察』を翻訳することになる。『デカルト的省察』という一連の講演は、一九二九年二月にパリで行なわれ、まず一九三一年にフランス語で出版された。ジャン・ヘーリンクのおかげでレヴィナスはエーディト・シュタインやマックス・シェーラーといったフッサールの弟子たちを発見することになる。ヘーリンクは、宗教哲学の再建のために、現象学的還元をはじめ現象学のさまざまな成果について最先端の講義を行なったが、これにレヴィナスは熱中した。一九二七年、彼はモーリス・プラディーヌの指導のもと、博士課程に登録し、「フッサール現象学における直観の理論」に取り組むことになる。

一九二八年から一九二九年まで、彼は『イデーン』の著者〔フッサール〕に師事するためにフライブルク・イム・ブライスガウに赴く。この滞在中に、レヴィナスはマルティン・ハイデガーに出会った。ハイデガーについては、ジャン・ヘーリンクがすでにレヴィナスに語っており、早くも一九二七年に、レヴィナスは『存在と時間』を懸命に読んでいる。ハイデガーの最初のキャリアはフッサールに負っているが、その講義にレヴィナスは参加した。二年後、スイスのアルプスに位置するダヴォスでハイデガーに再会する。(3) ダヴォスでは、三週間にわたって、仏独知識人の会合があった。そこでは二度の遠足があったほか、人々は諸々の講演に参加した。レオン・ブランシュヴィックがそうであるように、フランスの大学人の講演の多くは、偉大な古典主義に関するものであった。また、新カント主義の哲学者で、道徳の理性的普遍的根拠の観念を擁護する人文主義者エルンスト・カッシーラーと、真理は現存在に相関的であると主張することで以上のような伝統の諸根拠を切り崩すハイデガーが対決する講演も行なわれた。レヴィナスは、ハイデガーの大胆さとそのスタイルに魅了されていたため、学生たちが余興で講演者の物真似をした際、ハイデガーの立場に立ってカッシーラーを茶化した。レヴィナスはのちに、『存在と時間』の著者が一九三三年にナチ党を支持したことを知って後悔することになる。

一九三〇年、レヴィナスは博士論文を提出する。この博士論文はすぐにヴラン社から出版され、学士院から表彰された。彼はすでに自身の思想のいくつかの根本的な要素をはっきりさせていた。実際、レヴィナスはデカルトから無限という考えを取り入れている。自我のうちで原初的なものであるが、私がそれについてもっている観念から溢れ出るものとしての無限である。さらに、真理に到達することができるのは、現実を一つの概念に帰すことによってではなく、ヘーゲル弁証法におけるように、一つの体系を構築することによってでもなく、重要なのは、理性は現実を包括できると考え、個別的なものは一つの体系のもとに包摂されると考えてしまう誘惑を免れることである、とレヴィナスは確信していた。レヴィナスは、現象学的方法を体得していた。これは、志向性という考えと不可分のものだ。彼は、フッサールに倣って、さまざまな事物が私の意識に与えられる仕方を記述することからはじめ、それらの事物の意味を考察する。そして、意識作用へと回帰することで、さまざまな世界観はもとより、諸科学によっても隠蔽されてしまうさまざまな地平を明るみに出すことを試みる。最後に、「ヒトラー主義哲学に関する若干の考察」および「逃走論」という二つのテクストの中心にある脱出や逃走という考えもすでに見られる。前者は一九三四年に『哲学探究』誌で、後者は一九三五年に『エスプリ』誌で発表されたものである。

レヴィナスの初期の仕事はきわめて有望と評価され、フッサールとハイデガーの現象学をフランスに紹介した人物であると見なされたが、レヴィナスは大学に身を置かなかった。教授資格試験《アグレガシオン》を受けていないためだ。ある証言によれば、レヴィナスのアクセントでは合格することは決してないとブランシュヴィックが彼に伝えていたとされる。レヴィナスは、パリ第一六区オートゥイユ通りに位置する東方イスラエリット師範学校（ENIO）に勤務した。彼はそこで宿直の職務をこなしたり、世界イスラエリット連盟に付属するこの学校に入学した地中海地域出身のユダヤ人生徒に哲学の講義を行なったりした。レヴィナスは一九四五年から一九七八年までこの学校の校長を務めながら、校長室で、あるいは教室からそれほど遠くない家族と暮らしていたアパルトマンで哲学研究を続けた。

この役割はレヴィナスにとって根本的に重要な意味をもつことになる。とりわけ、六〇〇万人のユダヤ人の虐殺と東欧の多くのユダヤ共同体の消失の後におけるユダヤ教の再生に貢献することになったためだ。また、それはレヴィナスに安定した収入を保障した。収入の保障という安全の確保は時宜に適ったものでもあった。というのも、一九三二年に、彼は若いユダヤ人女性と結婚していたからである。彼女は、レヴィナスと同様にコヴノに生まれ、彼がリトアニアに住んでいたとき同じ階の隣人であったライッサ・レヴィである。この若い女性は音楽家でありウィーンで学歴を積んだ。一九三五年、二人のあいだに第一子シモーヌが生まれる。シモーヌ・アンセルは、医学の道を選んだ。その後、エマニュエルとライッサは戦争の直後に二女のエリアーヌを授かるが、数カ月で亡くしてしまう。一九四九年、男の子のミカエルが生まれる。非凡であったこの息子は、ほとんどどこにでも父親に同行し、いまでは著名な作曲家でありピアニストになった。しかし、レヴィナスがフランス国籍を取得した一九三一年と、戦後の時期、つまり、彼が著作を公刊するようになり、誰もが認める哲学者として、そしてまた自らの共同体のために身を投じるユダヤ人としてゆっくりではあるが着実に頭角を現すようになる時期のあいだには、捕囚の時期があった。

フランス国籍を取得したことはエマニュエル・レヴィナスの命を救った。彼はヴァンセンヌの第四六歩兵連隊に配属され、一九四〇年六月、レンヌで捕虜になった。その後、彼は他のユダヤ教徒およびキリスト教徒のフランス人捕虜とともにハノーバーに近いファリンクボステル11B捕虜収容所に移送される。ドイツでの捕囚は五年間にわたるが、彼の捕囚はフランス兵としてのものだった。つまり、ベルゲン・ベルゼンのような収容所も近くにあったが、彼が収容所で殺されることはなかったのである。森林伐採の仕事に従事しながら、多くの本を読むこともでき、一九四七年公刊の『実存から実存者へ』に結実することになるものを準備しながら、レヴィナスは自分とは異なるさまざまな社会的・宗教的出自をもつ兵士たちと交際をもった。彼は、シェスネ神父との感動的な思い出を保ち続けることになる。この神父の人間性は、おそらくレヴィナスのキリスト教に対する関係が和らぐ原因となったかもしれない。もっとも、「名前なしに」と題された一九六六年のテクストで書いているように、レヴィナスは生涯にわたって生き残りの有責感を強くもつことになる。この有責感は、「六〇〇万人のユダヤ人のあとに生き残ったということの不当な特権」や、コヴノに残った両親と弟たちが殺害されたことに結びついている。両親と弟たちが銃殺され、親戚の他の全員が惨殺されたことをレヴィナスが知ったのは、捕囚から帰還してからのことである。

エマニュエル・レヴィナスの遺稿から集められたノートをもとに二〇〇九年に刊行された『捕囚手帳』は、レヴィナスが捕虜収容所で過ごした日々を証言している。ただし、ナチズムやショアーに結びついたトラウマの痕跡は、とりわけ彼の〔既刊〕著作のなかにも認められる。たとえば、『全体性と無限』は戦争についての分析で始まり戦争についての分析で締められる。同書においてレヴィナスは、他を同に還元する覇権主義的な理性の全体主義への誘惑と格闘したばかりでなく、怪物的な国家の全体主義への誘惑とも格闘した。このようなトラウマを証言するもう一つのものは、フランス語とヘブライ語で書かれた『存在の彼方へ』の献辞である。「国民社会主義者によって虐殺された六〇〇万人の者たち／ならびに、信仰や国籍の如何にかかわらず／他人に対する同じ憎悪、同じ反ユダヤ主義の犠牲になった数限りない人々／これらの犠牲者のうちでも、最も近しい者たちの思い出に」。彼個人および家族の歴史と自身の民族の歴史、人が「〈正義〉と同時に死ぬ」(4)ことを考えていたナチズムという「記憶のなかの腫瘍」(5)、これらは普遍的な射程をもつ思索へと合流する。彼の民族が体験した恐怖だけでなく、憎しみについても語られるが、そこでは悪が問題となる。また彼は、あらゆる人々に対する責任を強調する。そのとき責任は身代わりにまでいたり、責任と有責性の境目が非常に曖昧になることもある。というのも、加害者の過誤も含め、あらゆる他者の過誤がわれわれの記憶にのしかかるため、最悪のものの再来から人類を守ることを望むためには、存在論の伝統的諸概念を用いるのとは別の仕方で考えることを余儀なくさせるのである。

第二次世界大戦後、レヴィナスは書籍を定期的に出版するが、読者は限られた人々だった。当時の哲学的議論は主として実存主義とマルクス主義をめぐって展開され、レヴィナスがいたのはその周縁だったのだ。だが、ジャン・ヴァールは、自らが創設した哲学コレージュに何度もレヴィナスを招待した。レヴィナスは、そこで自らの研究を発表し、たとえば一九四六年および一九四七年の講演は『時間と他なるもの』として出版されることになる。また、ルネ・カッサン〔法学者で当時の世界イスラエリット連盟会長〕も、ユダヤ共同体にレヴィナスの思想を広めた。一九四九年、『フッサールとハイデガーとともに実存を発見しつつ』〔『実存の発見』〕が出版される。同書でレヴィナスは、ドイツの二人の偉大な現象学者の思想をアクセス可能なものにした。彼は、二人の差異を分析し、実存および死に関するハイデガーの考え方の新しさを際立たせ、そしてフッサールの直観理論を振り返り、その現象学が超越論的哲学に根付いていることを指摘した。

一九四七年、レヴィナスはシュシャーニ師と重要な出会いを果たす。レヴィナスの友人で婦人科医のアンリ・ネルソンがレヴィナスに紹介したこの風変りな人物は、タルムードの解釈において途方もない深さと大胆さを示していた。浮浪者然としたこの人物はしばしばレヴィナス夫婦の家に招待されていたが、その後、姿を消し、ウルグアイで亡くなることになる。彼がレヴィナスに与えた影響は、ミニュイ社から出版されたレヴィナスのタルムード講話に見られるように甚大である。タルムード講話は、毎週土曜日に行なわれた「ラシー講義」や、一九五七年にレヴィナスを創立メンバーとして創設されたフランス語圏ユダヤ知識人会議での講演がもとになっている。[6]

だが、一九四〇年代および一九五〇年代は準備期間にすぎない。というのも、レヴィナスが頭角を現すのは、とりわけ一九六一年の『全体性と無限』の出版によってだからだ。その三年後の一九六四年、彼はまずポワチエ大学に、次いで、ポール・リクールの支援を受けて一九六七年から七三年までナンテール大学に勤める。その後、ソルボンヌ大学に着任し、一九七九年に名誉教授になる。レヴィナスは存命中に有名になることはなく、ジャック・デリダ、ポール・リクール、ウラジミール・ジャンケレヴィッチ、ジャン・ヴァールといったきわめて例外的な存在を除くと、同時代の大学人たちに知られるまでにも時間がかかった。とはいえ、国家博士論文の後、レヴィナスはいくらかの同僚の関心を引くことになる。一九五〇年代初めから、レヴィナスはハイデガーから距離をとった。そのことは、彼が公刊した「存在論は根源的か」という論文に表れている。レヴィナスは、フランツ・ローゼンツヴァイクによる全体性批判を自分自身のものとし、私が見たり知ったりするものを絶えず超越するものとしての他人を現象学的に記述しようとする。他人を把持することの挫折こそが、他人に対する私の関係がどのような意味を有するかを露わにし、他人への関係の次元としての倫理へと開かれることになる。このような仕事の重要性を確信したジャン・ヴァールは、レヴィナスが大学に職を得られるようにと、彼が準備を進めていた『全体性と無限』を国家博士号論文にするように後押ししたのだ。

同書は今日では二〇世紀哲学の主要な著作と見なされているが、これを出版したのはハーグにある小さな出版社のマルティヌス・ナイホフ社である。いくつかの証言によれば、大手出版社から出版を断られた後、レヴィナスはこの本を引き裂こうとしたが、妻がそれを思いとどまらせたそうだ！　刊行されたのは、数百部のみであった。レヴィナスの言葉遣いは無味乾燥としたもので、主題は流行のものではなかった。当時は倫理よりもイデオロギーが好まれており、レヴィナスの哲学の深遠さや射程に気づいた者はほとんどいなかった。さらに、エマニュエル・レヴィナスは内気で、自分の実力を示さなければならないときにしばしば気後れし、またそういうことに慣れていなかった。戦時中に受けた屈辱の影響をつねに保っていたため、彼は控えめで、メディアの表舞台に出ることにも乗り気ではなかった。だが、レヴィナスよりもかなり年下とはいえすでに名声を築いていたジャック・デリダは、『全体性と無限』の著者の才能を嗅ぎとり、同書に関する論文「暴力と形而上学」(7)を一九六四年に発表する。これがのちにかなりの反響を呼ぶことになった。

デリダはアングロ゠サクソン系の人々にレヴィナスを発見させ、フランスでもアメリカ合衆国でも自身の講義でレヴィナスをしばしば引用することになる。デリダのレヴィナスに対する強烈で猛々しい批判は、レヴィナスの思想と文体に変遷が見られたのがなぜなのかを説明している。デリダは、他人における把持しえないものを表すには不適切な伝統的形而上学に、レヴィナスがなおも囚われていると見なした。それゆえにレヴィナスは『存在の彼方へ』において自らの文体を変質させ、名詞文や誇張を繰り返し、宗教的で示唆的な語彙を用いることになった。このような語彙は、絶対的に他なるものに対する関係を表現し、この関係が個人の内面にもたらす変貌を感じさせることができるようにするものである。同書は、『全体性と無限』よりもいっそう読みにくく、いっそう急進的なものであるが、そこでは身代わりという考えに焦点が当てられている。レヴィナスはこの考えをポワチエ大学にいる時期に抱くようになった。また、そこで彼は第三者という考えや正義についての見解を深めてもいるが、他方で、一九六一年の著作〔『全体性と無限』〕では一つの章を丸ごと割いていた享受および「〜によって生きる」という主題を放棄することになる。これらの主題は、現在『全集』第二巻に所収されている二つの講演でレヴィナスが取り上げていたものだ。(8) 一九七四年の著作〔『存在の彼方へ』〕で、身体性に関する彼の哲学が焦点を置くようになるのは、傷つきやすさであり、身体の変質と責任の関係である。責任のほうは、自我のうちなる他性、さらに「いかなる受動性よりも受動的な受動性」とされるにいたる。これらの分析は、身体性をめぐる彼の哲学のもう一つの側面に対して優勢になる。このもう一つの側面とは、空間化、居住、栄養補給、さらに住居・空気・水・環境のような諸々の境域の記述に結びついていたものである。

一九六〇年代半ばまで、レヴィナスは東方イスラエリット師範学校の校長としての職務をこなしながら、しばしば夜まで執筆を続けた。彼の哲学は、大学という制度および国際的な舞台やメディアの周縁で構築されたのであり、一般大衆は彼のことを知らなかった。それでも『存在の彼方へ』の出版以降、彼は海外の大学から招聘されるようになる。スイス、ドイツ、オランダの大学、またベルギーのルーヴァン・カトリック大学やアメリカ合衆国のイエズス会系のロヨラ大学などだ。一九七〇年代には、レヴィナスは最後に挙げた二つの大学から名誉博士号を授与される。このことは、レヴィナスの著作がキリスト教界の関心を引いたことを示している。

一九八〇年代からレヴィナスは重要な哲学者になるが、ユダヤ教刷新のための貢献に加えて、キリスト教との対話は彼に多くの称賛をもたらした。一九八二年に刊行された『観念に到来する神について』は、伝統的神学および伝統的存在論の批判についてのテクストや、存在することの権利についての卓越した考察を収録している。存在することの権利は、自由に対する責任の優位と関連づけられるべきものである。この優位は、レヴィナスの倫理を特徴づけるだけでなく、政治においても重大な影響力をもつ。一九八七年出版の『外の主体』は、人権の現象学や自由・平等・博愛の三位一体に関する非常に興味深いテクストを再録している。一九九一年にグラッセ社によって編纂された『われわれのあいだで――他者‐について‐考えること』は、論文「存在論は根源的か」をはじめ一九五一年のテクストから、人権やユートピアについての後年の論考までを収めている。レヴィナスが無名だった時期に発表したものが、いまや一般大衆と出版社の関心を引くことになったわけだ。レヴィナスはさらにいくつかのインタヴューの依頼を受けている。フィリップ・ネモが行なったインタヴューは、一九八二年に『倫理と無限』というタイトルで刊行された。一〇〇ページほどの同書は、レヴィナスの著作のある種の導入になっており、彼の主要なテーマは何なのか、本質的な着想源は何かを示している。一九八七年に刊行されたフランソワ・ポワリエとのインタヴューと、ミカエル・ド・サン＝シュロンが一九九二から九四年にかけて行なったインタヴューもまた、レヴィナスの人生と著作に他では得がたい仕方で光を当てている。最後に、一九七五‐七六年にソルボンヌで行なわれた講義など、彼の講義のいくつかが『神・死・時間』と題されて一巻本としてまとめられている。『困難な自由』というユダヤ教に関する多くのテクストも忘れてはならない。同書は一九六三年に刊行され、より多くの読者を獲得していった。

エマニュエル・レヴィナスは、一九九五年一二月二五日にパリで亡くなった。有名な哲学者は他界したが、彼の思想の豊かさと深遠さ、その途方もないアクチュアリティが、正当に評価されはじめたのは、ここ最近のことにすぎない。

知的生活の諸段階と主な着想源

レヴィナスの知的生活は四つの時期に区分することができる。

一九二九年から四九年は、哲学的な形成の時期であり、著作がゆっくりと成熟していく時期である。この時期は、ストラスブールでの学業、フッサールについての博士論文およびハイデガーの発見からはじまる。ハイデガーは、一九三〇年代半ばまで、いや戦間期までもレヴィナスに決定的な影響を与えた。この形成期は、戦前から捕囚期まで続く。レヴィナスは現象学的方法を我が物としつつ、自分がフッサールとハイデガーに何を負っているのか、そして『デカルト的省察』の著者のなおも超越論的なアプローチから自身を区別するものが何かをはっきりと見てとっている。彼は自分の思想の根源的な考えを際立たせる。たとえば他性という考えがそうだ。これはレヴィナスの思想を倫理へと開き、私の同一性、私の自己性、つまり私が人格として何であるのかを構成する責任へと開いていく。レヴィナスは、私の支配を挫折させる経験、たとえば『実存から実存者へ』で記述されている疲労・不眠・苦しみのような経験に関心を寄せることによって、非‐構成の現象学を提起する。この著作はこの形成期を締めくくるものだが、全体主義批判の重要性を示しており、いくつかの箇所においてはハイデガーと完全に袂を分かったことを示唆してもいる。

一九四九年から一九六三年にいたる時期は、レヴィナスの哲学が孵化する時期である。それ以降、レヴィナスは、その非‐構成の現象学を展開していく。非‐構成とは、意識が意味（の全体）を構成するわけではないということによって説明される。このことは他人との関係に見てとられるものである。他人はつねに、私が自分の心に描く以上のものであり、私の表象の対象になりえず、ノエマにも、意識によって構成される現象にもなりえないものだからである。このような他者構成の挫折は好機でもある。というのも、この挫折は、他者に対する私の関わりが本質的には意識の関わりではないこと、複数の対抗的な自由の戯れには還元されないことを示しているからである。他人は、認識するという私の権能に立ち向かい、さらには、これから見ていくように、権能についての私の権能にも立ち向かい、私を倫理へと導いていく。レヴィナスにおいてこの倫理という語がもつ意味は、われわれが道徳的な慣習や善き振る舞いのために尊重すべき諸原則を問題にするときに普段「倫理」と呼んでいるものとは何の関係もない。倫理の源泉は、私の理性ではなく、他者であり、外部性である。この時期に、レヴィナスは他人との関わり、つまり責任だけでなく、身体性を含む受動性の現象学も展開する。ここでの身体性とは、その否定的次元において（身体の変質、疲労、老化、苦痛、苦しみ、死すべき運命にあること）、また糧の世界でわれわれの生に結びついた享受の次元において考えられたものである。感覚的なものについてのレヴィナスの哲学および他人の他性についての考え方は、デカルトに負うところが大きい。

一九六三年から一九七四年までの時期は、『存在の彼方へ』の構想期間である。責任は考え直され、身代わりへといたる。これは、他者の責任に対する責任のことである。受動性についてのレヴィナスの現象学は、新たな次元を獲得する。レヴィナスは自らの「別の仕方で考えること」の特異性を引き受け、それゆえに、他の哲学者はもとより、多くの一般読者に読まれることを望む者なら誰もが尊重する文体上の制約から自らを解き放つ。それ以前の著作でもそうだが、『存在の彼方へ』においては、より明確に宗教的な参照が現象学的分析に重ねられる。こうして、明示的な言及はなくとも、彼自身の歴史や彼が証人である諸々の出来事に関連するいくつかの主題がそこに反響していることが感じとられるようになっている。

レヴィナスは、一九七五年から亡くなる一九九五年まで、仕事や出版を続けたが、その多くは論文集やインタヴュー集である。これらはレヴィナスが自らの思想を説明したり、以前の諸著作ですでに展開された考えに立ち戻ったりする機会となった。

すでに見たように、聖書、ロシア文学、一九世紀フランスの小説だけでなくシェイクスピアまでもレヴィナスの根源的な発想源であったが、それはごく若い頃からそうだった。同様に、彼の思想形成にとって最も重要だったのは、フッサール、ハイデガー、デカルト、ベルクソンといった哲学者である。とはいえ、フランツ・ローゼンツヴァイクとヘルマン・コーエン、さらには一八世紀ドイツの哲学者のことも忘れてはならない。とりわけローゼンツヴァイクは強調すべきである。というのも、『救済の星』の末尾において、彼は顔について語り、またヘーゲルの弁証法および体系に厳しい批判を行なっているからである。また、ローゼンツヴァイクならびに二〇世紀ドイツのユダヤ系の著述家の大半に決定的な影響を及ぼした新カント主義のヘルマン・コーエンのことを無視するなら、公正を欠くことになるだろう。レヴィナスは少なくとも間接的に、ローゼンツヴァイクを介して、コーエンの思想を知っていた。というのも、一九一八年、コーエンはローゼンツヴァイクに、『ユダヤ教の源泉からの理性の宗教』の全体の三分の二にあたる草稿を出版前に渡していたからである。

ローゼンツヴァイクは、レヴィナスにとってはあまりにも頻繁に姿を見せているためいちいち引用できないほどの存在であるが、レヴィナスは彼から合理性の考えを借り受けている。この合理性は「傷つけられた」合理性と呼ぶこともできるだろう。それは、テオドール・W・アドルノ、マックス・ホルクハイマー、レオ・シュトラウス、ハンナ・アーレントといった、程度の差はあれ、ナチズムという災厄の証人となったあらゆるユダヤ哲学者に共通するものである。この合理性は、ジャック・デリダの著作にも見られる。もっとも、デリダは一九三〇年生まれであるから、一つ下の世代に属してはいるのだが。この傷つけられた合理性は、哲学的な方法――現実的なものにどう接するかという方法――と倫理と政治を結びつけるものである。傷つけられた合理性は、全体性という観念と、全体主義ないし社会の全体主義的な傾向についての批判のあいだにある関係に光を当てる。さらに彼らにおいては、現実的なものの全体を引き受けると主張しつつも、個別的なものを粉砕し、あたかも善のための悪があるかのように、個別的なものが歴史の名において犠牲にされることを正当化するような、全体化する合理性とは袂を分かつべきであると考えられるが、こうした考えは、戦争や政治的暴力に直面した経験から生じている。

フランツ・ローゼンツヴァイクが家族宛ての葉書に『救済の星』を書きはじめたのは、彼が塹壕にいたときであった。同書は一九二一年に出版されるが、そのとき彼はすでに筋萎縮性側索硬化症に襲われており、第三者によって書き写された。ローゼンツヴァイクは一九二九年に四二歳で死去する。同書は、第一次世界大戦という死地へと導いた激しいナショナリズムに対する抗議である。ヘーゲルの弁証法と国家理性は、死を恐れ、声を聴かれることを求める個人の叫びと苦しみを黙らせることができない。この叫びは体系に亀裂を入れる。それは全体性、すなわちすべてを包摂し正当化する理性を引き裂くのに対して、この体系にとって個人は匿名で交換可能な一つの駒にすぎない。レヴィナスは『実存から実存者へ』において、このような主体性の解体を〈ある〉の恐怖、白日のもとにおける闇と呼ぶことになる。これは死よりもいっそう恐るべきものである。というのも、このような全体化の論理が社会・政治組織の様態となると、個人はもはや存在せず、正義は単なる言葉にすぎなくなるからである。それが匿名態の支配である。同質的な国家が恐怖《テロル》を生み出すのである。

同様に、個人を血縁的共同体に解消することを称揚する全体主義的・国家主義的国家に直面したこと、そして諸々の存在を生物学に釘付けにするイデオロギーによる迫害を経験したことは、二〇世紀のユダヤ系哲学者たち、とりわけナチズムの到来の際に啓蒙主義の理想の崩壊を体験した人々が、なぜ全体化する理性を決まって拒否したのかを説明している。ユダヤ的合理性は、概念を免れるものを感知でき、さらに啓示を迎え入れることのできるような、傷つけられた合理性である。このことは、レヴィナスが他性を、つまり他者そのもの、肯定性としての差異を強調するときに見てとられる。そこでは、エルサレムとアテネのあいだの緊張、哲学と都市のあいだの隔たりについて語り、異質な諸項のいかなる総合も止揚も拒否したレオ・シュトラウスのことを考えてみてもよい。アドルノのようなレヴィナスとはかなり異なる哲学者も、同一性を起源という観点で考えることをせず、逃走や脱出を概念化し、戦争に結びついた悲劇を意識するという点でレヴィナスと共通している。無限という考えによってレヴィナスは、他者には把持不可能で比較不可能な何かがあるという点で他者との関わりを捉える術を得ることになる。レヴィナスは、アドルノとは異なり、非同一性のアポリアにとどまりはしないが、責任の無限を考え、さらに他性と彼性、倫理的平面と精神的平面を結びつけようとするのである。

ヘルマン・コーエンについて言えば、彼は人生の大部分をカント研究に費やしたドイツのユダヤ哲学者である。彼はカント主義がユダヤ教の道徳を成就させると考える。レオ・シュトラウスが述べているように、彼は二〇世紀よりも一九世紀に近い。コーエンはナチズムの到来以前に亡くなり、啓蒙主義、すなわち道徳の普遍的基礎づけの可能性を信じ、さらには社会の進歩を信じていたからである。レヴィナスは、ローゼンツヴァイクやシュトラウスのように、コーエンから非常に遠く離れている。ただし、シュトラウスは、自らの死後に出版される著作集に収録される諸々の文章の一つとして、コーエンについての小論(9)を選んでいるのだが、それは、シュトラウスにとってこの思想家がいかに重要であったかを示している。同様に、ヘルマン・コーエンのほか——ユダヤ教的啓蒙主義やハスカラーを含む——啓蒙主義を標榜する思想家たちがレヴィナスに与えている影響を見てとることもできるだろう。

ヘルマン・コーエンは二通りの相関関係について考えた思想家である。隣人〔Nebenmensch〕としての他人との私の関わりは、神との私の関わりができるだけ厳密に語られる場であり、宗教的メッセージの本質は倫理的秩序に属するとされる。レオ・シュトラウスは、コーエンが律法の他律性を抹消しているのではないか、そしてマイモニデスを政治思想家ではなく倫理思想家かのように解釈しているのではないかと批判したが、[10]このような〔コーエンによる〕聖書のメッセージの道徳的解釈は、コヴノの知性的で倫理的なユダヤ教に育まれたリトアニア生まれのフランス人哲学者にとっては本質的なものである。

レヴィナスは政治に限界を設けるが、そのことは、逆説的にも政治制度において自らの信仰を保つことを可能にしている。しかも、レヴィナスにとって、諸制度間の連帯、平和、堅固さは何より個人の意識に依存しているにもかかわらずそうなのである。このような観点がレヴィナスをヘルマン・コーエンに近づける。政治は倫理によって制限されなくてはならない。というのも、国家、さらには諸個人を平等に扱うことを前提とする正義さえ、各個人が唯一的な存在であることを忘れてしまい、個人を全体性のもとで押しつぶし、官僚主義によって窒息させかねないという危険性をつねに含んでいるからである。しかし、同時に、このような政治に対する不信は大きな知恵を伴っている。一方の政治や法権利の側と、他方の倫理や精神的なものの側を区別することによって、あらゆるものを政治に期待することが回避される。国家が道徳に介入することを求めてはならないが、制度が個人を粉砕してしまわないように留意しなくてはならない、ということだ。顔を起点として人権を考える際には、他者の権利、さまざまな自由、さらに社会的権利が社会およびわれわれに何を要請しているのかについて考える必要がある。言い換えれば、問題になっているのは、神権政治や、国家を宗教に基づかせて創設するかどうかではなく、政治に制限を課し、貧者の必要を満たす福祉国家が存在するときであってさえ、譲渡不可能で手つかずのまま残っている自らの責任を各人に思い起こさせることを目指す不断の警戒なのである。このような条件においてこそ、顔、そして顔そのもののうちで無限を表出するもの、つまり精神性が、政治に息を吹き込みうるということだ。

レヴィナスは、ヴィシー政府の後でさえ、フランス共和国の諸制度に信を置いていた。人権に関する彼の現象学が目指しているのは、人権の根源的な意味を思い起こさせることだ。そのことで、われわれが人権を既得物と見なしたり、それを道具化したりすることが防がれるだろう。レヴィナスがもち続けているのは、人間存在が内面的生にその意味を与え直すならば――この意味は現象学的アプローチが与え、他なる人間のヒューマニズムとして考えられたユダヤ教が顕わにし呼び覚ますものである――社会は平和になるという希望である。レヴィナスは、ショアーという「記憶のなかの腫瘍」を保ち続けながらも再興は可能だと考える。この希望が、啓蒙主義の崩壊を経た後も、彼を啓蒙主義的人間たらしめるのである。この観点こそが、レヴィナスをコーエンに近づける。それに対して、テオドール・W・アドルノおよびマックス・ホルクハイマーは、従属化の網から理性を救い出すことに困難を抱え、レオ・シュトラウスは近代の誤謬に光を当てるニヒリズムの系譜学を企図していたのだった。シュトラウスによれば、近代が救われる余地があるのは、〈古代人〉へと回帰すること、古代および中世の合理主義へ迂回することによってのみなのだった。

われわれが以降で考察していくのは、他性および他人の超越から、身体性の現象学、倫理と政治の関係を経て、身代わりにいたるまでの私の責任といった主題である。その前にまずは現象学において本質的ないくつかの観念について確認をしてから、レヴィナスがフッサールとハイデガーから何を受け継ぎ、そして何を批判したのかを見ていくことにしよう。

第2章　レヴィナス、一人の現象学者

フッサールの決定的寄与

現象学は二〇世紀初頭に独特な哲学的方法として現れた。現象学の父エトムント・フッサールは一八五九年に生まれ、一九三八年に他界する。現象学は現実を説明しようとするのではなく、記述する仕方である。ただしその際、現実の意味――この意味はつねに意識にとっての意味である――の理解が目指される。こうしたアプローチはデカルトのそれとは区別される。デカルトのアプローチは、世界の模写として理解される表象のモデルに囚われている。そこでは真理は、外的事物と、私がそれについて心の奥底でもっている観念の合致として考えられている。現象学者にとって、現実は、世界に対して外的でそれを正確に表象しようとする主体の前にある対象ではなく、むしろそれを把握し思念する〔meinen〕意識から切り離せない。そのことは私の知覚や世界を思考する仕方が恣意的だということではない。現象学は、あたかも私が真理に到達することがまったくできず、一切が私に対して、私の印象に対して、私の期待に対して単に相対的であるかのように、一切を直観的で主観的なものとする考えに対立する厳密な方法である。

このように、世界は意識に対してのみ与えられる。意識は、諸事物がそこへと現れる際のさまざまな作用に立ち返り、その意味を分析し、通常の自然的な態度、習慣、世界についての先入観、予断が覆い隠している諸地平を発見しなければならない。現象学とは、意識の諸作用――これを通じて体験のさまざまな層が露わになる――を記述することによって事象そのものへ接近することを可能にする方法なのだが、その主要概念は志向性である。「いかなる意識も何かについての意識である」。意識が志向性であるというのは、意識は世界に開かれており、世界に到達し、世界を把握し、世界を形態化しようと務める、ということである。意識体験と呼ばれるこうした意識作用についての反省によってこそ、さまざまな現象の意味を引き出すことができる。

フッサールに従うなら、現象学は現象についての学である。これらの現象は意識に現れるものと一致する。諸事物（テーブル）や諸存在（他人）が私の意識に与えられる仕方によって、それらが何であるのかが露わになる。意識の作用がノエシスであり、意識が意味の諸地平を露わにすることで構成される現象がノエマである。大抵の場合、意味の地平は、哲学的ではない自然的態度において、知覚されないまま過ぎていく。というのも、事物はあらかじめ想定された図式に従ってわれわれに現れるからである。地平という考えは、伝統的な真理概念に取って代わるものである。

それゆえ、私が椅子のまわりを回るとき、椅子をさまざまな角度から覚知するためにフッサールが形相的変容と呼ぶものを行なうことによって、椅子を把持するにいたる。このようにして、椅子の現象性、椅子の現出が、椅子の本質の鍵を私に与えるのである。ここで注意しておきたいのは、のちにレヴィナスとともに見るように、他人は私から逃れ続けるということである。他人のまわりを回って全角度から調べるときですらそうなのだ！　何かへの通路、現象が与えられる仕方、そして他人の場合には、他人が真の意味では与えられず、私の把捉つまり私の構成的意識を逃れていく仕方、これらこそが、何かに対する私の関係の意味を私に教えてくれる。それゆえ、レヴィナスが他人について、そして他人の超越について語ることはいずれも、彼がフッサールの現象学に基づいているがゆえに可能なのだ。ただし、他なる人間存在を記述するときに、そうした存在は私がそれについて見ているものに還元できず、その意義は現象性を超過するという点で、レヴィナスは師と一線を画すことになる。

レヴィナスにとって、他人はノエマではない。というのも、他人は私の意識を逃れるからである。私の意識は他人を総覧したり、他人を構成したりすることができない。他人は超越している。この点については、フッサールの『デカルト的省察』、とりわけその第五省察を検討してみると、レヴィナスがフッサール的なアプローチと受動的総合という考えを徹底化させていることがわかるだろう。受動的総合とは、意識がある経験をしながらも、自らを意味を構成するものとしては体感しはしないことである。フッサールがそのような考えを抱いたのは、他人について考察したときである。他人の諸々の意識体験や内面性に、私は直接的に接近することができない。レヴィナスは、意識ないし認知的態度が他人を把握するには何の役にも立たず、私の他人との関係の意味が別の秩序にあるということ、すなわち、それは倫理に関わること——なぜそうなのかは次の部で詳述する——を示すことで、さらなる一歩を踏み出

すのである

理解しておかなければならないのは、地平という考えを現象学において提示したフッサールにとって、超越論的自我は依然として意味の源泉であるということだ。意識は意味の付与者であり、諸々の現象は現出の地平を超え出ることはない。したがって、現象とそれを思念する作用とのあいだ、ノエマとノエシスとのあいだには等価性がある。それに対してレヴィナスは、不眠、疲労、苦しみ、老い、さらには食べることによって私が感じる快といった、私の支配を免れるさまざまな現象を記述することによって、非志向的な感覚的生に光を当てる。これらの現象は、構成されたものが構成するものへと、つまり私の実存の条件へと転じることを物語っている。空気や水のような私が浸っている元基もまた、ノエマとして考えられない。元基は私を取り囲んでおり、意識が構成するものを超えている。このことは、感覚が、それを把持するのに役立ついかなる概念よりも豊かなものであることを考えればわかるだろう。しかし、ノエシス－ノエマの相関関係に亀裂があるとレヴィナスが断言しうるのは、とりわけ他人との直面があるからだ。他人の現れは他人を思念する志向作用と一致しない。他人の現出は、全体化を目指す世界の構造を断ち切る。他人は、椅子のような内世界的な現象、つまり私が境界画定できるものでないだけではない。他人は地平のうちに身を置いていない。他人は垂直性をもち、世界の彼方を指示している。レヴィナスは、世界の外には何もないことを前提している地平という考えの位置をずらしている。そのため、他人が問題となる際には状況と言ったほうがよいだろう。

他人への接近は、私を倫理的状況に位置づける。倫理的状況は、構成的意識や意味付与〔Sinngebung〕

に由来するどのような意味にも還元できない。意味付与とは、経験の出発点と見なされた意識が意味を贈与することである。他人は私を私の場所に位置づけるのだが、その場所とはもはや世界における唯一の主体――現実的なものの主権者ないし主人――が有していた場所ではない。他人との関係が私を受動性へと置き入れるという、レヴィナスにとって馴染み深い考えはここからくる。これは、責任や倫理に関するレヴィナスの考えの中心に位置する導き手となる観念である。地平は、その名が示唆するように、水平的なものである。地平は共時性、つまり同時代的な関係性を指示する。逆に、他人との関係は隔時性〔diachronie〕であり、われわれの日常性の連なりや各人の自分自身への関係を断ち切るような出来事である。だからこそ、レヴィナスは他人の廉直さ〔droiture〕、垂直性、高さを語り、倫理の条件は非対称的だと述べるのである。私が倫理的状況にあるとき、私はもはや水平的な秩序のうちにいない。つまり、比較、平等、相互性、ギブ・アンド・テイク、互酬性や持ちつ持たれつの関係のうちにはいない。共時性と平等が対応するのは、正義という、必要ではあるが二次的な契機に対してである。一次的なのは倫理的契機のほうであり、これは、自らの主権性の外に出るという自我の位置ずらし〔déplacement〕に関連している。というのも、私は真の意味では他人へと接近できないが、この他人が他者に対し責任を負うよう私に強いるからである。私が何もせず、他人についての話を聞こうと欲していなくても、私は他人に応答し、このようにして私は自らが何者であるかを語っているのである。

それゆえ、他人との関係は認識の秩序には属さない。むしろそれは、出会いであり対面関係である。地平にひびが入る。というのも、他人は自らの現出を超過しているからであり、また、「顔は感覚的なものを引き裂」き、形態こそが顔を現出させるにもかかわらず、この形態に穴をあけるからである。そのうえ、生じてくる意義、その意味生成〔signifiance〕は、世界を超えた次元を指示するからでもある。そうとはいえ、顔への通路（したがってその贈与）を起点としてこそ、意識は他人との関係、さらには自己との関係の意味を見出す。このことが、レヴィナスが「として」という表現を用いるときに言わんとしていることである。すなわち、現象学的記述は、他者をそれ自体として生じさせる、言い換えれば、その差異の肯定性において生じさせるということである。他性とは、他者としての他者である。他者は、私ではないかぎりで、私の意識によって構成されていないかぎりで他者である。その際、私の意識のほうは意味の贈与者としては体感されない。われわれはレヴィナスがフッサールから何を継承しているか、何が両者を分かつのかについて手がかりをすでにもっている。レヴィナスは、フッサールの現象学的方法、志向性、贈与、還元、地平といった考えを援用し、それらを他人に適用しようとしながらも、フッサールが維持していた存在と思考のあいだの等価性に異議を申し立てる。さらに、レヴィナスは他人を他我〔alter ego〕として——意識が認識を通じて把握するが内部には到達できないようなもう一つの超越として——考えるのではなく、顔として考えるのである。

レヴィナスが批判しているのは、フッサールが可能性の諸条件というカント的問題系、つまり超越論的哲学にとどまっていることである。現象学の父にとっての問題は、直観の主観主義に陥ることなく、また現実が私にとって外的だと信じることをせず、いかにして事物の本質に到達するのかであった。そしてフッサールは、カントのように、経験の可能性の条件を浮かび上がらせることを試みた。後述するように、ハイデガーは、実存に、つまり、われわれが具体的に生きている仕方の記述にこだわったのだが、そのことによってレヴィナスは現象学を超越論的哲学への根付きから抜け出させ、フッサールが擁護していた認識の優位を再検討できるようになったのである。ただし、以上の点を検討する前に、志向性と地平に続いて、現象学の三つ目の中心的な観念である還元ないしエポケーに立ち止まっておく必要がある。

フッサールにとって、事象そのものに到達すること、世界について何事かを語ること、そして世界の本質を露わにすることが可能であるためには、意識の諸作用に立ち返り、諸事物が私に与えられる仕方を記述するという前代未聞の方法が必要である。というのも、この回帰は自然的なものではないからである。それは自然的態度の中断を要求する努力である。自然的態度とは、人が習慣や世界についての先入観に結びついた意味を諸事物に付与しつつ、諸事物を自発的に知覚する仕方である。事象そのものに立ち返り、その意味を露わにし、われわれの予断が隠している他の意義へとわれわれを開く他の地平を見ようとするならば、自然的態度を中断しなくてはならない。それがエポケー〔ἐποχή〕の意味である。エポケーとは、停止や中断を意味するが、ここでは判断および自然的態度を宙吊りにするということである。これは現象学的還元とも呼ばれる。これは、事象そのものに注意を払うこと、つまり現象がわれわれに与えられる仕方に注意を払うことを妨げてしまうような、世界についてのあらゆる見方を括弧に入れる操作を指している。

フッサールが現象学的記述の主要な道具とした現象学的還元は、デカルトから着想を得ている。というのも、デカルトがなおも表象の理論のうちにあるとしても、彼は伝統に従属することをせず、意識を真理の出発点にしたからである。さらにデカルトは、事物が何であるのかを思考を通じて捉え、それらの本質を把持するという目的のために、方法的懐疑によって、自らの判断を中断するよう、また自分が諸事物について知っていると思っていること――この認識が感覚に由来するのであれ共通の表象に由来するのであれ――をすべて問い直すよう勧めていた。

エポケーないし現象学的還元によって、与えられたさまざまな意義から、われわれの共通の表象ないし習慣的知覚に由来する諸層よりも根源的な体験の諸層へと遡ることが可能になる。フッサールの後継者たちは、フッサールよりも根源的な層に遡ろうとした。彼らは、事物が具体的生や歴史的状況において私に現れる仕方を記述するために、技術的な方略も考慮に入れつつ認知的態度や諸学問に由来するものを括弧に入れる。ハイデガーが行なうことになるのがそれである。レヴィナスはハイデガーよりもさらに根本的であろうとして、道具や用具よりも根源的なものとして、感性的なものや諸感覚を考えようとする。彼は食料、糧の世界における生、そして他人について語ることになる。他人は自らの現れを超過しており（フッサール批判）、存在を暴露しない（ハイデガー批判）。他人は、特異なものであって、認識とは関係のない次元、二つの自由のあいだの連関にも帰着しないある次元に私を開くのである。

つまり、現象学を行なうことは、忘却された意味や新たな意義の地平を露わにするために、意識の前反省的な、さらには前科学的な生を開示することであって、レヴィナスにとっては、主体の身体性に到達することですらある。顔についてのレヴィナスの考えによれば、他人とはその輪郭だけが問題になるものなのではなく、特異な存在である。他人は人類の代表例ではなく、その社会的機能やその職業に還元可能な存在でもないが、こうした考えは現象学的還元の帰結なのである。他人が何であるのかを私に対して隠してしまう先入観や表象をすべていったん脇に置いてしまえば、私に現れるかぎりでの他人を記述することによって、それが一つの他者ではなく、まさしく他人であると理解できる。他人とは、その他性において、差異の肯定性において接近された他者ということである。他人とはもう一つの自我ではない。他人は、それ自体のうちで私の把捉を逃れるものであって、そのことがさらに、私の他人に対する関係の意味を私に教えてくれるものである。

このように、現象学は哲学を行なう厳密な手法であり、現象学的記述はわれわれに諸事物についてだけでなく、とりわけ、われわれの諸事物に対する関係についても教えてくれる。現象学は主観主義ではなく、むしろこれまで哲学を特徴づけていた内的実在と外的実在の二元論を乗り越える。諸事物への通路は、われわれの日常生活において普段は覆われていたり、気づかれなかったりする意義を生じさせることができる。とりわけ、他人をはじめレヴィナスが関心を寄せるさまざまな現象に関わる場合がそうである。というのも、これらの現象は明るみのなかで与えられるわけではないからである。つまり、闇夜の現象が問題なのだ。われわれがこれらの現象を考えるときの大抵の仕方は、これらを制御し、支配し、受容性ではなく企投の光のなかでその存在を思い描き、受動性を隠そうとする傾向がわれわれにあることを示している。レヴィナスは、フッサールにおける認識の優位に異議を申し立て、ノエシス－ノエマの相関関係の主張に反対することによって、フッサール現象学を徹底化していく。レヴィナスは師によって実施された方法につねに従っている以上、フッサール現象学から逸れていくわけではないが、師自身の土俵で師の方法を乗り越え、世界に対する関係の意味を刷新する諸々の意義を露わにし目覚めさせようとする。このような意義は倫理を第一哲学として考えることに通じている。

レヴィナスにとって、他者の現象学的記述によって、私は、私と他人の関係の次元である倫理に導かれる。これは、認識から区別される。認識はつねに、他人を我有化し、他人を同に還元する手法であり、また、ある現象を取り囲んで、それを明るみのなかで見て、その本質を開示できるような作用を措定する手法である。〔たしかに〕フッサールは、時間や他人に関する内的意識について語るとき、受動性を検討している。彼はそこで、何かが自我のなかで起こる際に、自我があらゆる意味の原因であるわけではないことを示している。しかし、彼はそこで止まってしまう。〔たしかに〕フッサールは自我の認識に限界があることを認めている。私は、単なる物体〔Körper〕としてではなく受肉した心的な意識〔Leib〕として知覚された他者の心的内容に、接近することができないためだ。私は、他人もまた私と同様に、自我という構造をもっているということを知っている。それゆえ、『デカルト的省察』の第五省察においてフッサールは、他者は私の意識の相関者ではない、私は他者を心的な受肉した意識として共現前化するのみだというかたちで、他者の超越を考えてはいる。(1) しかし、彼はなおも他人への関係を超越論的観点のうちに位置づけている。いかにして複数の意識のあいだの連関は可能なのか、他者が人形とか夢のなかで見られる幻影とか人物とかではなく、他なる人間存在であるということはいかにして知られるのか、そしてどこまで他なる人間存在を知ることができるのかをフッサールは問うているわけだ。それに対して、レヴィナスにとっては、他人の構成の挫折が他者たちへの関係は本質的には認識的関係ではないことを示すものとなる。他人の構成の挫折は、他人を総覧することの不可能性から殺人の禁止を浮かび上がらせる——構成するという私の権能を他人が逃れるということは、権能を逃れるものに権能を行使することである殺人が、不可能なことであると同時に、私の邪魔をして私に挑んでくる他人の超越ないし他人の他性に結びついた誘惑でもあることを際立たせる。

このようにフッサールの間主観性についての省察は、レヴィナスに彼自身の哲学へと通じる手がかりを与えている。『デカルト的省察』を読み翻訳することで、レヴィナスは間主観性が哲学的思考に革命を起こすものとなることを見てとった。レヴィナスはフッサールの教えをフッサールによって垣間見られた諸々の可能性の彼方へと推し進める。その結果、一切が変わる。それまでも他者たちについては語られてきたが、他人が哲学の主要概念になったのは二〇世紀初頭のことなのだ。もはや他人は私の認識の対象であるばかりではなくなる。私が他人についてもつ経験、それも始めから倫理的秩序にあるような経験が、新たな重要性をもつようになるのである。

レヴィナスは良い弟子である。良い弟子ならば皆そうするように、自らの師をその師自身の土俵で乗り越えようとするからだ。レヴィナスの哲学を正当に評価するためには、その主要なテーマは他人であるとはいえ、彼がフッサールに何を負っているのか絶えず思い起こす必要がある。事実、『デカルト的省察』第五省察は、次のようなアポリアからはじまっている。つまり、他なる人間存在を世界の一現象として構成し自然化することはできないということである。レヴィナスの言葉で言えば、他人は主題化可能ではない、と言えるだろう。なぜか。それは、他人が現れ、私が他人の現れ方について反省するとき、私が私自身にとって一つの絶対であるのと同じように、他人は他人自身にとって一つの絶対であるからである。『デカルト的省察』第四二節[i]においてフッサールが書いているように、他人は自らの世界の準拠の中心であって、私は他人の思考にも内的世界にも直接的に接近することができないのである。

フッサールは他人の他性を強調する。他人の体は、身体物体〔Leibkörper〕、すなわち私の意識に類比的な志向的意識を指し示す身体として、私に与えられる。それゆえ、他人は私によく知られていると同時に馴染みのないものである。他人の認識は類比による認識であると明言するマルブランシュに反して、フッサールは、自我を起点として他人を演繹することは不可能であることを認める。レヴィナスは、他人は私の収容能力を超えていると付け加えるだろう。私は他人を想像することなど決してできなかっただろうし、他人は比類のないものである。私は他人をカテゴリーのうちに片づけることができないのだ！　具体的な志向的生を有した主体としての他人への関係は、還元不可能な異質性との直面である。たとえ私が他なる人間存在に、自我との「類似」を認めるとしてもそうである。フッサールにとってはこのような自我との類似は対化〔Paarung〕を基礎づける。対化とは、類似と感情移入に基づく転移のことである。このようにして、私は他者を、超越する他者として把握できる。この意味で、自我が他人の身体という媒介物を有しているとしても、他人は不在としてしか自我に与えられない。レヴィナスはこの教訓を念頭に置きながら、『全体性と無限』において、他人について、また公現について、逆説的な現前化——意義は現象性に対する過剰である——について語るのだが、その教訓からレヴィナスは、いかにして、またどこまで他人を認識するかという問いの彼方へ向かう教えを引き出すのである。

要約するなら、レヴィナスとフッサールとの差異は、後者の哲学が超越論的であるという点にある。つまり、フッサールが立てる問いが、いかにして他者を認識するのかを知ることに存しているという点である。フッサールが主張するのは、私は他者を私に即して把握する――ただしこのような把握が前提するあらゆる限界を伴って――ということである。それに対してレヴィナスは、他人が認識の緯糸を断つこと、他人の現前が以上のような問題提起をいわば無意味にしてしまうことに関心を寄せる。フッサールにとって、私は、自らの肉体に緊密に結びついていると感じるこのエゴの意味を他者に転移する。他人は一つの他我であって、他人はその超越を肯定するとはいえ、そのものとしての他性にこだわるわけではない。言い換えれば、われわれ各自のうちにある、あらゆる比較を逃れるものにこだわることはない。フッサールは他人を認識することの限界を強調するとはいえ、他人そのものに接近することができないという不可能性が、認知的な態度から出ること、共時性から出ることを強いるということを考えていない。そのために、出会いは出来事とは考えられておらず、対面関係やさらに他人が私に何を教えるのかが考えられていないのだ。

レヴィナスは、フッサールの還元と『デカルト的省察』第五省察の教えを徹底化させていく。他者が

i　四二節からこの意味を読み取るのは難しい。四一節、四三節、五〇節を併せて参照のこと。

構成する意識として私に現れつつも、私はその心的内容に内部から接近できないのであれば、このような挫折から教訓を引き出す必要がある。他人への通路が私を挫折させるとすれば、それは他人が他我ではないこと、他なる自我ではないことの兆候である。[2]それゆえ、レヴィナスが他者についてではなく、他人について語るのは、他人の超越を主張するためであり、他人が比類なきものだということを主張するためである。たしかに人間存在ではあるが、他人は、それ自体として私がそれではないものなのである。

他人を徹底的な差異としての他性において把持することの挫折は、高さ、垂直性、隔時性（共時性ではなく）だけでなく、なぜレヴィナスが非対称性という考えを用いるのかを説明してくれる。他人への関係は私の威信を失わせる。われわれは平等ではなく、主体の逆転が起こる。他人への関係は、私が他人の構成について無力だと強調するのだから、また、後述するように、自我自身への閉塞、私の独我論から私を外に連れ出すのだから、厄介なものである。他人の現前は、私の認識する権能を挫折させるという点で私の邪魔をする。倫理それ自体は一つの面倒事である。というのも、私の主権性の面前にあるこの他性は、私から主権性を引き剝がすのであって、他者の実存は、万物に対する私の権能に限界を設けるよう私に強いるからである。倫理的次元は、他者が、私の権能、つまり私の認識する権能および私の何かを為す権能にどのような限界を引くかについての認識から切り離せないのである。

こうしてレヴィナスは、〔フッサールの現象学と〕同じ方法と同じ観念（志向性、地平／状況、エポケー）を起点として、他者の超越についての『デカルト的省察』の教えに従いながらも、超越論的哲学に根付いた現象学を完全に外に連れ出し、現象学を倫理へと方向づける。ハイデガーもまた、レヴィナスが現象学の父を超える際の手助けをしたが、レヴィナスとハイデガーの関係は、フッサールに対するそれとはかなり異なっている。レヴィナスによるフッサール現象学の継承と徹底化は、かつての学生から教師へのある一定の忠実さを示している。それに対して、レヴィナスは当初ハイデガーに魅了されたものの、のちのテクストには対立を読み取ることができる。レヴィナスは『存在と時間』の重要性を決して否定しないだろうが、彼が練り上げた観念の大半を配慮の存在論の実存範疇と対比してみるならば、彼の哲学がハイデガーに対する反論となっていることがわかるのである。(3)

ハイデガーのケース

レヴィナスにとって、『存在と時間』は名著である。『倫理と無限』として公刊されたフィリップ・ネモとの対談で述べているように、「ハイデガーは超越論的な対象性を捨て去った」。ハイデガーのおかげでレヴィナスは、意味を理解するとは対象へと向かうことではなく実存することだ、と意識することができた。ハイデガーは表象の瓦解を徹底化したのだ。このことはこう要約できるだろう。すなわち、存在とは実体でなく、動詞であると。だとすると、実存する様態を描くことが肝要になるわけだ。ハイデガーがレヴィナスに教えたもの、それは「存在の動詞性」である。問題はハイデガーが存在論の虜になっていることだ。というのも、ハイデガーは、現存在は存在を了解〔verstehen〕しており、その存在様態ないし実存の仕方が存在を露呈させると考えているためだ。

ハイデガーはフッサール哲学との根底的な断絶を成し遂げる。というのも彼は、認識ではなく実存を起点にするからだ。とはいえハイデガーは現象学的な方法論を保ってもいて、この方法論を存在論に、つまり存在についての言説に根付かせてさえいる。この点はレヴィナスがのちに批判するようになる点だ。フッサールにとって、事物への通路がその本質を露呈するものであるのと同様、事実性の解釈学という、偶然性という点で考察された実存についての考察を打ち立てたハイデガーにとっても、実存の仕方――私が現にそこにある仕方、現存在〔Da-sein〕する仕方――は存在の意味を露わにし、「存在する」という動詞の意味を露呈する。つまり、われわれはまだなお存在論のなかにいるのだが、それはもはやこの語の伝統的な意味においてではない。実際、形而上学は事物を実体と見なし、事物や人間の位置、さらにはそれらの本質を宇宙論や神学に従って規定していたが、現象学にとっては、天も星も、思考や行動にとって何らの助けにはならない。レオ・シュトラウスの言うように、「哲学は誠実さからくる無神論を要請する」[4]。つまり、哲学はいかなる背後世界も公準とすることがないのだ。フッサールにとって、事物が意識に与えられる仕方からはじめることが、その意味やさらにはその理念性をも露わにするために必要なことだった。ハイデガーにとって、真理は現存在に相関している。超越論的意識よりも根源的な層としての実存、つまりわれわれがいまここに位置づけられているという事実に遡ることによってこそ、われわれは存在の意味を露わにできるのである。

ハイデガーの考えによれば、われわれが到達できる事物は、歴史的な状況という枠内ですでに与えられているような事物のみである。世界はノエマではなく、歴史的な状況がつねに意識をはみ出ている。

経験は、特定の共同体およびそれに付随するさまざまな特徴によってすでに型取られている。自然なものはつねに歴史的なものである――レオ・シュトラウスをはじめとする幾人かの哲学者は、ハイデガーは相対主義者であり、その歴史性の哲学はニヒリズムを乗り越えることができないどころか、ニヒリズムを育むものであると述べることになる。

レヴィナスのほうは、意識および意味の地平から実存者および状況へと遡ることで、われわれが感覚それ自体への通路をもたないという考えに異議を唱え、感性的なものや糧についての独自の哲学を展開することになる。同様にして、レヴィナスは、ハイデガーにお馴染みの歴史的共同体への根付きというテーマや、『存在と時間』第七四節に見られる、還元の開く世界が歴史的世界であり、しかも特定民族の歴史的世界であるという点を説明する、ロマン主義的モチーフに対立する。レヴィナスは、ハイデガーがナチスへの支持を表明した一九三三年の『総長演説』についてては語らないし、『黒ノート』についても同様だ。(5)『黒ノート』は二〇一四年以降ドイツで公刊されているものだが、そこでは、自身の生まれた〔heimisch〕、馴染み深い〔heimlich〕土地への根付きのみが、技術の到達する脱人間化から現存在を脱出させ、特定の人間たちに、その個別的な刻印や民族的アイデンティティを与えるとされている。(6)これらの要素はいずれも、流浪的に存在することへのレヴィナスのこだわりや、根付きが他を同へと還元し諸存在を全体性へと包含するというかたちでの、あらゆる根付きの思想への批判とは際立った対照をなしている。

レヴィナスは『存在と時間』を読んで衝撃を受けた。同書は、現象学的還元を徹底化し、さまざまな実存様態や具体的生を記述することへとレヴィナスを向かわせた。しかしながら、レヴィナスはハイデガーがいまなお存在論にとどまっていること、存在の露呈を探っていること、そして実存者ではなく実存を思考していることを批判している。また、ハイデガーの歴史主義、その根付きの思想も、レヴィナスが承服できないところである。レヴィナスはその思想の雰囲気に対立しているのだ。ハイデガーの著作においては、統御という理念が表れていること、さらに、本来性〔Eigentlichkeit〕の概念や、死を無化として解釈する点に見られるように、自らを自己として表出しようとする意志が浮かび上がっていることをしばしば彼は強調するようになる。ハイデガーが受容性や受動性を考慮せずに、脱‐自的実存〔ek-sistence〕や企投の見地から生を思考していたのに対し、レヴィナスは、身体性の哲学を代置する。それは、私および他者の傷つきやすさや、「生はつねにすでに愛されている」ことに注意を払う哲学だ[7]。彼は、われわれの欲求は満たすべき空虚と考えるべきでなく、また食糧は燃料ではないと考える。事実、極限的な欠乏状態を被っているのでなければ、われわれが何かを食べるとき、欲求は快楽へと変わる。つまり、諸事物には一種の根源的な満悦感があり、享受は少なくとも被投性と同じくらいわれわれの条件を特徴づけている、ということだ。このように、レヴィナスはハイデガーが成し遂げた偉業を評価しつつ、『全体性と無限』において、彼の配慮の存在論の向こうを張ることのできる思想を練り上げようと試みるのである。

ハイデガーは、実存論的なもの〔existential〕の哲学のほうへと現象学の向きを変えた。そこでは世界に対する私の関係の起点は意識ではなく、プラグマータ、つまりさまざまな存在の仕方にある。意識はすでに重層的に規定されているのだ。実存的なもの〔existentiel〕と実存論的なものの区別は重要である。レヴィナスは「実存論的」という用語は用いず、存在についての言説を拒否するものの、このような区別によって、レヴィナスの現象学があらゆる道徳的哲学からどのように区別されるかが見えてくる。たとえば、この区別によって、彼が用いる諸概念を心理学的に解釈することが妨げられる。

実存的なものは、存在的なもの、つまり諸事物に関わるものを示す。これに対して、実存論的なものは、実存の意味を理解することを可能にするような、実存の諸構造に関わっている。ここでハイデガーはある解釈学を展開している。つまり、彼は、現存在する、ないし実存するさまざまな仕方を現象学的に記述することによって、実存範疇と呼ばれる実存の不変的な諸構造を浮かび上がらせようとするのである。この実存範疇は普遍化しうる特徴をもっており、主観主義的なものでも科学的なものでもないかたちで、存在の意味を露わにする。ハイデガーが実存論的なものという考えを練り上げるのは、実存を存在論の観点から問うているためである。逆に、実存的なものが話題となるときには、たとえばある問題が実践的な争点を引き起こすと言われるとき、実存が単にそれ自体の観点から記述される。

ハイデガーが実存を問うのは存在を露わにするためである。つまり、彼の関心にあるのは、実存と存在論との関係である。レヴィナスにとって、諸事物への通路が露わにするのは存在ではなく、諸事物に対する私の関係である。実存とはこのように……に対して差し向けられるという事態なのである。フッサールが本質ないしイデア性を探り、またハイデガーが存在についての言説を生み出し、その論理を把握しようと考えたのに対し、レヴィナスは実存することではなく、実存者を記述しようとする。彼にはさまざまな本質を露わにしようとする意図はない。とはいうものの、レヴィナスが、倫理的状況のように、何か普遍的なものを有した状況の意味を見出すとき、彼もまた実存範疇を明らかにしているということができる。そうした状況は、何らかのものを露わにするわけではないが、さまざまな存在、事物、あるいは実存の構造の本質を万人に物語るものだからだ。つまりレヴィナスは、自らに影響を与えた二人の大思想家であるフッサールとハイデガーに対し、彼らの存在論的なアプローチを批判しているのである。

とはいえ、レヴィナスが彼らに多くを負っていることは確かだ。この点は、ハイデガーが、われわれの実存の仕方、さらに世界を知覚する仕方ですら、情態性に関わっていることを強調しているのを思い起こすとよくわかるだろう。実存すること、それはさまざまなかたちで触発されることだ。すれ違う人に、「調子はどうですか〔Comment te portes-tu〕」と尋ねることがある。実存するとは、機能性が問題となる道具のように、手の届く範囲にあったり〔zuhanden〕、世界のなかに存在はするが実存することのない諸事物のように、単に手元にあったりする〔vorhanden〕世界の諸事物の傍らにあることだ。実存することはまた、とりわけて、気分が良かったり悪かったり、不安に襲われたりすることであり、死は他者だけに訪れるわけではないこと、私が死にうること、私が死ぬことになるという、死へのカウントダウンがはじまっていること、観念の世界には、私に指針を与えてくれたり、存在の重荷を担ってくれたり、私を自分の有限性から解放したりしてくれるような指標は何もないこと、こうしたことを意識することである。

レヴィナスがハイデガーによって「存在の動詞性」を教えられたと告白するとき[8]、彼が言わんとしているのは、存在するとは実存することであり、実存とはつねに他動詞的であり、状況や心的状態、私がどのように居合わせているか〔Befindlichkeit〕という情動性に結びついているということだ[9]。ハイデガーにとっては、意識の志向性に加えて、実存の志向性がある。実存が単に自らを成し遂げるだけでなく、「居合わせる〔se trouver〕」という営為へと回帰することによってこそ、実存論的分析論が可能となる。それは解釈学的なものである。すなわち、実存の意味を伝え、そのうえ、ハイデガーにとっては、存在の意味を解釈することを可能にするものなのである。

ハイデガーが現存在のあり方を記述する現存在の分析論は、事実性の解釈学である。ここでの強調点は、われわれが最初に選んだわけではない世界に居合わせ、そこに投げ入れられているという事実にある。実存者は、すでにそこにある世界のなかで自分の姿を発見する。自分がつくったのではないが、自分を構成し、自分を超過するような世界、自分が本当に待ち受けられていたわけではないが、自分の場所をつくらなければならないような世界だ。そこでハイデガーが提案するのは存在論である。というのも、『存在と時間』第四一節が示すように、ハイデガーにとって、了解とは現存在の存在様態だからだ。現存在は、実存することで、存在を時間として見出す。この実存論的分析論では、以下のように三つの主要な実存範疇が浮き彫りになる。これが配慮の存在論となるわけだが、レヴィナスがそこに逐一対立することになるだろう。

1　投げられて存在している、被投性〔Geworfenheit〕のうちに存在するという事実は、現存在が自ら選んだのではない世界に自分がいると感じとる存在様態である。レヴィナスが一九三五年の「逃走論」と題されたテクストで書いているように、現存在は実存に釘付けにされており、事実性の特徴を帯びている。このような考えは、偶然性や非必然性と混同してはならない。それが言わんとしているのは、われわれの実存は、われわれが企投によって意味を与えるよう決断する以前には意味を有さない、ということである。

2　企投〔Entwurf〕。現存在は、自らの実存の事実性や偶然性を際立たせるような世界のなかで自らの姿を発見すると、その世界の無を露わにする不安に囚われる。われわれがいつ死ぬかわからないとしても、死は必然であり確実である。不安とは、自らを死すべき者だと了解する者の気分である。それは、その者の実存の気分に影響する。その次にやってくるのは、実存するとは、事実性のうちで自らの実存を引き受けることだということを意識することで、自らの姿を捉え直し、確認し直そうとする願望である。それは、可能性を捉え、自分にとって重要なものをあらしめようとするために、最も固有の自らの存在可能（自らの死）に向けて自分自身を企投することだ。つまり、ハイデガーにとって、この事実性の解釈学の第二の契機は、個々人が自らの実存を領有し、本来性〔Eigentlichkeit〕のうちで存在し、自らに固有〔eigen〕のものを表現しようと望むという点にある。ここで問題になっているのは、自分自身について何か為すべきことがあるという必要性に結びついた決断である。というのも、現存在は〔これから〕存在するはずのことに関わっており、《自己－に先立って－あること》によって規定されている。存在の構造は、配慮〔Sorge〕としての時間である。実存するとは、〔これから〕存在するはずのことに関わっていること、時間を配置することである。しかるに、時間性は未来を起点として、私の実存の不可能性の可能性を起点として構成される。これこそが、「先駆的覚悟性〔vorlaufende Entschlossenheit〕」である。そこでは、ある種の緊急状態〔Dringlichkeit〕のなかで、死は、諸事物のうちに埋没することではなく、自己であること、自己を表出することへと駆り立てる。《死に臨む存在》〔Sein zum Tode〕は、抗いがたい死の魅力ではなく、時間が私の時間となるようにする何事かに関わっているのである。

3 堕落ないし頽落〔Verfallen〕。多くの場合、われわれは諸事物のなかに埋没している。われわれは、自分にとって意味をもつものをあらしめようとするのではなく、他者たちの目的物や世界の諸事物との関係のなかで自らを規定している。同様にして、われわれは決して時間をもたず、「世人」のうちに埋没している。多くの場合、そしてさしあたり大抵〔zuerst und zumindst〕、人は、漫然と生活を送っているとき、また還元（これはハイデガーにおいては先駆的覚悟性に相当する）という現象学が勧める生活を送っていないとき、諸々の事物の傍らにおり、世界内のさまざまな関心に捉えられ、疎外されている。このような人が漫然と過ごす日常的なあり方を、ハイデガーは「頽落〔Verfallen〕」と呼んでいる。現存在の目覚めが、堕落した状態から現存在を抜け出させるのだが、そこで死がどのような役割を演じているか指摘しておこう。それは私の死であって、他人の死ではないような死だ。これについては、とりわけ本書第V部で再び論じる。この点においてこそ、レヴィナスは根底的にハイデガーと袂を分かつだろう。

レヴィナスは、つねに明言しているわけではないものの、ハイデガーの配慮の存在論の核心にある以上の三つの実存範疇に対立している。

1　無化ないし世界の終わりとしての私の死が恐るべきものとなるのは、事実性の不安によるが、これに対してレヴィナスは《ある》の不安を対置する。これは、脱人称化ないし匿名化の経験であり、恐るべき何かのことである。[10]『実存から実存者へ』においてレヴィナスは、《ある》を「白日の夜」として描いている。[11]個々人が主体としてではなく事物と見なされるような全体主義的な経験を考えてみてもよい。最悪なのは、死ぬことでも、自分が実存を選ばなかったということでもない。そうではなく、否定されていること、この匿名の《ある》に覆われていることである。それは、「〔あるという〕動詞の非人称形態〔……〕非人称で無名の、しかし鎮めがたい存在のこの焼尽である」[12]。そこでは、暗闇が現前するもののようにして私たちに侵入する。何も応答するものはなく、あらゆるものが恐ろしいものとなるような事態だ。それは自我の消失でもある。存在は、力の場として、重々しい環境として残り続けるが、誰かに属することを止める。レヴィナスは、何も近づかず、何も回帰しないこの不安定さを強調している。それが匿名性、《ある》の恐怖である。「意識であるということは、《ある》から引き離されているということだ」。意識から主体性を剥奪する無名の恐怖から引き離されているということだ。出口のない夜の恐怖――「あぁ明日もまた生きねばならぬのか」（ブランショ）――は、収容所における生の恐怖でもある。そこでは、恐怖しかない存在の他は何もないからだ。ハイデガーにおけるように、遺棄は根源的なものではない。ハイデガーは死および生まれることを選ばなかったことを否定的に解釈している。遺棄は、社会的・政治的条件に結びついている。さらに付け加えるべきは、レヴィナスが、逃走、つまり存在からの脱出というカテゴリーを存在への釘付けに対置していることだ。これらのカテゴリーもまた、一九三〇年代以降、ハイデガーばかりでなく、ナチズムにおけるように、自我をその実存の粗暴な性格へと結びつけようとするあらゆる思想にレヴィナスが対立させようとするものである。倫理とは、釘付けにされた存在からの解放なのである。[13]

2　ハイデガーにとって、私の死は個体化の原理であり、不安は無の恐怖であり、私を本来性のうちで存在するように、つまり自らのアイデンティティを獲得するように急かすものであったが、これに対し、レヴィナスは他者の可死性を強調する。傷つきやすい存在としての私のみが、責任を負うことができる。死すべき者のみが感受性をもちえ、死すべき他者に応答しうる。[14] レヴィナスは、私の死を起点に時間を考え、何にもまして私のアイデンティティを肯定しようとするのではなく、他者たちの時間としての時間を起点にして死を考える。このことは、私の死を無化とし、世界の終わりを表すものとするハイデガーとはまったく異なる意味を死および実存に与えることになる。レヴィナスはまた、死が未知のものであること、誰もそれを真に予期できないことを強調する。さらに、個体化の原理となるのは責任であって死ではない。レヴィナスの思想は、《自己のため》〔pour-soi〕および自由の思想ではなく、責任および《他者のため》〔pour-l'autre〕の思想である。自由は重要だが、責任によって修正されるのである。

3　レヴィナスは、日常生活において、他人との関係が凡庸さへの堕落ないし頽落となるという考え、他人の語ることや語ったことが私に自分固有のものを失わせるような駄弁に帰着するという考えに異議を唱える。もちろん、日常生活において、私を倫理的な状況へと導く現象学的還元を行なうことがなければ、私は他者たちを顔としてではなく事物として眺める傾向にある。彼らを自分のために利用したり、レッテルを貼ったりすることもある。しかしながら、私が他人に出会うときに何が起きているかを真に記述するならば、私はこの出会い、この対面の出来事が、私に対し、本質的なものを見逃さないようにするものだということがわかる。この出来事は逆に、私が誰であるかを露わにするのだ。というのも、自己性および人格的なアイデンティティは、他者の呼びかけに対する私の応答によって構成されるからだ。ハイデガーは、私のアイデンティティおよび自己の統御を失わせる世界の諸事物における「事業活動」ないし疎外について語っている（このことは、ハイデガーの思想において、かつての主権的主体の観念の影響が残存していることを物語っている）。これに対し、レヴィナスが示すのは、他者への責任——これは『存在の彼方へ』では身代わりにまでいたる——はこうした主体性を転覆させるということだ。さらに、ハイデガーにとって、人間は独りきりで死ぬのであって、他者が存在の重荷を背負うのを助ける者は誰もない。レヴィナスにとって、死はもちろん別離であるが、他人の死は私に関わっており、他人の顔に私が見てとるその可死性は、他者を見捨てないよう私に強いる。他人が可死的であるがゆえにこそ、私は他人に責任を負うのである。

非‐構成の現象学

以上のように、レヴィナスは存在論に定位するわけではないが、次の意味において倫理は第一哲学と呼ぶことができるとする。すなわち、実存者の記述はいかなる本質も開示しないが、われわれの身体的条件について、また他者たちへのわれわれの関係の意味について教えてくれるということだ。それは、ケアの倫理がそうであるような、間主観性の道徳哲学でもない。そうした倫理は現象学的方法を用いないためだ。レヴィナスによれば、責任は配慮ではなく、主体を任命する仕方である。責任は、他者へのケア〔soin〕や気遣いにおいて問題になっている事柄を超えていく。

ケアの倫理を展開する論者たちにおける主体の人間関係の次元についての考え方は、彼らの着想源、とりわけドナルド・ウィニコットに関わっている。われわれが存在し実存するために他者たちを必要とすることの意識化、子供への言及——子供の生存・安心感・自尊心は、子供が親から受けた愛情に非常に大きく依存している——といった点からすると、完全に自立し自律した主体という理想や、意識こそアイデンティティを規定するものだとする考え方と袂を分かたざるをえなくなる。[15] このような側面によって、ケアの倫理とレヴィナスの思想が近いと思わされることはありうる。両者の親近性は、自律を優位に置く自由の哲学において支配的だった主体理解から距離を置く点にある。だが、ケアの倫理とレヴィナスの思想を混同してはならない。これら二つのアプローチの差異は、類似よりも重要ですらある。

ケアの倫理は、存在的なもの、実存的なものの次元に位置づけられるのに対して、レヴィナスは実存的平面を超えて主体を別の仕方で考える。また、レヴィナスは現象学的記述のおかげで実存論的な水準に身を置いている。とはいえ、レヴィナスは存在論を展開しているわけではないし、存在の意味を発見すると主張しているわけでもない。私が構成しそこねる他人との出会いの記述こそ、責任という彼の考え方の出発点として役に立つ。責任は、間主観的な諸関係を考えたり、他者をケアする必然性を主張したりするための事実的な手法ではなく、主体の転倒を指し示している。レヴィナスにとって、他者への責任による私の自己性の構成は、心理学とも、通常の意味での倫理とも関係ない。彼は主体性について、自己への関係として考えるのとは別の仕方で考え、反省性についても、なおも《自己のため》の思想にとどまっているハイデガーとは別の仕方で考える。ケアの倫理においても、レヴィナスと同様に、自律や自由はもはや主体を構成するものではなく、また政治のための唯一の地平でもないが、これらの思想の源泉と方法論的アプローチの違いは、使用される言葉に異なる意味を与えている。繰り返しになるが、現象学こそが、エマニュエル・レヴィナスを読み理解することを可能にし、いかなる意味において彼が倫理というよりも倫理の条件について語っているのかを理解させてくれる。つまり他者が現れ、そして主体の身体性を真面目に受け取り、非‐構成の現象学のうちに身を置く以上、変容してしまうあらゆることについて理解させてくれるのである。

レヴィナスにとって、倫理とは、実存的ないし存在的な意味における関係性を記述するものではなく、認識の彼方の次元、他者たちと同じ尺度にあることの彼方にある次元が、他者によって私に対して開かれるその仕方のことである。他人は私に上から襲いかかる。この他人は、私が見抜くことができなかったもの、私の地平のうちにはいないものである——というのも、繰り返しておかなければならないが、地平は意識によって構成されるものだからである。他者とともに、人は我有化できないもののうちに置かれ、ある限界にぶつかる。それが、倫理のうちにあるということだ。他人とのこのような直面が、主体とその同一性を変化させる。この直面は、自己の自己に対する通常の関係、自我の独我論、そして「生のエゴイズム」[16]を中断させる。というのも、レヴィナスによれば、他人の闖入に先立って、つまり倫理の闖入に先立って、人は糧の世界におり、自己のことしか考えないような快楽のなかにいるからだ。「空腹に耳なし」[17]ということだ。

私としては、倫理が他者との出会いによってはじまるということには異議を申し立てておきたい。というのも、人は何かを食べるや否や、たとえ一人で食事をしているときでさえも、人間的であろうがなかろうが、さまざまな他者に影響を与えており、これらの他者たちに与えられている場所について自らの実存のただなかで語っているからだ。それゆえ、糧との関係、われわれがそれによって生きているところのあらゆるものとの関係、食料・環境・水・労働との関係は、倫理の根源的な場所である。私は、自分の食物の選択や資源の利用、あるいはむしろ糧の利用において、すでに他者たちとの関わりのなかにある。ただし、レヴィナスがわれわれに教えてくれること、そして彼以前には——ともかく彼ほどの力を込めては——誰も言わなかったことがある。それは、他人との関係は、倫理および政治における主体に関するこれまでの考え方を完全に一変させるということである。このことは革命的なことであり、通常の意味における倫理において、つまり毎日の生活やわれわれの間主観的な関係における倫理において、多くのことをもたらしてくれる。ただし、レヴィナスが身を置く水準は倫理の倫理性にある。倫理は一つの次元である。ドイツ語であれば、女性名詞の die Ethik〔倫理学〕ではなく、中性名詞の das Ethische〔倫理的なもの〕を用いて表現すべきものである。

レヴィナスは哲学を攪乱する。なぜなら、これまで人々は《自己のため》の哲学に囚われたまま主体を考えてきたが、レヴィナスはそのような考え方と縁を切るからである。このような思想の風土こそ、レヴィナスをケアの倫理に近づけるものであるが、現象学によって両者の差異が生じるのだった。『存在と時間』がその頂点を表している自由の思想からレヴィナスが徹底的に遠ざかるのは、ハイデガーの道具立てを用いることによってであるということが理解されるなら、レヴィナスの独自性がよりよく見てとれる。というのも、ハイデガーの哲学が「私が最初」の哲学であり、さらに権能の哲学であるとしても、彼は現象学において突破口を開いたからである。

レヴィナスを理解するためには、受動性が彼の哲学の原理的な考えであることを思い起こす必要がある。受動性は、非‐構成の現象学という彼の現象学の二つの本質的な側面を結び合わせている。事実、受動性は、私の他人への関係と責任のただなかにある。さらにそれは、主体の身体性を確証する闇夜の現象を特徴づけている。主体の身体性は、身体をもち、死すべき存在であるという事実だけを指し示しているわけではない。また、われわれが容易に傷つけられるとか、われわれが支配を被るとか、他者たちやケアを必要とするとか、そのようなわれわれの身体的かつ心的な傷つきやすさだけが本質的なのでもない。主体をその身体性において真面目に受け取ることは、意識が万物に意味を与えるという主張を退けることである。実存は受容性として考えられるべきものであって、企投としてのみ考えられるべきではない。これは、苦痛や苦悩のように、ときに否定的だったり苦しいものであったりする私の受動性が、私の事実性および原初的な遺棄〔被投性〕の印として解釈されるべきだということではない。というのも、生に結びついた快楽の次元もまた根源的であるからだ。いずれにしても重要なのは、意味を構成する以前に、われわれはある環境に浸っており、年をとり、食べ、場所を占有し、空間を占める、というかたちで自らの実存の物質的諸条件に依存しているということなのである。

自分自身の死に焦点を絞ること、誕生を否定的な仕方で考えること、主体の身体性を真面目に受け取らないことは、同一性《アイデンティティ》、自己の統御、そして権能への強迫と対をなしている。それに対して、他者の思想は、主体の傷つきやすさおよび実存の物質性と関連している。他者の思想は、自由に対する責任の優位を肯定し、もはや自由を単なる独立として考えず、主体性を関係的なかたちで定義し、さらに、レヴィナスにとっては、主体性を転倒させるにいたる。この点については、一九四九年二月の哲学コレージュにおいて発表された講演が元になった「権能と起源」というテクストが明快である。[18] レヴィナスは、ハイデガーの思想が権能の強迫を表していることに注意を促す。誕生をわれわれの事実性の印と見なし、死を無化として考え、起源の探求を強調することがハイデガーの現象学を特徴づけるわけだが、それゆえ彼の現象学はなおも構成の現象学にとどまる。この現象学は、他を同に、神すらも人間に還元する合理主義に属している。[19] このような思想にレヴィナスは非 - 構成の現象学を対置する。そこでは、知および権能を逃れるものこそが意味をなし、そのことが、倫理はもとより、政治、さらには精神的生すらも新たに考える機会となりうるのである。

レヴィナスは政治哲学者でこそないが、一九五〇年代の諸々のテクスト、また『全体性と無限』『存在の彼方へ』、そして『外の主体』のようないくつかの著作において、政治についてかなり語っている。彼の著作は、政治的自由主義をその根底およびその目的において変容させようと試みる私自身にとって決定的である。事実、政治的自由主義は、具体性を欠き、個人主義的で、さらには原子論的な主体概念やギブ・アンド・テイクのような相互性に立脚している。政治的自由主義は、傷つきやすい状況にある諸存在に対する非対称性を包摂することはなく、われわれがわれわれの発展モデルによって未来の世代、他の種、個々の動物に対してもたらしているさまざまな損害を考慮に入れることもない。われわれは以降の部において、レヴィナスの思想が含意するものを検討していくが、その際、彼が決して見解を表明することのなかったいくつかの領域や主題、たとえば医療、動物に対する責任、生態系をわれわれが利用することによって生じる諸問題にも接近したい。ここまで行なった準備的な作業によって、レヴィナスが正当な意味での現象学者であることが理解され、また、どのような偉大な思想も何らかの伝統に書き込まれたものである――たとえその伝統を変革することになるとしても――ことが示された。こうした作業は、彼のいくつかの主張を検討し議論することのみならず、彼の思索を拡張することがどのように可能であるのかを理解するためにも有用だろう。

他性と超越

Altérité et transcendance

第II部

レヴィナスによれば、顔は公現であり、無限を表出する。それはどのような意味だろうか。以下ではまず、レヴィナスがデカルトから借り受けた無限の観念について説明をしたうえで、なぜ他人との出会いが倫理へと開かれていき、私を責任を負う者として描き出すのかを述べたい。同時に、どのようにレヴィナスが他人を構成することの不可能性から殺人の禁止へと移行するかについても検討しよう。ここでは、不可能性と同時に誘惑が問題となる。ここで主に参照するのは『全体性と無限——外部性についての試論』である。

第3章　顔と無限

公現としての顔

言説のなかで〈他人〉に接近することは〈他人〉の表出を迎え入れる〔accueillir〕ことであり、そこで〈他人〉は、思考が〈他人〉からもぎとってくるような観念を絶えず溢れ出る。つまり、これは〈自我〉の収容能力以上に〈他人〉を受け入れることである。これはまさに無限の観念をもつことを意味する。しかし、これはまた、教えられるということをも意味する。[1]

他人とは、私でないものとしての他なるもの、あらゆる概念をはみ出るものとしての他なるものである。他人はまた、自分自身の現出を超過するものでもある。私が他人を構成することはできないし、あるいは他人の全容を捉えることもできない。フッサールの用語で言えば、他人とはノエマではないとも言えるだろう。「迎え入れる」という動詞は私の受動性を強調している。ここでの受動性には二重の意味がある。まず、私が他人を受け取ること、しかもある意味では、私自身が何者であるかを他人から受け取ることである。もう一つは「私は教えられる」ということである。このように、経験の出発点にあるのは私ではなく他人である。だからこそ、出来事、出会い、驚きが問題になっている。「言説」という語は、二人の互いに異なった、異質な存在のあいだの対話という考えを含んでいるが、それが示唆しているのは、私が全体を統御することのできない予見不可能なものがあること、私の主体性を修正するような何事かが生じることである。

他人を迎え入れるためには、私は、他人をさまざまなもののうちの一つとして見て、それを機能へと還元するような自然的態度を断ち切らなければならない。そのような態度は未知のものを既知のものにすること、他を同にすることだからだ。ここで問題なのは、他人に耳を傾けること、他人に向かって発話すること、他人に話しかけることである。そこでは、他人の〈語られたもの〉だけでなく〈語ること〉[i]に注意を払い、彼が用いている言葉や彼の態度を超えた意図を理解するよう務めることになる。レヴィナスは、他人は「私の収容能力を超えている」と語っているが、それが言わんとしているのは、単に、私は他人の全容を把握できないとか他人についての十全な観念をもてないということではない。ど

i 〈語ること〉と〈語られたこと〉（語られたもの）は、『存在の彼方へ』を中心とする後期レヴィナスの著作における鍵概念である。単に、実際の発話行為およびその結果を指すのではない。〈語られたこと〉ことが存在論的な秩序における「存在」を表すのに対し、〈語ること〉は、「他者のために」ある主体性のあり方（これが〈存在するとは別の仕方で〉と呼ばれる）を指す。

のような概念・観念・表象であっても、他人に忠実に当てはまることはない、ということだ。私は他人に出会い、他人は私に語る。だが、その表出はその現象性を超え出ている。そして私のほうは、非対称的な状況で、私のほうが下位に置かれることになる。というのも、私はもはやこの経験の出発点ではなく、他人が表出するものによって、私の位置がずらされるからだ。

一九六一年の著作〔『全体性と無限』〕の表題に見られるように、レヴィナスはここでデカルトの『省察』の無限の観念を取り上げている。デカルトは第三省察でこう述べている。無限の実体である神の観念が私のうちにある。しかし私はその起源ではなく、その観念は私にとって外部にある。また、その観念はいかなる概念のなかにも収まらない。それを包含するような観念は存在しない。さらに、その観念は原初的である。というのも、有限的なものの否定とは、意識が自らを有限で不完全であると感じることであるが、これはすでに無限の観念を前提とするからだ。このように、デカルトにとって無限とは無際限ではない。それは、カントが提示する無限についての考えとはまったく関わりがない。カントは無限を統制的理念、つまり私の思惟の主観的な機能にとって必要な地平ないし理念としたが、これは必ずしも外部にあるわけではない。神についても、諸存在のなかの存在でもなければ、あらゆる因果関係の連鎖を含みもつ知性的な構築物に見られる、アリストテレスの語るような第一の動者でもない。デカルトは、無限の観念を神へと帰着させるが、それは主体の外部にあり、主体に先行して存在するものとしてである。私はまず無限の観念を抱き、それに対し自身が有限であると感じるのである。

デカルトは神を存在であり実体であると考えているわけだが、レヴィナスはこうしたデカルトの思想に含まれる存在神論的な側面を踏襲することはしない。その代わりに、無限の外部性という観念を引き継ぎ、それを他人に適用するのである。無限は外部性の観念へとつながり、私に対する他人の優位につながっている。他人は私のうちにある。もちろんデカルトにおけるような神としての無限がそうであるようにではなく、私の他人との出会いが主体性を変容させるという意味においてである。主体性は私の自由によって規定されることをやめ、私が他者に応答する仕方によって規定される。私が誰であるかを私に開示するのは他人である。責任の源泉および倫理の起源は、私の理性でもなければ、私による参画《アンガジュマン》でもなく、他者であり外部性なのである。さらに、私は決して応答し終えることはないし、他人が私に意味することを免れることはない。

無限の観念をもつことは教えられることに等しいとレヴィナスが書くときに言わんとしているのは、他人との出会いが私を転覆させ、私を攪乱するということだ。それは単に、私は世界においてただ一人で存在しているのではないとか、他人の存在が私を義務づけるといったことを他人が私に教えるということではない。それに加えて、他人は私に私の限界を意識させる。私は他人を生み出すことができないし、他人は私に相関的ではない、というのがその限界だ。他人は私の手から逃れるのである。これこそが他人の超越である。他人は、私が自分自身へと閉塞したり、つねに自分自身へと回帰したりする主権性を私から剝奪し、私の権能の限界を強調する。他人への関係とは裂け目であると同時に、単に私の生や利害関係だけに関わるのではない事柄のために私を即座に呼び立てるという意味で呼びかけである。「しかし、教えは産婆術には帰着しない。教えは外部からやって来て、私が内包する以上のものを私にもたらす。暴力的ではない教えの他動性のうちで、顔の公現そのものが生起する」[2]。公現〔épiphanie〕という語は、東方の三博士のもとにキリストが現れたことを祝うキリスト教の祝祭を指すのではない。そうではなく、「自らを顕わにする、現出する、明白になる」という〔ギリシア語の〕phainoという動詞に由来するepiphaneiaという語源に基づく顕現を指している。この顕現は矛盾したものだ。というのも、他人が自らを示すと言っても、この他人の自己顕示は他人の意味作用と一致しないからだ。私が他人についてもつ感性的な経験は重要だし、そこにはもちろん出会いがあるが、他人の現出は他人の意味作用の土台ではない。それが表しているのは無限である。つまり、他人は、私に語りかけ、私に呼びかけ、世界の彼岸にいる何者か、すなわち無限を指示するのである。他人とは、無限の痕跡なのである[3]。

顔は現象ではない。それゆえに、厳密に言えば、レヴィナスの顔の現象学、という言い方はできない。顔は、物理的な顔面には還元できない。それは、意味するものだ。他人が沈黙するときですら、顔は自らを表出する。他人の意味作用が他人の現出を超過するからこそ、レヴィナスは顔について公現という語を用いているわけだ。この対面関係には綜合がない。つまり、他人のさまざまな感性的な現れを取りまとめ、他人を一つの概念や、さらには類ないし全体性に帰着させることはできない。他人がいかなる全体性にも還元できず、自らの現象性を超過するものであるがゆえに、他人は「顔」と言われているのである。この語が強調しているのは、他なる人間存在の超越的な性格である。つまり、人間存在はそれ自身の顕現や功績には還元できないということ、つねに自身が行なったこと以上のものであること、欠けている部分を集め合わせたものではないこと、そして私は彼を意のままにすることができないということだ。さらに、この語を用いることで、レヴィナスは各人の特異性を強調することができるようになる。レヴィナスにとって、顔はさまざまな特徴の総体ではない。ただし、この表現は、われわれの日常生活において顔面というアイデンティティの宿るところを指しているし、各人が互いに自己紹介をするとき、背中を向けるのではなく互いに見つめ合うという仕方に対応している。この表現を用いることでレヴィナスは、ある特異な個人が他の特異な個人の前に居合わせるという意味での出会いという考えを示唆しているのである。

他人に出会うときにその顔を見つめるというこの凡庸な経験をわれわれがもつときに何が起きているのかを現象学的に記述するならば、他人の特異性を理解することができるだろう。他人は近くにいると同時に比較できないものであり、認知しうると同時に神秘的なものである。現象学的還元を行なうとき、「顔」という語に関連するこれらの意味をすべて考慮に入れつつ、他人との出会いが私に何を教えるのかを理解する必要がある。

顔の観念は〔……〕私の意味付与〔Sinngebung〕に先立つ意味、それゆえ私の主導性や権能に左右されない意味の概念に私たちを導く。また、顔の観念は、存在に対する存在者の哲学的先行性〔……〕を意味する。〔……〕存在者は存在の開かれのなかでしか暴露されないと述べることは、私たちは決して存在者そのものと直接にともにいることはないと述べることである。無媒介的なものは、呼びかけであり、いわば言語の命法である。接触という観念は、媒介的なものの本源的様式を表してはいない。接触は、すでに主題化であり、地平への準拠である。無媒介的なものとは、対面である。(4)

私が発見するのは、自分は意味を付与する者ではないということだ。意味はあらゆる意識に先行し、私の主導性や権能からは独立している。他人との出会いは私を存在論の道筋へと置きはしない。他人との出会いは、あたかも私がその謎を見破ったり統御したりできるかのようにして、他人を私に委ねることはないし、私に何らかの実態を暴露することもない。自分が他人について知っていると思っていることをすべて括弧に入れ、他人を眺めたときに彼は人類の一員だとか銀行員だとかいったかたちで私がカテゴリーに押し込んでしまうものをすべて括弧に入れるならば、私が共にいるのは存在者そのものではない、ということを見てとることになる。同様に、ここには他者との融合もない。近さとは親しみやすさのことではないのであり、レヴィナスがすでに愛について語っていたように、(5)分離を消し去ることはない。諸々の存在者が皆同一的で相互に置換可能になり、一つの同質的な塊のなかに溶け込むかのような水平的関係性はないのである。

また、対面関係について語ることは、他者が私の欲望の相関物ではないことも含意している。「無媒介的なものは呼びかけである」。私が垂直的関係性のなかで出会う他人、私の日常生活のつながりを断ち切ったり地平に亀裂を入れに来たりする他人は、世界の外部にある何かへと合図を送る。他人は呼びかけに応答するよう私を誘う。無限とは、私の責任の無限であるが、この呼びかけの意味でもある。表象の哲学においては見られたものが特権視されるのに対し、レヴィナスが関心を抱いているのは、暗闇の現象、光に満ちたところには現れない現象である。というのも、そうした現象は、私が構成しないものであり、私の受動性を強調するものだからだ。さらに、レヴィナスが他人とは呼びかけであり言説であると書くときに、聴覚が特権視されているのを見てとることができる。[6] 彼は、対面関係で生じる非対称性を導入するものを感じとらせようとしているのである。

神との関係を本当の生だとする存在‐神‐論[ii]と、個々人を全体性のもとに窒息させ戦争にいたりかねない歴史の哲学のあいだで、レヴィナスは、他人への関係を描くことを試みている。彼はこの他人を、〔小文字の〕「他者〔autre〕」、つまり他我と区別するために、〔大文字の〕〈他者〔Autre〕〉としている。レヴィナスは〈他者〉をその実存の身体性および物質性において記述しようとしている。つまり、「現存在《ダーザイン》はお腹が空かない」と言われるように、[7] ハイデガー以上に徹底して記述しようとしている。他人との出会いはつねに、傷つきやすく可死的な存在と傷つきやすく可死的な存在の出会いである。それは、二つの抽象的な主体の出会いでも、二つの自由との出会いでもない。とりわけレヴィナスが提示しようとしているのは全体主義にも戦争にも到達しないような哲学であるが、こうした哲学にいたることができるのは、まさしく他人との出会いを起点にし、その意味を引き出すことによってなのである。

ii　存在‐神‐論（onto-théo-logie）とは、ハイデガーが形而上学の特徴と見なしたもので、存在論的枠組みを前提とした神学を指す。

《ここ》から逃れた人間が［……］到達するような本当の生を他の場所に位置づける超越の哲学と、まったき「他なるもの」（それが戦争の原因である）が〈同〉に包摂されて歴史の終極で消え去るときに本当の意味で存在は掴み取られるとする内在の哲学のはざまで、私たちが記述しようとしているのは、地上的実存ないしは私たちがそう呼ぶところの家政的実存の展開における〈他〉との関係である。この関係は、神的な全体性にも人間的な全体性にもいたることのない関係であり、歴史の全体化ではなく無限の観念であるような関係である。こうした関係が、まさに形而上学そのものである。(8)

私の権能を逃れる者として他人を考えることとは、他人を同へと還元するのを断念することである。それは、もはや諸々の存在の特異性を見ることをやめ、彼らの他性に注意を払わなくなるときに生じることとは逆の事態である。全体主義は諸存在を粉砕するが、官僚主義もまた恐るべきものである。そこで働く者は、個別のケースに関心を払わず同質的な規則を課す。彼はもはや個人の涙を見ることがない。(9)顔が全体性のうちで消失するのだ。こうした全体性批判は、ホッブズが描いたような社会の考え方にも関わっている。ホッブズの『リヴァイアサン』の扉絵が示すのは、似たような存在の一群が一つの巨大な身体のなかに凝縮した姿である。同様に、ヘーゲルの合理性について考えることもできる。ヘーゲルの合理性は、歴史や国家という現実的なものの全体性を担うものである。歴史は合理的に進展し、国家のほうは、ヘーゲルによれば、個々人を一種の綜合によって包括する全体性となる。これとは逆に、公現として、顔として、逆説的な自己顕示を通じて私に現れる他人を起点にするならば、諸存在の特異性を消し去ったり、彼らを脱主体化したりするような政治ないし関係性はいずれも暴力的なものであり、全体主義への変容や脱人間化の脅威を含むものであることを理解できるだろう。

つまり、倫理は、政治において他を同へと還元しようとするものに対抗するものであらねばならないということだ。もちろん、正義ないし平等性に配慮するなかで諸存在を比較しなければならないような場合はあるだろうが、そのときに顔を忘却しないよう注意しなければならない。たとえ実効性という理由が持ち出されたり、社会生活上必要とされたりするという理由があるにせよだ。というのも、倫理は他人であり、正義は第三者、つまり他者の他者だからだ。ところで、さまざまな人々のあいだの平等を尊重し、公平に振る舞おうとするや否や、勘定・計算が必要になる。つまり、差異を消すことになる。それゆえにこそ、数や規範による統治には注意を払う必要がある。こうした統治は、その帰結を被る人々のことを見ることなくなされるためだ。また、政党や共同体を全体と見なすイデオロギーにも警戒しなければならない。そこでは、個人は何者でもなくなるためだ。最後に、ナショナリズムに靡いて戦争の雄々しい美徳を称賛する代わりに、思い起こしておくべきは、戦争とは単に道徳にとっての大きな試練であるだけではないということだ。戦争はまた、道徳を「笑いの種にする」。

　戦争状態は道徳を宙吊りにする。戦争状態は、いつの世も変わらず永遠だとされた制度や義務から永遠性を剝ぎとり、それによって無条件な命法をすべて一時的に無効にする。［……］万策を講じて戦争を予見し、戦争に勝利するための技法――つまりは政治――が、それゆえ理性の行使そのものとして重きをなすにいたる。(10)

言葉と分離

絶対的に〈他なるもの〉とは、〈他人〉〔Autrui〕である。〈他人〉は私と同列の員数に入ることはない。私が「君」や「私たち」と言う場合の集団は「私」の複数形ではない。そこでの私や君は、ある共通概念に属する個人ではない。所有も、数の統一性も、概念の統一性も、私を他人に結びつけることはない。〔……〕〈同〉と〈他〉の関係が〔……〕言語である。(11)

言葉〔langage〕は言語〔langue〕に関わるが、同時に、「その人に向かって話しかける」特異な人格の発話〔parole〕にも関わっている。iii このように、言葉は関係性のパラダイムとなっている。それは、レヴィナスにとっては一介の関係や接触以上のものである。「形而上学」的なものだからだ。(12) つまり、そこでは関係が距離を抹消することはない。というのも、他者との関係とは、私の現実から無限に隔たった現実との関係、超越との関係、垂直的なものとの関係であって、同一的な諸項のあいだの関係なのではないからだ。この関係が「形而上学」iv 的と呼ばれ、欲望に結びつけられているのである。

フィヒテの考えとは異なり、他者とは非自我ではない。「超越は否定性ではない」(13)。無限とは、非有限ではない。他者とは、肯定的で意味を有した差異である。ところで、「形式論理の用語では考えられない絶対的差異を創設するのは、ただ言語のみである。言語は、類の統一性を断ち切るような諸項のあいだの関係を成し遂げる。［……］もしかすると言語は、存在の連続性ないし歴史の連続性を断ち切る権能そのものとして定義されるかもしれない」(14)。

対話は、機械的に振る舞う相互に置換可能で匿名の二つの存在を舞台に上げるのではない。対話は、自由で超越的な二つの存在を関係づけるものだ。この意味で、対話は暴力とは反対のものである。暴力とは、他を同へと還元するものだからだ。それは単に、他者そのものを破壊したり無化したりしようとする意志であるばかりでなく、関係そのものを消去しようとする意志なのである。言葉は物化にも対立する。それはまた、私たちが自己中心的な存在として振る舞ったり、自分のことにのみ専心し絶えず自分自身に帰着させるよう振る舞ったりする日常生活の流れを断ち切ることにもなる。

もちろん、誰かが他者に語りかけるとき、この他者を含み込んでいるように見える。しかし、他者に語りかけるとき、この他者は対話相手である。この他者について語ったり、あるいはこの他者が押し

iii 「発話（parole）」とは口頭による言語表現のことだが、『全体性と無限』では他者との言語的関係の原初的な形態として位置づけられる。「書かれたもの（écriture）」に対立する。

iv ヨーハン・ゴットリープ・フィヒテ（一七六二－一八一四年）はドイツ観念論を代表する哲学者。彼によれば、「自我」は自らを定立するという働きによって存在する。このような「自我」を根本原理とする限りにおいて、他者は「非」という否定的な接頭辞を伴って、非自我となる。

黙ったりするときであっても、この他者は彼を包み込んでいた主題であることをやめ、避けがたく語られたことの背後から浮かび上がってくる。

発話は沈黙が守られているにすぎなくても語られていて、沈黙の重々しさは〈他人〉が逃げ去ってしまったことを認めているのである。［……］発話することは、他人を「存在させる」かわりに、他人を懇請する。発話は視覚とは際立った対照をなす。たしかに認識や視覚においても、見られた対象によって行為が規定されることはありうるが、行為は「見られたもの」を何らかの仕方で我有化するのであり、「見られたもの」に一つの意義を付与することで、それを世界に統合し、結局はそれを構成することになるのだ。言説においては、私の主題としての〈他人〉と私の対話者としての〈他人〉のあいだの隔たりが不可避的に表立ってくる。私の対話者としての〈他人〉は、〈他人〉を一瞬は引き止めていたように見えた主題から解放されるのであり、この隔たりは私が対話者に付与する意味に即座に異議を唱える。それゆえ、言語がもつ形式的構造は、〈他人〉の倫理的な不可侵性を、そして、いかなる「ヌミノーゼ」の残り香もない「他人の」聖潔性を告げているのである。[15]

誰かについて語ることは、その人を主題とすることであるが、その人を主題へと還元することはできない。というのも、その人は主題から逃れるからである。彼に向かって語ることは、このような主題への還元というリスクを軽減するものである。発話を通じた他人の請願とは、彼には何か語りたいことがなあると示す暗黙の誘い、開かれである。視覚や表象のうちで私は他者を地平に閉じ込め、カテゴリーを押し当て、他者を構成したり標本化したりするが、発話はこうした視覚や表象とは断絶している。レヴィナスは、フッサールおよびハイデガーとともにはじまった表象の瓦解を徹底化させようとしているのである。語られたことの背後には、語ることがある。つまり、各人の語りたいことがあり、他者へと語りかけ、自分を捧げるという各人の仕方がある。それは各人が沈黙を保つときであってもそうだし、自分の身体を通じてしか自分を表出していないときでもそうだ。この点は、『存在の彼方へ』を分析することで見えてくるだろう。そこでは、もはや顔ではなく、身体、その傷つきやすさこそが、私と他者の紐帯をなし、他人との出会いが倫理的なものであることを示しているのである。

以上の『全体性と無限』の引用から、他者の超越が何を意味しているか、差異の肯定性としての他性、（その外部性および優位性という点での）無限の表出としての他人が何を意味しているかが理解されるだろう。さらに、どのような意味で他人との出会いが出来事なのかも理解できるだろう。しかし、われわれはまだ、責任という考えが他人の顔から生じてくることを分析してはこなかった。他人が何かを意味し私に教えること、その意味とは認識することでも与えられたデータを同定するものでもないこと、他人との出会いは無限に結びついた呼びかけであることは見てきたとおりだ。なぜこの呼びかけが私を責任（これも無限である）へと開いていくのか、なぜ顔は私を倫理へと誘うのか、そしてそこにはどのような含意があるのかを見ていこう。

第4章　顔と倫理

顔から殺人の禁止を導き出す見事な現象学的記述[1]の直前で、レヴィナスは、他人とは私を否定するのでなく、問いに付すものだと強調している。他人に対する私たちの関係の両義性がどれほどのものかを捉えるためにも、この点をしっかり把握しておくことが重要だ。実際、レヴィナスにとって、倫理とは善意を指すわけでも、各人が他人を配慮したり他人に目を向けたりすることを命じる道徳的な特徴の総体を指すわけでもない。レヴィナスは単に倫理の倫理性を考えているだけでない。それにとどまらず、彼は、他人とは私が保護しなければならないものであると同時に私が殺すことを欲することのできるものだと述べているのである。

倫理的関係は私を問いに付し、「この問いに付すことは他者から生じる」[2]。倫理は、宗教が伝える禁止にも、共同生活を可能にする社会的な協約にも要約されない。倫理はまた、カントにおけるように、私の実践的な理性に起源をもつものでもない。カントにとっては、道徳法則――嘘をつくことのように、私が他者にしてほしくないことを自分自身もしないように私に命じるもの――とは、内在における超越である。つまり、理性こそが、私に善悪の尺度を与え、私の格率が普遍化可能なのかを私が検討できるようにしてくれる。理性が私に義務とは何かを知らせ、私に命じるわけである。私は自分の振る舞いが善であるか悪であるかを知っている。それは、私の道徳的な意識〔Gewissen〕が証言するとおりである。この道徳的な意識が、感情の次元では義務の深さと絶対性を表現する。つまり、それは、ルソーの言うように、神的な性向であって、単に相対的な社会規範を内面化したものではないということだ。

レヴィナスによれば、倫理の起源は外部にある。ただし、レヴィナスは、殺人の禁止の基礎を神的な命令、他律、〈掟〉としての宗教に求めるのではなく、他人の顔、その超越についての記述から生じさせている。ここからわれわれは、顔が無限を表出するというのはいかなる意味なのかを理解することができる。他人との関係は、他人を構成し認識し識別するという私の権能が挫折することを知らせてくれるが、それと同じように、私が何かをなしうるという権能の限界を強調してもいる。つまり、私は他者の生に終わりをもたらすことはできるが、彼が存在しなかったことにすることはできない、ということだ。殺人とは、自らの権能を逃れるものに対して自らの権能を振るうことであり、他人そのものを消去しようとすることであり、他人の他性を消し去り、あらゆる対話を拒むことである。殺人の禁止は、他人を構成することの不可能性に基づいているのである。ここで思い起こすべきは、他人の他性、他人の超越は攪乱をもたらすものであることだ。他人の他性および超越によって、私は主権を剥奪され、制限が課されることになる。他者は私に呼びかけ、私は応答しなければならず、それによって私の位置をずらされ、独我論から脱出できる。だがそれだけではない。私の無力、つまり私は世界の主人ではないこと、他者たちは私がつくった尺度のうちにはないし、私が見たり知ったり期待したりするものと相関的ではない。他者が際立たせるのはこのことだ。

こうして、なぜレヴィナスがしばしば倫理を攪乱として、つまりあらゆるものに対する私の権能や私の権利の問い直しとして語っているのかが理解される。倫理とは脱‐利害〔désintéressement〕である。私は存在の次元にはない。つまり、私の自由を獲得し私の同一性を肯定することに特化した問題系のなかにはいない。伝統的な主体の哲学のように、私はもはや自己自身に回帰することはない。レヴィナスはまた、自由の哲学からも袂を分かつ。自由の哲学では、言ってみれば道徳と政治は個人の実存に付け加わるものである。そこでは、規則が尊重されるとしても、それは、各人の尊厳を保護し、さまざまな個的自由の共存、つまり根底的には、敵対し合うさまざまな自由の共存を組織化する場合に限られる。レヴィナスにとって、個的な主体は倫理や政治の出発点ではなく、むしろ原初にあるのは関係性である。顔についての現象学的な記述が私たちに教えるのはそのことに他ならない。

他人は〈自我〉を単純に否定するわけではない。殺人とは全面的な否定の誘惑であり、その試みであるが、全面的な否定はあらかじめ結ばれている関係に向かわせる[3]。

殺人の禁止

顔は、所有や私の権能を拒む。まだ掴むことのできる感性的なものが、その公現や現出において、掌握への全面的な抵抗に変わる。［……］掌握への抵抗は、手の労力を挫けさせる岩の堅さや、広大な宇宙のなかの星の遠さのような、克服できない抵抗として生起するわけではない。顔が世界に導き入れる表出は、私の権能の弱さに挑んでいるのではなく、何かをなしうる私の権能に挑んでくる。(4)

このように矛盾したかたちで自らを顕示ないし表出する際、他人はあらゆる把握を超えている。それは、「掌握に対する全面的な抵抗」である。顔が私にこう語る。お前は私を殺すことはできるだろうが、それでは私を保持することはないだろう。私の超越を破壊することはないだろう！　お前は私自身を否定したり、ナチスが収容所の囚人たちにしたように物や部品のように扱ったり、自分自身を下等人間〔Untermensch〕と見なすように仕向けることはできるだろう。だが、私は顔のままだ、と。ここでわれわれは、ロベール・アンテルム[i]が『人類』で書いていたように、ナチスは収容所の勾留者を自分たちとは異なった人種に属するものとすることはできなかった、と考えることもできる。もちろん、レヴィナスが関心を寄せているのは、各々の、それ自体唯一的な人間的存在の超越であり、人種への帰属ではない。だが、両者は、他人を物化したり死にいたらしめたりしたとしても、他人の超越や他性を破壊することはできないという点で結びつく。レヴィナスは、顔が提示する倫理的抵抗について語ることでこう

i　ロベール・アンテルム（一九一七－一九九〇）は、ホロコースト生還者の詩人・作家。著書に『人類――ブーヘンヴァルトからダッハウ強制収容所へ』（宇京頼三訳、未來社、一九九三年）がある。

した考えを表明しているのである。

顔において新たな次元が開かれると言われる際、日常生活や自然的態度によって見えなくなっている意味を明るみに出すという現象学的な記述が典型的になされているのを見ることができる。実際、顔の抵抗は、顔が挑んでくることだと考えてはならない。そうした理解は存在的な仕方となるだろう。勇敢な存在が物理的ないし心理的に抵抗することによって、死刑執行官の手を免れたり、屈しなかったりするということではない。他人とは、顔をもち、超越的であるがゆえに、たとえ死にいたらしめられる際であっても、つねに抵抗する。他人とは、命が奪われる場合であっても、その神秘を奪うことはできないし、そこにいたことをなかったことにはできない存在であるがゆえに、倫理的抵抗なのである。他人は、私の構成のための権能、すなわち他人を絶対的に統御したり他人そのものを無化しようとしたりする意志としての私の「何かができるという権能」に挑む。それは単に他人の所有物を占有したり他人を支配したりという意志に限られない。他人がいたということを否定するかたちで他人を永久に消滅させようとする意志のことである。殺人者の嫌悪は、盗人の嫌悪を凌ぐ。というのも、殺人は顔に向けられるものだからだ。ただし、そのことが不可能だと言われているのだ。私は他人の全容を捉えることはできないが、それと同様に、他人を全面的に無へと帰させることもできないのだ。

レヴィナスはこうして、他人を構成することの不可能性から出発して、顔が表出する殺人の禁止へといたる。レヴィナスが、他人との出会いを現象学的に記述し、顔が公現において何を意味しているのかを示すことで説明しているのは、顔が私を倫理へと導くということだ。この倫理とは、限界への衝突であると同時に、私自身との衝突でもある。私は他人を把持することができないし、そのような意味で、殺すこともできない。というのも、こうした把握、他人を奪取し沈黙させようとする意志は、失敗を余儀なくされた侵犯だからだ。そして、他人が私に「汝殺すなかれ」と言うとき、他人は同時に保護してくれと私に言う。というのも、他人は私を何らかの関係へと誘うものでもあるからだ。殺人とは、他者そのものを無化し、関係をもつことを否定しようとする意志のことなのである。

先に引用した、殺人を取り上げている『全体性と無限』の一節では、現象学的還元が凝縮されている。殺人は、暴力の極地であると同時に、関係の拒絶である。レヴィナスはまず、顔の「形態の輪郭が絶えず開かれ」ることを強調しながらそれを記述する。形態は顔の表出を戯画のなかに閉じ込めるものだからだ。だが、この開かれは形態を破裂させるものでもある。「顔は聖潔性と戯画の境界にあり、それゆえ、ある意味では依然としてさまざまな権能に差し出されているのだ。だが、それはあくまで、ある意味においてにすぎない。こうした感性のうちで開かれる深さは権能の自然本性そのものを変更し、それ以後、この権能にできるのは、もはや掌握することではなく、殺すことだからである」[5]。

他人の顔をマスクや標本のようにしたり、顔が発話であることを忘却したり、その聖潔性を忘却したりする誘惑、つまり、それが私による掌握を逃れて私から分離していることを忘却するという誘惑は大きなものである。他人との出会いという経験は、まずもってこうした他人を沈黙させるという誘惑でもある[6]。それは、物理的な力によるものであれ、言葉によるものであれ、暴力への誘惑である。殺人は、決闘、さらには大部分の戦争からも区別されねばならない。というのも、こうした戦いにおいては、二つの陣営が互いに承認し合っていることが前提とされているからだ。これに対し、殺人は暴力の終点、その究極の表現である。とはいえ、どのような暴力も、他人を沈黙させ、物理的ないし精神的に殺す試みであり、また他人に何らかの聖性があること、私から免れた秘密をもったものであることを否定することでその人自体を侵害する試みでもある。こうして、他人との関係は、主体を攪しその位置をずらすことで、われわれの次のような両義性を強調するものであることが見てとれる。一方で、他者は、これまで私の個人的な選好や私の自由によって規定されてきた私の権能およびアイデンティティに挑む。他方で、他者は、私が自らのうちに有していなかった何事か、それに対して私が備えておく必要のある何事かを私に教えるのである。

殺人は有機的な生命のような感性的な所与を狙うわけではない。また、それは我有化や、そうした意味での支配からも区別されなければならない。殺人は「世界に属していない」顔を狙う。つまり、その目的は全面的な否定にあるのである。

> 殺すことは支配することではなく、無化することであり、了解を完全に諦めることである。殺人は、権能から逃れるものに権能を行使する。殺人は依然として権能ではある。顔が感性的なもののうちで自らを表出するからだ。だが、殺人はすでに無力である。顔が感性的なものを引き裂くからだ。顔のうちで自らを表出する他性は、全面的な否定に可能な唯一の「質料」を提供する。(7)

このように、殺人は暴力の本質であるが、この暴力とは定義上、見返りのないものである。殺人はまずもって他人を無化することを目指すのであって、他人がもつ富を簒奪することを目指すものではない。それゆえ、単なる損得勘定の悲劇的な結末として考えるべきものではない。すなわち、単に生命の喪失に焦点を当てるのではなく、考えるべきは殺人者の志向性なのである。

レヴィナスが殺人を狩猟や生物の絶滅から徹底的に区別しているという点は、理解しうると同時に問題を含んでいる。この区別が理解しうるというのは、それによって、殺害を究極の表現とする暴力の本質がどのようなものか見分けられるためである。この区別でレヴィナスは、他者の利用をはるかに超えた、他者の無化を目指すこの意志において、何が生じているかを示すことができる。というのも、暴力は、私が顔を見つつも教えを得ることを望んでいない他者に向けられている。この暴力は、そうした他者を消去しようとする意志なのである。ジェノサイドにおけるように、他者がそこにいるということが厄介を生じさせている。そうした他者を消し去らせたいのは、その他性を消し去らせたいということだ。ナチス・ドイツの強制収容所に移送された人々の証言を読むとわかるように、他人を無化しようとするこのような意志は、サディズムを介して現れる(8)。逆に、人間が際限なく肉を食べられるようにと飼育動物を計画的に殺傷することは、その特徴をなしている産業的方法という点で、ナチスが用いた方策を思い起こさせるかもしれないが、それはとりわけショアーの場合のようにジェノサイドの構成要素であるサディズムを含むことは例外的であり、ジェノサイドとは本質的に異なる。

たしかに、動物は普通、きわめて残酷なかたちで飼育されたり殺傷されたりするが、この残酷さはとりわけ、こうした動物を肉や牛乳や毛皮などの製造機械のように搾取するという手法に由来する。もちろん、闘牛に見られるように、感性や個性をもつ存在が苦しめられるのを見て喜びを感じる者たちの支配欲求を反映していると考えることもできる。だが、ナチスの収容所で起きた破壊および脱人間化の信じがたい企てを知ると、また、たとえば勾留者に自らを人間以下の存在であると感じさせるという目的だけのために不条理な務めが課せられたことに思いを馳せると、屠殺場とショアーの比較は根深い無知や否認を表していることがわかるだろう。というのも、動物は、産業システムのなかの単なる資源として、収益を生み出す生産物と考えられているからだ。これらの動物は匿名的に生まれ、個的な存在と見なされることなく死んでいく。人々は誰もこれら動物のことを考慮してはいないのだ。といってもこれは、人々が動物のことを嫌悪しているということではなく、可能なかぎりそこから利益を引き出そうとしているということだ。だからこそ、こうした動物たちが、搾取的な条件を生き延び、生産し続けることができる限り、搾取の論理が徹底的に突き詰められることになるわけだ。そしてその際、畜産農家がしているように、「動物の幸福」という表現が曲解され、虚偽がなされる。いずれにしても、こうした理由から、動物の搾取の論理（その最も狂気じみた場合を含め）とショアーとを同一平面に置くことはできない。というのも、犠牲者が異なるという点に加えて、殺人者の意図も同一ではないからだ。

こうした類比を退けるからといって、動物虐待が悪の一形態であり、われわれに共通の恥を映し出すものであることはいささかも減じられはしない。動物たちは大事な存在である。各々の動物は、それぞれ何者かである。つまり、動物の搾取そのものが問題を孕んでいるということだ。レヴィナスは、動物たちの呼びかけもあることを無視して倫理から動物たちを排除している。動物たちとわれわれの関係が兄弟としての人間同士の関係と区別されるとしても、われわれが動物を扱い搾取する仕方は、われわれについて、〈私は誰であるか〉の〈誰〉についてさまざまなことを語り、われわれを告発し、われわれの言うところの正義がもつ不正を強調するのだが、レヴィナスはそれを否定するからである。これについては以降で再び触れることにしよう。

さしあたり注目したいのは、先のレヴィナスの引用である。その目的は、殺人において生じていることを考え、なぜ殺人が甚大な侵犯や不可能性ばかりではなく、誘惑をも指しているのかを明らかにすることにあるのである。

レヴィナスが、「他人とは私が殺したいと望みうる唯一の存在である」とか「私が殺したいと望みうるのは、絶対的に自存する存在者だけである［……］。私の諸々の権能を無限に凌駕しており、それゆえ私の諸々の権能に対立するのではなく、何かをなしうる権能そのものを麻痺させる者だ」と言うとき[9]、彼が強調しているのは、暴力とは、他人に対する私の関係のさまざまな側面の一つであり、一つの誘惑ですらあるということだ。倫理的な状況が私を私の責任へと直面させる。他人とは、私が保護しうるものであると同時に、私が殺したいと望みうるものである。この責任がどのようなものか、もう少し深く分析する必要がある。

責任と倫理的抵抗

なぜ、他人は私を私の責任へと差し向けるのか。なぜその意味ないしむしろ意味生成〔signifiance〕が問題となっているのか。そしていかなる意味で私の責任は無限なのか。それに対する答えは次のようになるだろう。私が他人に応答すること、私を攪乱し、私の権能、何かをなしうる私の権能を取り去るような他性の前に私を位置づけること、それは私の顔の輪郭に穴をあけ、私を個体化させることだ。責任が私の自己性を規定する。責任は、他の誰でもないこの私が誰であるかを明らかにするということだ。「責任」という語が意味しているのは、他者の発話、他者である発話に応答すること、その発話を聴いたということ、それを迎え入れたということ、自分の位置へと置き直され自らが当然もつはずの権利を問いただされることを受け入れることである。

責任は責務とは区別される。責務は、私の職業的ないし家族的な関わり、私の選択などに起因する義務に由来するものだ。責任はつまり、私から来るのではなく、他者あるいは外部から来る。そして、それは無限である。なぜなら、私が義務を果たしたとしても消えはしないからだ。私が社会規範に従ったとしても、あるいは私が自分の時間や資金を差し出して困窮状態の誰かを助けたとしても責任は消えはしない。私は決して免責されることがない。というのも私は、スーパーマーケットで働いてある棚の責任者を務める場合のように、あれこれのものに責任を負うだけではなく、他者そのものに責任を負っているからだ。私から逃れる他者、それでいて私がその可死性や悲惨さを目の当たりにしている他者に、である。暴力と殺人は、他者が可死的であり、この死という未知のものの前で無限に唯一的であるがゆえに意味をもつのだが、それと同じく他者への責任は、他者の可死性に、そしてのちに見るように、その傷つきやすさに関わっている。繰り返せば、顔とは物理的な顔面ではない。そうではなく、顔が私の責任の無限を表出していると言うとき、レヴィナスはわれわれに現象学的な経験を行なうよう促していることが理解されよう。誰かの顔を見つめるとき、誰かの目を見つめるとき、世界について自分がもっていた先入観や予断を脇に置くならば、各人は、その人の傷つきやすさやその人が他者たちを必要としていることを把握できるだろう。顔は語るということ、顔は私に語るということ、私が我が道を行く場合でも、この無関心が顔へと応答する一つのやり方であり、私を曝け出すということが理解できるだろう。

レヴィナスによれば、他人への関係は、威厳をもった意識への関係ではなく、悲惨な状態にある他者への関係である。もちろんこのことは、倫理の条件が非対称的だということをいささかも変えはしない。というのも、他人が私を私の場所に位置づけ、私の主権を取り去るからである。裸性のうちにある他人に真に接近するためには、私は武装解除し、自分の属性や社会的なアイデンティティを剝ぎとらなければならない。他人への関係は、まさしく他人を傷つきやすくしているものに関わっている。つまり、空腹を感じたり、殺されたりしうるということだ。それは、自由、意識ないし知性としての他者との関係ではない。もしかするとこの点こそ、私が他者に対して自分の権能を行使して他者を否定したり、この関係が原初的なものであることを拒んだりしたくなるということの理由かもしれない。他者はあまりにも私を掻き乱すからだ。そのとき、私は曝け出された他者の傷つきやすさを活用し、他者を軽視し、厄介払いすることになるだろう。

他者の可死性を理解することは、こうした誘惑に陥らないようにしうるものだ。レヴィナスによれば、他者の傷つきやすさの理解、その可死性、身体性に結びついているのは、近さ〔という考え〕である。顔の公現を顔が華麗に現れることとの関係で考えることもできたかもしれない。だが逆に、他者の顔は無限の痕跡でもある。そしてこれは、無限が窪んでいること、無限が、他者の権能においてではなく、他者の弱さにおいて自ら表出する、ということである。

ここで、レヴィナスの倫理がハイデガーの配慮の存在論に対立することがわかる。ハイデガーにとって、死は私の存在可能を挫折させるが、同時に私にとって固有なものとなり、私の個体化の原理となる。私はこれを起点にして自らを肯定し、本来的なかたちで生きることができる。つまり、私自身および諸事物へのある種の権能をもつこともできる。レヴィナスにとって、死は不可能性や限界であるが、諸事物へのまったく新たな関係を開く。すなわち、実存の意味が私のアイデンティティや自己の肯定の獲得することにあるという考えではなく、他者への責任を開くのである。

他人の顔によって私が差し向けられるこの絶えざる責任がいっそう明白に見られるのは、臨床的な状況において顕著なように、他人が苦しんでいる場合である。ただし、責任は、一般的に、他者が健康な場合も含め、つねにある。同様に殺人は、絶対的な侵犯ではあるが、結局のところかなり平凡な現実である。現象学は、こうした慣習が隠しもっている意味を明らかにするものだ。こうした意味を意識化し、呼び覚ますことは、倫理の条件の一つでもある。

殺人の平凡さを強調しても無駄だろう。殺人は、人類史における最も平凡な出来事でありながら、ある例外的な可能性に対応している――なぜなら、この可能性は、ある存在を全面的に否定しようという野心を抱くからだ。この可能性は、当の存在が世界の一部として所有しうる力とは関係がない。他人は、至上権をもって私に否を言いうるにもかかわらず、剣先や銃弾に差し出される。そして、他人が突きつける頑強なこの否をともなった、「自己のため」の揺るぎない堅固さは、剣や銃弾が心臓の心室なり心房なりをかすめたという事実によって、すっかり消え去ってしまう。(10)

レヴィナスが「倫理的抵抗」を語るとき、他人がもがき抵抗していることに言及しているのではない。たとえ誰かを殺すことがつねに、生きようと欲する存在に対し自らの掟を押し付けるかたちで衝突するとしてもそうである。それは、旧約聖書では殺人とは見なされていない戦争の場合であっても、動物を殺す場合であってもそうである。

他人は私に闘争をぶつけることができる。言い換えれば、他人を襲う力に対して、抵抗の力ではなく、反応の予見不可能性そのものをぶつけることができる。つまり、他人が私にぶつけるのは、より大きな力――算定可能で、それゆえ全体の一部をなすかのように提示される内的活動力――ではなく、この全体に対する自らの存在の超越そのものである。何らかの最高度の潜勢力ではなく、まさに超越の無限をぶつけるのだ。殺人より強いこの無限は、他人の顔のうちですでに私たちに抵抗

しており、他人の顔そのものであり、本源的な放出である。「殺人を犯してはならない」という最初の言葉である。(11)

レヴィナスは、十戒のなかで五番目に置かれていた殺人の禁止を一番目へと繰り上げる。この禁止は、他人の顔に直接見出される。それは、何らかの合理的な基盤に立脚するわけでも、旧約聖書の戒律に起因するわけでもない。顔は「殺人を犯してはならない」と私に語る。というのも、顔は、公現に際して、その超越の高みから、私に限界を割り当て、顔に私の権能を行使しようとすることは侵犯であると告げるからである。そこにはこの倫理的抵抗が残存している。それは、暴力のただなかにある人々にとっては快楽となりうるかもしれないが、レヴィナスがここで示したいのは、全面的な破壊の誘惑としての殺人は不可能性だということだ。

無限は、殺人への無限の抵抗によって権能を麻痺させる。この抵抗は、堅固かつ克服されざるものとして、他人の顔のうちで、目の無防備な全面的裸性のうちで、〈超越者〉の絶対的な開示性がもつ裸性のうちで、きらめく。ここにあるのは、巨大な抵抗との関係ではなく、絶対的に〈他なる〉何かとの関係である。抵抗をもたざるものの抵抗、倫理的抵抗なのだ。顔の公現は、このように殺人の誘惑が有する、無限に尺度をあてがう可能性を呼び起こすが、それは単に全面的な破壊の誘惑としてだけでなく、殺人の誘惑とその試みの——純粋に倫理的な——不可能性としてである。(12)

殺人とは、沈黙させることである。実際、顔は語り、意味し、無限を表出する。殺人者はこう応答する。「こいつは私に何も言わない。私とは関係ない。まもなく存在するのもやめるだろう。こうしてこいつは私のできるという権能にはもはや挑んでこなくなる。こいつは邪魔で、私はもうこいつを見たり聞いたりしたくないからだ」。しかし、アベルを殺した後、アベルを探す神に対して「私は弟の番人でしょうか」と答えたカインのように、彼には自分の行為が付きまとう。ある意味で、問題はつねに兄弟殺しである。他人はつねに意味し続けるのである。

殺人への抵抗が倫理的なものではなく現実的なものであれば、われわれは、二つの意識が権力を目指して戦うというヘーゲルが『精神現象学』のなかで語っているような世界にいることになるだろう。そこでは、二つの意識のうち、死を恐れず、自らの生命を犠牲にしてまで自らの名誉を守ろうとする意識のほうが物化を免れ、もう一つの意志を自分の奴隷にするようになる。これに対し、レヴィナスにとって問題は、二つの自由のあいだの戦いでも、対立し合う主体のあいだの永遠の抗争でもなく、二つの他性のあいだの関係であり、この関係が一次的なものであるのを認めることの拒否である。戦争は平和を前提とする。(13) 戦争は、ホッブズにおける自然状態のように人間のあいだの関係を根源的に特徴づけるものではない。戦争は凡庸なものだが、それは理解の断念であるがゆえに、二次的なものである。そこからはまた、戦争が主権的な権威のあいだの抗争をはるかに超えたものであることが見てとれる。第二次世界大戦の記憶がとりついたこれらの頁でレヴィナスが語っている殺人とは、全面的な否定の意志のことである。戦争は絶滅戦争であって、それは主権的な権威が対立する軍事抗争とは区別される。戦争は殺人の極致、殺人者の嫌悪の究極の表現であるジェノサイドへといたるのである。

責任、傷つきやすさ、身代わり

Responsabilité, vulnérabilité et substitution

第Ⅲ部

レヴィナスは医療倫理に関わる本を一冊も書かなかった。すでに見たように、彼の関心は自身の思想の実践的な含意よりも、倫理の条件にあったからだ。だが、顔、他人の超越、責任といった彼が展開した概念は、医療の分野でも幅広い反響を見出すことができるし、一般的にではあるが、ケアの当事者に関してもそうである。同じように、レヴィナスが自由に対する責任の優位を肯定すること、顔を起点に社会性を考えることは、契約論の土台として役立ってきた主体の観念に取って代わるもう一つの主体の哲学をもたらすという政治的な帰結も有している。さらに、『全体性と無限』から『存在の彼方へ』への彼の思想の進展を検討すると、レヴィナスが責任から身代わりへと思考を進め、そして顔ではなく、傷つきやすさを、他者への責任へと私を開くものと見なすようになったことがわかる。それによってわれわれは、現代の最も複雑な諸問題のいくつかを明らかにしてくれるような彼の哲学の並外れた豊かさと、それが惹起する困難を同時に検討することができるだろう。

第5章　実践的な含意――医療、政治、動物の問い

倫理のパラドクス

レヴィナスは「尊厳」という言葉を用いない。だが、顔および他人の超越の栄光についての彼の考えは、他者の尊厳が私の視点に対する相対的なものではないことを意味している。病人に接するときに、その人をその人がもつ病気やその他のハンディキャップに還元しないこと、その人を物のように扱わないこと、こうしたことが前提にしているのは、その人に限定的な生を送らせている欠損がいくらかあろうとも、その人の尊厳は無傷のままだと認めることである。もちろん、その人の健康状態や生の条件によっては、彼の尊厳についての感情が影響を被ることもあるだろう。ちなみにこのことは、彼に注がれる眼差しがなぜ根本的なのかを説明することでもある。だが、もしレヴィナスが他人の超越について述べていることが正しいのだとすれば、人格の尊厳は測ることができないということになるし、またその人の生の質に比例するものでもないということになる。

重要なのは、他人を主題化してはいけないということだ。このことは、傷つきやすい状態にいる人、

あるいは話すことのできない人を目前にした場合ならば、なおのこと当てはまる。その人を、病気についてのわれわれの知識を向上させてくれるような興味深い症例と見なしたり、われわれがなしうることを他者に示すのに適した症例と見なしてはならないからだ。とりわけ重要なのは、その人が語っていること（語られたこと）だけでなく、その人の語ることに注意し、対話者と見なしているその人に働きかけることである。レヴィナスが顔および言語的な関係について書いていることが言わんとしているのは、医療に携わる専門家が患者と対話を行なうこと、患者の声を聞きとどけ、参加を促し、患者を黙らせて彼らの代わりに語ることをしない、ということだ。義務論的なアプローチは、規範を適用すること、自由かつ賢明な合意という原理――これはもちろん根本的なものではあるが――に背かないことを旨とするものだが、他人を顔ないし公現として考察することは、単にこうした義務論的なアプローチにはとどまることはせず、質の高いケアを可能にするための条件について問うものである。ここで求められるのは、病人がその人自身として、つまり他の人々と同様に医療機関の約定や規則に従いはするが、とはいえ何よりもまずその人の唯一性のうちで顧慮されるような特異な存在として尊重されるべきだということだ。さらに、自分自身の期待を病人に投影しないように注意する必要もある。

倫理についてのこのような考え方は、生を神聖視する道徳とは何の関係もない。レヴィナスは、終末期の患者や甚大な事故により脳に取り返しのつかない欠損を負った患者などに関する処置を制限ないし停止する決断について語ることはなかった。そのため、彼が何を考えていたか（何を考えるだろうか）についてはっきりとしたことを述べることはできない。だが、次のことは言うことができる。すなわち、顔および責任の概念は、いかなる代償を払っても生を保護しなければならないとか、人工的な生命維持がつねに望ましい決断――昏睡状態の患者にとって有益かもしれないが――であると意味するわけではない、ということだ。昏睡状態にあったり、脳の機能の多くが取り返しのつかないかたちで損傷したりした患者の生命を人工的に維持させる処置を止める決断をすることは、植物状態の患者の生命を何年も延長させることのできる技術を有する時代においては、責任を伴う行為になるだろう。ただし、この場合、そのような決断は、こうした状況にいる患者がもはや尊厳を有さないとか、患者の生の価値を見積もる権利をわれわれが有しうるといった判断の帰結ではない。それは、患者の生命を維持させるために用いられる手段が、その患者の状態や病気の進行に釣り合っていないとか、さらには無益な医療に該当するといった評定に結びついた慎重な判断に基づいている。

顔という概念、またレヴィナスにおいては責任が他人との関係の意味や主体の自己性を規定するということ、さらに非対称性が倫理の条件となるという考え、これらは、医療に携わる専門家が体感するものと共鳴するだろう。医者が診察する際に受け入れる病人は、つねに何者かである。それは他者〔autre〕というより他人〔autrui〕である。病人は医師にこう語る。私はあなたの医者としての責任に訴えかけ、またあなたに多くのことを期待している、と。病人は、看護師に呼びかける。看護師は、彼を一人にしておくことはできない。とりわけ彼が苦痛に襲われているときや、生の最期を迎えているときにはなおさらそうである。彼の尊厳は、医療従事者が彼自身や彼の生の質あるいは彼の生の価値やその状態に対して下すような判断に従属しているのではない。おそらくそれは、彼自身の判断に相関しているのでもないだろう。というのは、人間存在というものは、無限を表出するものであって、おそらくは自分自身にとっても神秘かもしれないからだ。とはいえ、病人が受け入れられるということ、そして医療の専門家が彼に顧慮を向けるということが決定的に重要である。他人の尊厳は私の視点に相関的なのではないが、それを保証するのは私である。ここにこそ倫理の逆説があるのであり、臨床的な状況がとりわけ明るみに出すのはこのことなのである(1)。

医者－患者の関係は他人との関係の範例となりうるかもしれない。というのもそれは、出発点に病人、その人の苦しみ、訴え、死の不安を置いており、また非対称性によって特徴づけられるためだ。とはいえ、この「非対称」という語は適切に理解されなければならない。レヴィナスが語っているのは、二つの項のいずれかが他方に対して優越するということではない。彼は、他者の呼びかけに応答する者が、場合によっては、助けを必要とすることもありうること、彼もまた呼びかける側にもなりうることを排除していない。非対称性が倫理の条件だということが意味しているのは、私たちは、少なくとも倫理を規定する契機においては、持ちつ持たれつの関係、ギブ・アンド・テイクの関係にいるのではない、ということだ。倫理が求めているのは、主体の逆転だ。他人を受け入れる者、他人からその教えを受け取る者は、重荷の重さを感じとる。責任とはそのことなのだ。

病人の苦痛に直面し、医者は、たとえ病人を治癒させることができなくとも、自分が何かをしなければならないと感じる。それは単に、ケアと同様に、責任が、個別的な状況や特異な存在への個別的な応答である、ということだけではない。それに加えて、倫理の源泉は私に由来しない、ということだ。私の職業的な義務であれば私に由来するだろう。その論理は次のようになるだろう。私が病人をケアするのはそれが私の職務だからという論理、あるいは、私が医者ではない場合でも、私は苦境に置かれている人を進んで助けることがあるが、その場合には、もし私がその立場であれば同じようにするだろうと考えて義務だからそうするという論理だ。このような、相互性を倫理および正義の条件とするアプローチは、ロールズには見出されるが、レヴィナスはそうではない[2]。というのも、レヴィナスにとって、責任は義務に由来しないからだ。たとえ、他人をケアすることを職務とする医者の場合のように、責任が職業的な義務に付加される場合であってもそうである。責任は義務よりもいっそう普遍的で、いっそう根深い。というのも、それは他人からやってきて、主体の中核を撃つためだ。主体はもはや自分自身に中心をもたなくなる。主体は他者の苦しみに関係づけられることになる。このような任命がなければ責任はない。他人は私に呼びかける。その苦しみ、その眼差しによって、その個性は、私を捉え、私に呼びかける。そして、言うなれば「私に上から落ちてくる[3]」。私はそれを、他の他人や制度に転嫁することはできない。そこから逃げることができなくなる。取り憑かれ、関係づけられるからだ。

ポール・リクールは、医療倫理に関するいくつもの問題について自らの見解を述べていたが、彼は、レヴィナスの思想において私をどこに位置づけたらよいかという問いを発していた[4]。私とは責任を負う者のことなのか、それとも呼びかけを発する他者のことなのか、という問いだ。彼は、非対称性がなぜ責任を構成するのかを見ずに、顧慮の価値を見直すこと、倫理においていっそうの水平性を考えることを提案した。しかし、レヴィナスに倣って倫理は非対称性を含むのだと考えたとしても、状況の逆転は可能である。医療の専門家自身が病に襲われる場合などがそれだ。さらに、本質的なのは、他人との出会いが、私の〔権能の〕限界についての試練、〔権能の〕剥奪の経験となることだ。私がそのことを意識したときに倫理という契機がやってくると言ってもよい。他人とは私の把捉の外部にあり、私は他人を我有化することはできないが、とはいえ同時に、彼は私に語り、私を襲う。他人は私から逃れるが、私を逃さないのである。

他人との出会いは、他者の他性の経験、その試練である。他者の他性は私における他性だからだ。責任とは私におけるこの他性、位置ずらし〔déplacement〕、曝け出し〔exposition〕である。それが私を巻き添えにする応答である。というのも、私は他者に応答することで、自分自身を巻き込ませ、自分自身が誰であるかを語るためだ。他人は鏡のようなものではありえない。というのも他人は無限を表出するから、その痕跡だからである。こうして、他人は私の責任の無限を告げ、そのことで私は、たとえ私が他人へ向ける応答に自らのすべてを注入したとしても、その責任が免除されることにはならないと知る。他人を迎え入れること、一人の死すべき者が他なる死すべき者へと向ける責任という、実存することの意味を他人から受け取ること、そのことは、私が責務を負っているのではない人にも、自らを関係づけるということへとつながる。私は、他人に責務を負っており、それを超えて人類に責任を負っている。というのも、後述するように、他人の顔において私を見つめるのは人類の全体でもあるからである。

ケアの仕事では、規律を尊重することに加えて、病人に働きかけ対話を促すような適性をはじめ、介護者の側の個人的な注力が求められるがゆえに、臨床は倫理的な状況の例証になる。それは、他人を患者の特徴をもつものとして想像しなければならないということではない。こうした誤った考えを退けるには、レヴィナスが愛やエロスについて語っていたことを想起するだけで十分だろう。それは、介護とは無縁の経験であり、そこでは他人は病人としては理解されていない。ただし、分離は究極的には死に関わる、つまり近さを構成するものであり、また誰かを愛することはその人が存在していることに感謝することを意味すると同時に、その人を失うことを恐れ、その人が苦しむ姿を見るのを苦しむことである。言い換えれば、ここで理解する必要があるのは、以下のことである。対面関係とは、どのような形態をとるものであれ、はじめから私の位置を剝奪するものである。他人は私にその呼びかけに応答するよう強いる者なのである。私と他人の存在的な関係は、医師と患者の関係であることもあるし、父と子の関係であることもあるし、各々この剝奪を体験する二人の愛するもの同士であることもある。あるいは、私が関わっているのは、街路をぶらつく空腹の哀れな貧者のような、未知の者でもあるのである。

このように、倫理は抽象的なものではない。「私の隣人の物質的な必需品が、私にとっての精神的な必需品である[5]」。私たちが死すべき者でも傷つきやすい者でもなければ、私たちが何にも従属せずに生きていたら、私たちの身体が天使の身体のようであったら、倫理などはなかっただろう。逆に、「人を糧なき状態におくことは、どのような状況であっても緩和することのできない罪である[6]」。レヴィナスにおける実存の物質性や主体の身体性についてのこのようなこだわりは、彼の哲学が本質的に自由の哲学ではないということと対になっている。実存者が意味すること、私にとって意味することとは、私が私の自由を肯定しなければならないということではない。衰えていくことへの恐れ、〈世人〉や匿名性へと自らが喪失することへの恐れ、総駆り立て制[i]のような人間性を奪う技術的機構における疎外への恐れに抗して、自分のアイデンティティを守ろうとすることではない。他人は私に「私という語は我ここにを意味する」と語る。(7) 私は対格〔accusatif〕なのである。といっても、裁き手によって告発〔accusation〕されるという意味ではない。そうではなく、文法的に主語の主格の後に来る、直接目的補語という意味である。これはハイデガーの配慮の存在論とは異なっている。そこで現存在は死すべき存在であるが、空腹にはならない。ハイデガーにとって、顧慮〔Fürsorge〕は職業的な義務や諸々の制度に由来するのであって、主体に由来するのではない。レヴィナスは、こうした配慮の存在論に、自由に対する責任の優位を対置するのである。

自由に対する責任の優位

責任が自己性を構成するということは、主体が消失することでもないし、「私とは他者である」と書いたランボーにおいてそうであるように、主体が解消されることでもない。問題は自我が他者によって異他的なものになることではない。『存在の彼方へ』においてレヴィナスは、非対称性から人質という条件へと移行することで、責任から身代わりへといたるが、その場合でも同様である。主体は維持され

i　原語は Ge-stell（独）で、「共在」や「集合」などを意味する Ge- という接頭辞と「立てること」を意味する stellen から構成された造語である。ハイデガーは後期著作において、技術の本質を人間を挑発し、駆り立て、徴用する支配体制だとしてこの用語を用いた。

るが、この主体を特徴づけるのは、自分自身を特徴づける選択を行なったり、そうした選択を変更したりする能力としての自由ではない。自由に対する責任の優位という考えは、道徳哲学および政治哲学へのレヴィナスの主たる貢献を表している。それは、私たちの道徳的な考えや政治的な理論のもととなっている主体の哲学をその土台のところで変容させるものなのである。

責任、すなわち他者の呼びかけに対する私の絶えざる応答をもって、主体の自己性を基礎づけるものだとすることにより、自由の意味が変容するにいたる。問題はもはや、ホッブズからロールズにいたる契約論を支える主体の哲学ではまったくない。主体は責任によって定義されるが、この責任は、義務を命じるのでも、外的規範に従属することを示すのでもない。それは、私に作用し、私の位置をずらし、私が自分自身に対してもっている関係を変容させるような、他者からの命法なのである。このことは単に、私と同様、傷つきやすい存在だという理由によって、他人が私を必要としている、ということではない。つまり、単に他人もまた、変質しうる身体をもち、飢えたり喉が渇いたり屋根を必要としたりするということではない。そうではなく、それ以上に、他人の悲惨さ、彼が剝奪に苦しんでいること、物質的および精神的な糧、パン、労働、承認を必要としていることが、私の自由という善き権利を問いに付すということだ。他人は、私が自身の保存のために利するあらゆるものを活用できる権利に対して制限を課す。こうして、倫理とは、単に、また本質的に、何が善で何が悪かの理解に結びついた規範的な学問分野ではなくなる。倫理とは、私が自身の実存のただなかで他者のための場所をなすという行為なのである。(8)

人間を自由なものとして考えるならば、市民的な連帯をホッブズからロールズにいたる社会契約の理論家たちとは別の仕方で認めることはできない。私の自由に対する唯一の制限、私が自身の保存に利するあらゆるものを活用できる権利に対する唯一の制限は、他の人間の自由であり、安全である。それですでに良いではないかと言う向きもあるかもしれない。他者に危害をもたらさないというジョン・スチュアート・ミルにお馴染みの原理を持ち出してしまうと、リュヴェン・オジアン[ii]が述べていたように、「犠牲者のいない犯罪を罰する」ことができなくなってしまう。たとえば、単に私的な悪徳や侮辱などである。この原理は、普遍化可能ではなく、多元主義にも対立するような道徳的ないし宗教的な考えに政治を基礎づけることを妨げはしない。ところが、レヴィナスに基づいて、責任を社会性の基礎とすることは、道徳的な価値を語ることではないし、国家的なパターナリズムを求めることでもない。市民的連帯が、さまざまな主体の自由にのみ立脚するものだとすれば、社会性は、互酬ないしギブ・アンド・テイクによってしか構成されないだろう。こうした基礎は、われわれが物資が豊富な状態、あるいはロールズが書いたように[(9)]、節度ある希少性の状態にある場合には安全と相対的な安定性を保障するだろう。しかし、資源が減少し、万人に行き渡らなくなればどうなるだろうか。不平等が増し、社会が分断され、前例なき気候変動に直面したとき、こうしたよく理解された利益はどうなるだろうか。

---

ii　リュヴェン・オジアン（一九四七－二〇一七）はフランスの哲学者・倫理学者。倫理学的なミニマリズムの立場から、国家権力や道徳的な規範の積極的介入を退け、「被害者のいない犯罪の罰則化」に反対する。

市民的連帯ないし社会契約を自由や幸福によって定義される道徳的行為者として考案された主体に立脚させるような政治理論においては、政治的なものの目的は個々人の自由と利害の調停にある。言い換えれば、国家の義務は安全を守り、不正な不平等を減少させることにある。そこでは平和とは戦争の不在であって、積極的な内容をもつわけではない。国家は、個々人が自身の主体的な権利を享受するための法の保護機関となる。これは否定しがたい進歩ではあるが、アブラハム・リンカーンが強調したように、合衆国建国の父《ファウンディング・ファザーズ》の第二世代にとって、この進歩は既得のものとなる。さらに続く諸世代にとってはなおさらである。すなわち、自由と平等の原理と不可分である民主主義が何を要請しているのかが忘れられてしまうのである。彼らは、自分たちが権利を有する対象を享受することを当たり前と見なし、他者が社会やその各々の成員に対して要求するものに注目することはもはやなくなる。社会的な紐帯は解体し、連帯は単なる語句に、ほとんどスローガンのようなものになる。

レヴィナスによれば、国家の基礎を顔ではなく自由に置くことは、せいぜいのところ自由と平等を保障するものであって、友愛[iii]〔兄弟関係〕を保障することにはならない。友愛は、単に自分のことだけを考えるのではなく他人および他者たちに対し責任を感じるような主体を前提としている。制度が空虚な殻にならないためには、それが真に機能するためには、自分が他人と関わっていることを各人が感じとることが必要である。さらに、社会性がギブ・アンド・テイクの空間に他ならないのだとすれば、ホッブズからロールズにいたるまで言われてきたように[10]、法を制定する人々、法が適用される人々は、権能の点で平等でなければならないだろう。こうした条件では、傷つきやすい状態にいたり非対称な状態にいたりする人々は、最も弱い立場の者をも尊重するという意図が宣言されているのにもかかわらず、真に場をもつことはないだろう。そうした人々に配慮することはあっても、彼らを正当に扱うことはないだろうし、さまざまな方法で世界に参加させることはしないだろう。動物に関しては、こうした問いは副次的だと言われるのが常である。人間にだけでもう手一杯ではないか、人間のなかでも、われわれに近い者、われわれに似た者には十分にしてきたではないかという向きもあろう。

このように、倫理の源泉が外部性にあると述べること、非対称性が倫理の条件であるとすることでレヴィナスが展開する省察の政治的な意義はきわめて大きい。主体を自由の哲学とは別の仕方で考えることによって、不正な不平等の縮減および安全の担保という目的とは別の目的が国家にあることを検討するよう促す。社会性はもはや互いに無関心な人々の平和的な共存には限定されないし、正義は、私が主張しうる権利の全体には限定されなくなる。社会性と正義は、顔を起点に考えられる。社会性と正義は根源的な責任に結びついている。この根源的な責任ゆえに、われわれは友愛や連帯とはそもそもどういうものかを理解することができるし、われわれが、あらゆる他者の権利を語りつつ自分自身が存在するという見事な権利に対し制限をもたらすよう促しつつ、自由・平等・平和を保障することができるので

iii　本書で友愛ないし兄弟関係と訳したフランス語は fraternité である。レヴィナスはしばしば字義通りに、この語を兄弟 frère の関係ないし、兄弟であることを示唆するために用いる。その一方で、本書で引用される「人権と他人の権利」において、レヴィナスは fraternité という語がフランス共和国の三つの標語（自由・平等・友愛）に含まれていることも踏まえている。本書第12章以降で詳しく論じられる。

ある。

レヴィナスが提示する倫理は、実のところ、主体についての独自の哲学であり、受動性、他人への責任および身体性の真剣な検討に基づいた第一哲学である。これによってわれわれは、われわれが今日直面しており、おそらくは応答を迫られている社会およびエコロジーに関する危機に対峙するのを助けてくれる政治理論を構築することができる。レヴィナス自身は、自らの哲学からその政治的な含意を余すところなく引き出すことはしなかったし、彼の思想のいくつかの側面、とりわけその人間中心主義ゆえに、それができなかったことはあるだろう。しかしながら、こうした危機に挑むための政治哲学を構築するうえでレヴィナスのテクストから着想を得ることは、彼に対する忠実さを欠くことにはならないだろう。

いくつかの困難

まず、顔に関わる困難を二つ指摘しよう。第一の困難は他人とは誰かというものである。なぜ動物は倫理から排除されるのか。第二の困難は責任の源泉に関わる。この源泉は、『全体性と無限』においてもそうであるように顔にあるのか、それとも身体性にあるのか。顔という観念は、私の責任を限定してしまうのではないか。とりわけ『存在の彼方へ』で展開される傷つきやすさの観念は、倫理を他の生物へも拡張させることができるのか。同様に、脆さとしての傷つきやすさと他者への開かれとしての傷つきやすさの関係、私の身体の変質と私における他性の関係について、他人から複数の他者へと移行する際の責任概念の政治的射程を強調しながら検討を深める必要もあるだろう。
これらの困難は、一九六一年から一九七四年のレヴィナスの進展を検討することも助けてくれるだろう。実際、『存在の彼方へ』において、レヴィナスは、単に責任から身代わりへと移行しているばかりでない。それに加えて彼は、私の責任を喚起するのは、顔ではなく、他人の身体、とりわけ苦痛と苦しみを被りうる受動性としての傷つきやすさだとしているのだ。

〈自己に反して〉は、生きることそのものとしての生に刻印されている。忍耐するがゆえに、老いるがゆえに、生は、生に反した生なのだ。［……］「他者のために」の受動性は、この「他者のために」のうちで、ある意味を表出するのだが、この意味のうちには、肯定的なものにせよ否定的なものにせよ、意味に先立つような意志とのいかなる関わりも介入することがない。以上のことは、苦痛の可能性たる生ける人間の身体性によって生じる。苦痛の可能性とは感受性であり、感受性の本義は痛みを覚えうるという感応性である。覆いを剝がれて露出し、自己を供与し、自らの皮膚のうちで苦しむ自己、自らの皮膚を欠き、自らの皮膚さえ自己の所有物として有することなく、自らの皮膚のうちに痛みを抱えることなのだ。[11]

レヴィナスは、ハイデガーとは異なり、実存を生から切り離すことはしない。ハイデガーは、実存を企投や脱自と結びつけていた。つまり現存在が、現存在だけが他の動物とは違って例外的に、己の死の可能性を起点に自らを企投するとしていた。レヴィナスにおける実存は、それ以前の著作が可死性、疲労、不眠、糧を強調していたように、その身体性において描かれ、受容性として語られる。さらにそれは、とりわけ受動性を特徴としている。この受動性こそが、一九七四年の著作〔『存在の彼方へ』〕では「あらゆる受動性よりもいっそう受動的な受動性」として定義され、責任の源泉となるのである。それは、他者に対し責任を負うだけでなく、他者のために責任を負い、他者のために、また他者によって受苦すること、すなわち身代わりである。[12]

生きること〔vivance〕としての生を特徴づけるのは、「自己に反して〔malgré-soi〕」、受苦、老化である。つまり私が時間を構成するのではなく時間が受苦を通じて私を変質させつつ流れる、ということである。受苦とは自己と自己の隔たりである。自我が自らの身体に釘付けにされつつもそこから脱出することはできずに引き裂かれているという経験である。というのも、私の身体と精神の一体性ないし調和は断絶し、主体はこれらの二つの端を結びつけることができないからである。

レヴィナスが語っているのは老化であって老いではないことを指摘しておこう。前者が示しているのは時間化の働きである。つまり私が時間を構成することなく時間が流れるということである。老いのほうは、他者たちが私に向ける視線およびこうした社会的判断の内面化に依存した構築である。他者たちが私にこうしたイメージを投影するがゆえに私は突如自分が老いていると感じるわけである。シモーヌ・ド・ボーヴォワールが述べたように、われわれは自らの老いを自分ではなかなか認識できない。こうした判断を私たちに受け入れさせるのは、必ずしも身体的ないし精神的な衰えの現象ではない。「老いは実現不可能なものである」[13]。というのも、「年齢は対自の様態では体験されない」からである。[14]他者たちが私のことを、他者たちの欲望がもう向かわない、年をとった人として見つめることによって、私に私の年齢を顕わにするのである。人が自分の年齢についてもつ経験は透明なものではないがゆえに、「はやくから自分を老いていると広言することもできれば、最後まで自分は若いと信じることもできる」[15]。とりわけ他者こそが老いるのである。ちなみに、こうした社会的な構築は、歴史のただなかで変動する。バルザックの『三十女』では、当時、三〇歳代の女性が老いていると見なされていたが、今日では若い女性と見られているだろう！　老いのほうが外的な判断という刻印を受けているのに対し、老化は内的である。時間は「自ら流れる」。時間は私においてと同時に私なしで流れる。私を疲れさせるのは外的な敵ではなく私である。老化は受動性であり時間化である。それは、「現在に対する遅れにおける現在の努力」である。[16]

先に引用した『存在の彼方へ』の一節が根本的なのは、そこでレヴィナスが、私における変質としての傷つきやすさと、身代わりにいたるまでレヴィナスが思考しようとする他者への責任を規定する「他者のための」の受動性の関連を強調しているからである。その引用が示しているのは次のことだ。すなわち、私が他者のためにかつ他者によって存在するというのは、私の身体によって、私の傷つきやすさによって存在するということで、つまり、他者の傷つきやすさのなかで、私の傷つきやすさ、私の責任へと差し向けられるものによって存在するということだ。ここにはすでに、なぜあらゆる受動性よりもいっそう受動的な受動性としての責任が、他者の苦しみのための、他者の苦しみによる苦しみであるのか、なぜこの責任こそが私をして他者の人質とするものであるのかを理解するためのいくつかの要素がある。この考えには、非対称性が責任の条件だという考えに比べて一段階難易度が高いため、いっそう深く分析する必要があるだろう。しかし、ここでのわれわれの関心は、単に、また本質的に顔だけではなく、なぜ身体が私と他者の紐帯となるのかにある。

責任とは選択されるものではない。「他者のために」と「他者によって」は決断に起因するものではない。加えて、責任から身代わりへの移行は、「生きた人間的身体によって」なされる。私は『砕かれた自律』において、他者についての三つの経験に基づく主体の哲学を名づけるために、傷つきやすさの倫理という表現を用いた。第一の経験は、私が変質する経験である。それは、身体の受動性と心性の不完全性に関わっている。第二の経験は、私における他性である。すなわち、責任およびそれがもたらす主体性の転覆である。第三の経験は、他者に対する私の責任と他者たちに対する正義の関係、倫理と政治の関係である。(17)

臨床の場面や、傷つきやすい状況にいる人々との出会いが明らかにするのは、身体の変質という第一の他性の経験と、他者に対する私の責任に結びつく第二の経験のあいだの連携である。というのも、傷つきやすい他者との近さゆえに、私は自身へと回帰することはなくなる。主体は残り続けるとはいえ、そのアイデンティティは主体が他人の訴えへと応答する仕方によって定義されることになる。さらに、他者および複数の他者たちの存在が、主体の自由の善き権利を問いに付すということを受け入れることは、さまざまな自由の哲学と一線を画することを示唆している。傷つきやすさの倫理を構成する第三の他性の経験は、制度に対する私の関係に関わっているだけでない。それはまた、穏当なレベルにおいてであっても、私が集合体のなかで自分自身が責任を担うと感じつつ他者たちとともに生きる仕方、他者たちとともに世界内存在する仕方にも関わっている。政治的なものへの関係、さらに私がもつ正義への配慮は、自らのアイデンティティの獲得に乗り出す現存在の先駆的覚悟性や個人的な自由のための単なる飛翔台になるのではなく、私が自らの実存に与える意味を見分け、その厚みを考慮するように、つまり人は誰も自分自身に対して孤独に生きているのではないという事実を考慮するように仕向ける。生きるとは、「〜によって生きる」「〜とともに生きる」「〜のために生きる」ことなのであり、人が生まれ、何かを食べ、どこかに住む以上、すなわち実存する以上、他者たちの生に取り囲まれた生をもつことなのである(18)。

政治的な参画は他性の経験である。というのもそれは、ナショナリズムにありがちの一つの全体への融合とは区別されたかたちで多元主義を思考することを前提としているからである。こうした経験は他者たちとは切り離すことができない。というのも、他者において、私は、さまざまな世代を含めて、あらゆる他者たちを見るからである。他者および自分の傷つきやすさを起点に社会性を考えること、身体性と実存の物質性を起点に社会性を考えることは、政治的自由主義や古典的な契約論の基礎となっている概念的な枠組みをその根底から修正することを含んでいる。そこでは非対称性が政治のなかに取り入れられ、また次のことが心に留められることになる。それは、自らの存在のただなかで他者たちに場所を譲るという倫理と、生きるには欠かせない糧の分有として考えられた正義によって、将来世代への配慮、生物圏の保護、動物の利害の考慮が、政治の新たな目的かつ国家の義務だということである。[19]

先に引用した『存在の彼方へ』の一説は、倫理を他の生物へと開く約束ともなる。もっとも、レヴィナスはこの約束を果たすことはなかった。実際、もし身体を介して私から他者への移行がなされるとするなら、またもし身体が責任の、さらには身代わりの場であるとするなら、倫理から動物たちを除外するのは正当ではないだろう。というのも、動物たちは、権能のただなかに、傷つきやすさという不権能を私たちと共有しているからである。加えて、われわれが動物たちに加える暴力的な扱いは私のなかにトラウマを生み出すこともありうる。このトラウマとは、私が動物たちの苦しみばかりでなく、他の人間がこうして動物たちを乱暴に扱っていることに苦しむことも含んでいる。それは、あたかも動物の大義を守るという選択をなすかのように決断するものではなく、被るものである。そのためその人は、動物たちの苦しみの人質となり、彼らのために、また彼らによって苦しむことになるわけだ。その人は、動物由来の製品を控えたり、動物に危害を与えるあらゆる活動を控えたりすることで責任から解放されると考えるわけではなく、動物たちになされた害悪、人間が彼らに加えた害悪を自ら引き受けることになるのである。

こうして、『存在の彼方へ』の先の引用は、レヴィナスが語る意味での顔が認められないときでも、他者への責任を考える可能性をもっている。〔そうした他者に顔が認められない〕というのは、顔をもつことは責任の対象となることを前提としているが、責任の主体となることも意味しているからだ。つまり、レヴィナスにとっては、無限を表出すること、この高みないし垂直性を有することを前提としている。レヴィナスが動物たちに顔を認めないのは、動物たちはこの垂直性を有していないから、われわれに責任を負うことがないからだろうか。いずれにしても、レヴィナスは動物たちがわれわれに呼びかけをもたらすことを認めることができただろう。さらに、動物たちの傷つきやすさ、個体化、そして彼ら自身の規範に従って成長するという欲望ゆえに、われわれの善き権利に制限を割り当てることも認めることができただろう。同様に、われわれが動物を搾取している仕方――これはレヴィナスの問いの対象となったことは一度もない――は、われわれが何者であるかについて多くのことを物語り、またわれわれを告発するだろう。

こうした主題はそれ自体としては本質的であるものの、それについて意見を表明しなかったとして著者を責めるのは正当ではないだろう。だが、その思想の豊穣さとその著作に見られるいくつかのアポリアないし難点を同時に考慮することで、彼自身の問いを育むことはできる。ここでは、誤読を犯すことなく、またこちらの意図を投影することなく、彼の語ったこと、語ることにとどまることが重要だ。とはいえ、その著作は、いくつかの糸をほぐしていくと、さまざまな、しばしば新規の、ときには革命的な道を開くことを理解しておくべきでもある。

デリダは当初からそのことを見てとっていた。彼は、『全体性と無限』が公刊されるや否やそれを注意深く読解しただけでない。彼はさらに、『動物を追う、ゆえに私は〈動物で〉ある』というタイトルで公刊された講義のなかで、レヴィナスの思想において他人とは誰か、そして彼はなぜ動物たちを倫理の外部に置いたのかという問いに数ページを割いている。デリダは、レヴィナスが「主体をその《従属的であること〔être-sujet〕》、客あるいは人質であること、他者に従属している、まったき他者ないしどんな他者にも従属していることに呼び戻す」ことをしたが、「言語なき、そして応答なき動物というデカルト的伝統と断絶していない」ことに遺憾の意を表している[20]。たしかにデリダは動物機械論を道徳的・形而上学的な学説として提示することで誇張している。とりわけデカルトのテクストにおいてそれは認識論的な装置だったからだ。さらにデリダはレヴィナス哲学における傷つきやすさについては何も語っていない。これこそは、その倫理のなかに動物たちが入ることを約束するものである。とはいえ、彼が次のように驚くのはもっともである。

というのも、他者の思想、私を見つめる無限に他なる者の思想は、それとは逆に、動物の問いと求めを特権化すべきだろうからだ。それを人間の問いより前に持ってくるということではなく、人間の、兄弟の、隣人の問いを、動物的な問いと求めの可能性から出発して思考すべきなのではないかということだ。それは一つの呼びかけであり、聞こえることも黙していることもありうるが、それは呼びかける、われわれのなかで、われわれの外で、最も遠くから、われわれの前および後で、避けがたくわれわれに先行しかつ後続して。それは実に避けがたいものなので、この呼びかけが聞こえないふりを決めこもうとする言説のなかに、あまたの否認の症候、傷、傷痕の痕跡を残す[21]。

レヴィナスは動物が呼びかけるとは考えていない。彼によれば、動物は私の隣人であるにはあまりにも他者なのであり、私に責任を負うことはないのである。レヴィナスは動物を他者だと考えてはいるが、他人とは考えていないのだ。とはいえレヴィナスは、捕囚経験に遡る逸話を語る見事なテクストのなかで、動物がわれわれの人間性の証人であると書くことはできた。それは、われわれがモノのように扱われたり、誰もわれわれを尊重しなくなった場合も含まれる。

われわれは半人類、猿の一団にすぎなかった。〔……〕ここに、長い虜囚の半ば頃——短い数週間のあいだ、衛兵たちが気づいて追い払ってしまうまで——一匹の迷い犬がわれわれの生活に登場する。彼はある日、群れが厳重な監視下で仕事から戻っていたとき、この群れに加わったのである。彼は収容所周辺の、どこか荒涼とした片隅で細々と暮らしていた。だがわれわれは、愛犬にふさわしい異国風の名前で、彼をボビーと呼んでいた。彼は朝の点呼に現れ、われわれの帰りを待ちかまえ、陽気にはね回って吠えていた。彼にとっては——議論の余地なく——われわれは人間だったのである。(22)

彼はさらにこう書いている。

変装したオデュッセウスを帰還の際に見分けた『オデュッセイア』のあの犬が、われわれの犬の祖先だったのであろうか。むろんそうではない。むろんそうではない！　あちらはイタケ島であり、故郷であった。こちらは、どこでもない場所であった。自己の衝動の格率を普遍化するために必要な頭脳は持たないものの、ナチス・ドイツの最後のカント主義者たる彼は、エジプトのあの犬たちの子孫だったのであろう。そして彼の友人としての吠え声――動物らしい信頼――は、ナイル川のほとりの祖先たちの沈黙のなかで生まれたのだ。[23]

この一節が思い起こさせるのは、聖書(「出エジプト記」一一章七節)で語られる、エジプトでの最後の災いの際、ヘブライ人を抑圧していたエジプト人の新生児がすべて死んで、犬が狂ったように走り出す場面である。動物は私の人間性の証人であり、人間たちの不正の証人である。動物は人間たちの暴力を感じとるわけだ。しかしながら、レヴィナスにとって、動物は自らの格率を普遍化するための認識能力を欠いている。こうして、レヴィナスによれば、動物は他性を欠いた他者なのだ。動物は私の兄弟であるにはあまりにも他者であり、私に「汝殺すなかれ」と言うまったき他者であるには十分に他者ではない。こうして動物は、レヴィナスが興味深くも、カントにおける道徳法則へ、義務へと従属するという、義務論的な仕方で倫理を考えているまさにそのテクストにおいて、倫理の外部に置かれてしまうのだ。とはいえ、先に述べたように、『存在の彼方へ』においては、傷つきやすさによって少なくとも動物たちがわれわれの責任の対象となる可能性が見られていたのであった。

第6章　責任から身代わりへ

顧慮と身代わり

身代わりは『存在の彼方へ』の主要なテーマである。「他人への開け、それは他者への責任である。言い換えれば身代わりである」[1]。だが、なぜこの語が用いられているのか。それは何を意味するのか。他人に責任を負うことは、自己から脱し他者へと向かうことを意味するが、身代わりについて語ることは、他人が負うべき責任についても私が責任を負うこと、つまり、私がしていないこと、他者がしたこと、他者が私にさせたことにも責任を負うことを含んでいる。こうしたことをどのように理解したらよいだろうか。

この考えにおいて問題となっていることをはっきりと見定めるためには、それについての心理的な解釈を避ける必要がある。身代わりとは、主体性の呼び方の一つであって、心理的な状態ではない。まず「本書は主体を人質とし、主体の主体性を存在の存在することとは手を切った身代わりとして解釈する」[2]。身代わりは、私の優位、つまり自己への回帰という意識の定義や、存在による主体性の規定には根底から対立する。存在可能として自らを構築する現存在ですら、レヴィナスが存在論という呼び名のもとに取りまとめる思想のなかにいる。レヴィナスはこれに対して「別様の思考」を代置するのである。それが『存在の彼方へ』という著作のタイトルの意味である。

ある意味では、レヴィナスは責任という概念を提示することですでに主体を転覆させていた。しかし、身代わりについて語ることで、彼はさらに先に進む。人質は単に他者に対して責任を負っているだけでない。彼は他者の過ちすら自らのものとするからだ。しかし、身代わりは、道徳的ないし法学的に考えてはならない。人質とは、私が「我ここに」を意味するという事態だが、これは通常の意味での責めではない。というのも、私は、自らの活動や行動の結果、自分の過ちによって人質であるのではないからだ。私が人質に取られているとは、私の受動性が極限的であるということ、私がそこから身を離すことができないということなのである。

『全体性と無限』と『存在の彼方へ』のあいだには真の意味での断絶はない。レヴィナスは自分の思想を徹底化させているのである。身代わりとは、個的なものを、その最も固有のもの、その自己性のただなかにおいて名づけたものであるが、この自己性は権能ではなく、剝奪である。ハイデガーからの別離は、一九六一年の著作〔『全体性と無限』〕以上にはっきりしている。このことは、身代わりと顧慮を対置させ、レヴィナスが『存在の彼方へ』で行なっている〈死に臨む存在〉に対する批判を検討してみるとわかる。ちなみに、『存在と時間』第二六章に見られるハイデガーの顧慮の考えと、身代わりという考えの区別は、レヴィナスが言わんとしていることを理解するための優れた糸口となるものである。(3)

ハイデガーが他者との共存在〔Mitsein〕について語るのは、自分が他者たちを必要としていることを理解し、彼らに対する顧慮を示すというかたちで、現存在が世界を発見することが問題となるときである。現存在は他人に関心を抱くが、どちらも孤絶している。どちらも自らの事実性を引き受けつつ、自分のために生き、自分のために死ぬ。誰も他人の代わりになることはできないからだ。もちろん誰かをケアすることは可能だが、それはその人が自らの実存について有している配慮を取り除いてやることではない。せいぜいのところ、その人の自立を支えることはできるだろうが、ハイデガーが『存在と時間』第二九章で述べるように、その人は自らの有限性の重みを自分自身で引き受けなければならない。顧慮〔Fürsorge〕は、他人を世話すること、さらには最も困窮した人々や最も傷つきやすい立場に置かれた人々の必要を満たすための配慮を制度に託すということをも指している。だが、誰も、その人からその根本的な孤独――その究極の証拠が死である――を取り除いてあげることはできないのである。さらに、ハイデガーにとって、現存在の己の死に対する関係こそが個体化の原理であって、それこそが自分自身であること、自らの自己性〔Selbstheit〕を可能にする。死は代置〔身代わり〕不可能なのだ。こうして私は自分の私であること〔Gemeinichkeit〕を耐え忍ぶわけだが、これはまた我有化としての私の自由の条件でもある。私は、私の不可能性〔死〕の可能性に直面しつつ、私自身へと、本来的に私がそれであるところのものへと到達するのである。

つまり、顧慮とは一つの援助であり、それには、他の人々からの救援とか、病院や保健衛生機関のような公的扶助（Fürsorgeという語はこれも指している）が含まれる。ところが、このとき本質的なことは自己と自己のあいだでなされている。他人との関係は現存在を転覆させることはない。ハイデガーが描く顧慮はほとんど匿名の社会性に関わっている。つまり、他人を配慮する側とその配慮を受ける側はどちらも個体化されておらず、両者の関係によって双方は内的な変容を受けることはない。このことは、この関係が配慮する側の職業活動の一環をなしていたり、この関係が他方の生命を救ったりする場合ですら当てはまるだろう。

ここで、レヴィナスの公現としての顔という考えおよび責任の概念と、ハイデガーの顧慮という考えおよびその配慮の存在論がどれほど区別されるかが見えてくる。レヴィナスはまた、死が個体化の原理となるという考えにも反対している。死は応答なき問いである。つまり、私がそれに対していかなる権能も有さない、先駆的覚悟性や予期の場合に私がもつような権能すら有さない、そうした問いである。さらに、自己性を構成するのは死ではなく、身代わりである。私とは、私が今後死ぬというかたちで存在しているのではない。私が意味しているのは「我ここに」である。私は死に繋ぎとめられた存在なのではない。自分を他人の身代わりとする、あるいは他人に私を身代わりとしてもらうということでしか私の自己性に到達しない。レヴィナスは、存在の重み（およびハイデガー存在論）の代わりに、責任、つまり他人の苦しみが私に負わせる重みを置くのである。それゆえ、私はさまざまな制度に依拠することでこの任務から逃れられることはない。私は自分の分前を引き受けなければならない。身代わりという考えが意味しているのは、主体性の転覆である。すなわち、主体は単に没‐利害〔脱‐利害〕であるだけではなく、それ以上に、対格なのである。

つまり、私は他人への関係によって私自身に与えられている、ということだ。私の自我とは、「〈自我〉ではなく、割り当てられた私」である。[4] 個体化がなされるのは他者によってである。この他者が私に対し、私がこれまで占めていた場所とは異なる場所を、私が選んだのではない場所を割り当て、そこにまさしく位置づける。他人との関係によって、私は他人の前に出頭する。私が他者へと応答する仕方——無関心ですら応答や立場表明の一様態なのだから、その呼びかけに応答しないこともここに含まれる——こそが、〈私とは誰か〉の誰を露わにする。それが私を告発し、ジャン＝リュック・マリオンが書いているように、私の顔の輪郭を穿つ。つまり、私が私がそうであるところのものとして現れるようになる。レヴィナスが現象学的還元を行なっていることを思い起こせば、そのあまりにも示唆に富む表現を心理学的ないし道徳的には解釈できない。だが、それでもやはり確認しておかなければならないのは、彼の比喩に富んだ誇張的な書き方から、読者は、「主体性の転覆」[5]、個体化の絶頂でもある内存在性からの超脱〔dés-intér-essement〕の経験をもつことが可能になるということだ。

人質

レヴィナスによる誇張的な転覆は、アイデンティティを自由によって定義してきたあらゆる伝統と根底的に手を切ることにつながっている。そうした伝統の頂点は、確固たる意志と自己への配慮という点にあった。他者の人質であることが意味するのは、私の生のために恐れたり、私の死の可能性を起点にして自分のアイデンティティを肯定しようとしたりするのとは逆に、他人のために恐れを抱くことだ。

「～のために死ぬこと」という論考で、[6] レヴィナスは、身代わりが他人とのあらゆる関係を解消することではないという点を強調している。というのも私がまさしく可死的であるからこそ、私は他人に対する責任を有するのであり、さらに私の死は世界の終わりではなく、実存の意味へと私を開くものだからである。実存の意味とは、単に〈私にとって〉ではなく、他なる可死的な存在を迎え入れることである。「～のために死ぬこと」という表現が意味しているのは犠牲ではない。それが指しているのは、選ばれた者としての私、真の意味では不可能であるにもかかわらず――死とは別離であるし、平定することが問題なのでもないから――隣人に責任を負わなければならない者としての私である。

ハイデガーは我有化〔appropriation：Eigentlichkeit〕によって個体化を定義した。この語はしばしば「本来性〔authenticité〕」とも訳される。それに対しレヴィナスは個体化を他律のうちに位置づける。つまり、自己の個体化は、私、つまり〈私にとって〉ないし各私性を経由するのではなく、他人に対する私の責任に由来するということだ。この責任は原因を欠いたものであるために私に対面しているその人以上に根源的なものだ。

ハイデガーの現存在は一人称である。現存在は死という自分の究極の可能性を先取し、自分自身で個体化する〔Selbständigkeit〕。こうして、『存在と時間』第六四節におけるように、現存在は自分自身に回帰することで、〈世人〉のなかへの解消を免れ、自分の自己性〔Selbstheit〕に達することができる。これが先駆的覚悟性である。この態度によって自らの実存に意味が見出せるのか、死の不安を追い払うに十分なのかは定かではない。ハイデガーにとって、死はいかなる彼岸への入り口にもなっておらず、共通世界や他者たちへの入り口にすらなっていない。というのも、死は私の死であり、無化として、純粋な無として考えられているからだ。同様に、自己にとって重要なものに重きを置くことは、不条理や技術世界における疎外からの解放をもたらすわけではない。先駆的覚悟性は、沼にはまり自分で自分の髪を引っ張ってそこから抜け出そうとしたという有名なミュンヒハウゼン男爵の逸話を想起させるのではなかろうか。(7)

ハイデガーは、このようなアポリアに直面したために、本来性は集団的なものにのみ開かれていると考えたように思われる。彼にとって、この集団的なものとは歴史的な共同体のことである。しかし、この集団的な現存在は、自分のアイデンティティを肯定し、技術的世界が課してくる疎外から脱出しようと気にかけている個的な現存在に照らして考察されているため、ハイデガーは政治的な多元主義を看過している。それゆえ彼は、共同体を、巨大なアイデンティティ、一つの全体性として考えたのである。これとは反対に、他者の思想、無限に他なるものについての思想は、先駆的覚悟性にも民族的アイデンティティの肯定にも行き着くことはなく、責任と民主主義的多元主義の尊重に行き着くのである。

レヴィナスにとって、私とは対格に属するものである。人質は、自分が自分自身で下したのではない決断に従う。私が鍵を握る覚悟性とは正反対である。「責任を負う私以外には、何者も唯一者ではないし、したがって、何者も概念に逆らうことがない」(8)。私が人質としてあるのは、私が自分のことをつねに選ばれたものと見なしているからである。この受動性はあらゆる受動性よりも受動的なものだが、このような受動性が私を個体化するのである。『全体性と無限』において企てられ、主体を他人の人質とする『存在の彼方へ』においてその極みまでもたらされた主体性の転覆は、このように徹底している。後者の著作のなかで、レヴィナスは「責任への無限の情念」について語っている。[9]彼は、脱中心化、自己からの脱出、存在の彼方の論理を徹底的に推し進めているのである。彼はまた強迫や絶対的な対格についても語っている。[10]責任はここでは私の関与したことや、私が保っている価値とは関わりをもたない。それはまた、リクールが『他者のような自己自身』で語っている証し、すなわち私のナラティヴなアイデンティティおよび私が大事にしている価値に基づいた道徳的な自己性でもない——ただこのことはすでに大きな問題なのだが！　何かが、原初的な傷、存在することの疾しい意識、トラウマのように、私の位置をずらし、私を蝕んでいる。「悔恨によってアイデンティティを蝕む、アイデンティティの手前——自らを蝕むアイデンティティの手前——への通路である」[11]。

身代わりと歴史への関係

『全体性と無限』で展開された責任の概念と身代わりの概念の差異は、身代わりのほうが「他者の責任のための責任である」という点にある。[12]こうした考えは、すでに見たように、ハイデガーには馴染まないものである。それはまた、レヴィナスの読者の多くにも理解しがたいものである。というのも、身代わりが「二乗した責任」であるならば、[13]それは、レヴィナスが自分はナチスの罪にも責任を負うと考えているというところまで行き着くことを意味するのか。ある意味ではそうなのだ！　というのも、問題になっているのは、過ちを犯していなくても負わなければならないような責任だからだ。私は、私がい、私として犯したことに責任を負うのではなく、私が犯さなかったこと、私がその原因ではないことについて責任を負わされる。「二乗した責任」は、法律家のいう責任能力でも、道徳家の言う過ちでもない。そうだとすれば、それはどのようなものなのか。

身代わりは誇張だということが意味するのはこうである。すなわち、私が責任について徹底的に考え、自身が他人によって構成されているということを受け入れるのだとすれば、「強迫における責任とは、私が求めなかったもの、言い換えるなら、他人たちに対する私の責任なのだ[14]」。その苦しみが私を苦しめ、その罪が「私の無実にのしかかる[15]」。さらに、私は、拷問者やテロリストを排除するようなかたちで、私が責任を担うことになっている人々を選別することはできない。しかも、彼らが犯した罪は異常なものであって、私とは何も関係のない者によって犯された行為だと述べることもできない。さらに、彼らが為した悪、彼らが私に為した悪は、私が彼らを捨象することができないということを説明してもいる。もちろんこのことが意味しているのは、彼らが私を苦しめるのは私が求めていたことだという意味で私が責任を負っているということではない！　こうした解釈は、心理学的なものであれ道徳的なものであれ、レヴィナスが語っていることを看過するものである。ただし、身代わりという概念、つまり他者が（私に）なした害悪〔mal〕が無実の私にのしかかるという考えには、罪悪感〔culpabilité〕につながるものがある。私はこの「記憶のなかの腫瘍」を持っている。（私に）なされた害悪が、私を人質へと変容させる。私はもはや自我に戻ることはできないのだ。

主体を人質として語ることが言わんとしているのは、主体は選ばれていると同時に迫害されたものだということだ。「人質」という語は暴力的なものだ。人質とは、連れ去られた者のことであり、自分を誘拐した者の慈悲にすがる者のことだ。この考え、さらに他者の責任にも責任を負うという身代わりの考えを理解するためには、ここでもまたレヴィナスが関心を抱いているのは倫理の条件だということを思い起こす必要がある。身代わりとは道徳的なカテゴリーではなく、倫理の倫理性に関わっており、主体を（実体、自由、現存在などとは）別のかたちで考えさせるものである。『存在の彼方へ』におけるレヴィナスの誇張的なスタイルは、デリダが『全体性と無限』では密かに導入されていると見なした伝統的な形而上学や存在についての言説に従属せずに自らの考えの述べるための努力によるものと言えよう。このスタイルゆえに一九七四年の著作〔『存在の彼方へ』〕はきわめて読みにくいものになっている。とはいえ、それは存在からの脱出というレヴィナスの願いを成就するものだ。しかもレヴィナスは、身代わりについて語りながらも、倫理と政治の関係についての思想を深めてもいる。「人質であることの無条件・無制約は連帯の極限例ではなく、一切の連帯の条件である」[16]。主体性の内存在性からの超脱、主体性の転覆、そしてこの意味では、主体性の不安定性ないし無条件性こそが、真の連帯を可能にするということだ。というのも、相互性やギブ・アンド・テイクに固執するかぎり、連帯は長くは続かないからだ。「アイデンティティに付きもののアルケーなき受動性としての自己性、それは人質ないし捕囚である。〈私〉という言葉は、万事に、万人に責任を負う《われここに》を意味する」[17]。

レヴィナスが倫理と政治のあいだにどのような関係を打ち立てているかについては本書第VI部および第VII部において論じるが、ここで注目しておくべきは、私の責任があらゆる人間へと拡張されること、そして私が万事に、悪きことにすら応答することになっているという考えである。というのも、多くの読者は、自分が行なわなかったことに応答するのは無意味であり不正であると考えるはずだからだ！理解しておくべきは、問題になっているのは拷問者を許すかどうかではない、ということだ。許しは拷問者から求められるべきだが、とりわけそれは、多くの場合もはやすでにここにいない犠牲者たちによって与えられなければならない。犠牲者たちの名のもとで許しを与えることはできないだろう。ここで考えるべきことはむしろ、責任と罪悪感の境界線に関わっている。

責任と罪悪感のあいだの微妙な関係を把握するには、すでに言及した『存在の彼方へ』冒頭の献辞を思い起こす必要がある。『存在の彼方へ』では「トラウマの受動性」「迫害された主体性としての身代わり、［……］同のなかの他としての、息を吹き込まれることとしての、そして「自己のために」なされる一切の肯定、蘇る一切のエゴイズムの問い直しとしての、身代わり」が問題になっている箇所があるが、そこで問い直されているのは、自我の変質と自己における他性のあいだ、傷つきやすさと責任のあいだの関係についてわれわれが先に述べたものではない。同様に、思い起こす必要があるのは、レヴィナスは、母性について、さらには父性のことについてさえも、自己のなかに他者を保つこととして、息を吹き込まれることとして語っていることだ。私たちは、犠牲者ではないような他者に責任を負うことができるし、責任はもっぱら苦しみに結びついているわけではない。しかし、この身代わりという考え——責任の誇張である——とともに、新たな意味の層が現れている。この考えが強調するのは、レヴィナスの著作において、責任を罪悪感にまでいたるあらゆる私の問い直しから区別することは難しいといということである。このことをどのように理解すべきだろうか。

虐殺された者たち、虐殺を生き延びた者たちの代わりに語ることは不可能だ。レヴィナスのように死の収容所を逃れた人々であっても彼らの代わりに語ることはない。人質、生き残り、自らの責任を引き受ける者、つまり歴史の重みを引き受ける者、この重荷を他人に任せることのない者は、苦しんでいた人々の代わりに語ることも、自分を苦しめた人々の代わりに語ることもできない。人質は応答することはできないが、それでもやはり呼びかけに居合わせている。応答するよう要請されているが、そのイニシアティブをもたない。起きたことを推し量るだけだ。これが人質の条件ないし無条件であり、あらゆる受動性よりも受動的な受動性ということの意味である。身代わりは、顔との関係が問題であった責任よりも一つ次元が上の受動性である。というのも、私は他人が為した罪の責任を負うことはできないが、とはいえそうした罪は実在し私を苛むからだ。私は、自らが実存するがゆえに、こうした重荷を自ら背負わなければならず、自分が為したのではないことを引き受けなければならない。この意味では、身代わりは、平凡な意味での罪悪感ではない。

とはいえ、あらゆる尺度を超えたものを推し量るという意味での罪悪感を伴わない身代わりというのはありうるだろうか。それはアウシュヴィッツの後で可能だろうか。アドルノが『否定弁証法』で述べていることを考えてみよう。[18] われわれが過去および現在の災厄を見ても不安に駆られることなく平静を保ち続けていて、自分たちの文化が死の文化であり死の文化となってしまったことを示すいくつかの罪の原因も認められなくなっているようなときに、文明の救済は本当にありうるのだろうか。これが、レヴィナスが「われわれはみな万人の前で、万人に対して有罪であるが、私こそが他の誰よりもそうである」というドストエフスキーの一節を引きながら言いたかったことだろうか。[19]

証人であるとははたしてそういうことなのだろうか。つまり、必ずしも出来事と同時代に生きておらずとも、自らがそうした出来事に責任を負うべきだと知っており、かつ自らがこのような――必然的に不十分な――応答であり続けること、なぜ？という問いが自らを構成し続けていることを知っている者であるとは、そういうことを言うのだろうか。

クローディーヌ・ヴェグは、強制収容所に送られた人々の子供たち――彼ら自身も強制収容所に送られ、家族のなかで唯一生き残ったり、近親者はアウシュヴィッツに送られたが、自身は救われたりしている――との会話に基づく胸を打つ著作のなかで、自分の家族にさようならと言うことができなかったこと、自分の苦しみについて語ることができなかったこと、それを「ブラックボックスのなかに埋めてしまったことが、どれほど彼らのトラウマとなっているかを示している。[20] これらの証言は、その歴史的な価値を超えて、なしえなかった喪に関する普遍的な真実を露わにしている。つまり、このなしえなかった喪が、一人の生涯、そしてときにはのちの世代の生涯にも影響を及ぼすということだ。

エマニュエル・レヴィナスが個人として体験したものは、これらの状況になぞらえることができるかもしれない。もっとも、それこそが身代わりについてレヴィナスに考えさせるよう仕向けたとか、この考えが罪悪感を合理化したものだと言うことはできない。とはいえ、罪悪感とは、他人の呼びかけに備えることができるようにするもの、責任のうちに無限に残り続けるものに備えることができるようにするものではないかと問うこともできるだろう。それはまた、他者を同へと還元しようとするあらゆる試みに対してとりわけ警戒することでもないだろうか。こうした問いを開いたままにすること、そこにはアポリアのようなものがあるとすら考えることは、レヴィナスの著作に対してと同様に、それが含みもつ普遍的なメッセージ、その秘密や神秘を正当に評価するものだ。

「〜によって生きる」の哲学

Une philosophie du « vivre de »

第IV部

レヴィナスの身体性に関する現象学には２つの側面がある。第一の側面の中心を占めているのは傷つきやすさと受動性という考えであり、この側面は疲労、苦痛、老化といった諸現象に結びつけられる。第二の側面はわれわれの実存の物質性、すなわち、われわれが重力をもち、地面に安らい、どこかに居住し、食べるという事実に関連する。レヴィナスはわれわれの生にかかわる快楽の次元を糧のなかに見出している。糧はわれわれがそれによって生きているものの全体を指しており、欠如として欲求が思い描かれるときのように、われわれを従属させるようなものとしてではなく、むしろわれわれが享受〔享楽〕するものとして考えられるべきものである。われわれがこれから考察するのは、筆者に多くの着想を与えてくれた「〜によって生きる」の哲学である。その際、この哲学の独自性と、この哲学によって開かれる人間の条件を考えるための諸展望に強調点を示す。また、われわれは感性的なものをめぐるレヴィナスの哲学に見られるいくつかの緊張関係、とりわけ糧の世界における生と倫理のあいだにレヴィナスが設ける分離を強調する。

第7章　受容性と体内化としての実存

糧

われわれはおいしいスープ、空気、光、見世物、労働、観念、眠り等々によって生きている。これらは表象の対象ではない。われわれはこれらによって生きている(1)。

われわれは何かによって生きており、これがわれわれを構成する。つまり、われわれは表象された対象の場合とは異なり、それを捉える際に距離を保っていないということである。糧〔nourritures〕は、われわれがそれによって生きているところの物質的・文化的・社会的諸事物を含み、それゆえ、養分補給〔alimentation〕、元基〔élément〕、環境だけでなく、人との出会いをも含む。糧はわれわれの意識をはみ出すがゆえに、ノエマでもない。糧はつねに、われわれの意識が構成する以上のものである。複数形で書かれる「糧」は感性的世界のこうした豊饒さ、剰余を表している。それに加えて糧の複数形は、諸事物とわれわれの接触、つまり世界へのわれわれの没入を表現するつねに豊かで特異な感覚を指示しており、また、それによって生きること、それによってわれわれが養われているときに覚える快楽を示唆する。それゆえ、レヴィナスにおいて糧ならびに享受の観念は実存範疇になる。ただし、これらの観念はハイデガーにおける実存範疇とは反対に、存在については何も語らず、むしろ感性的世界の真理を語り、あらかじめ歴史的あるいは歴運的〔historiale〕でない体験の層を開示するということを付け加えておこう。『全体性と無限』の「内部性とエコノミー」と題された部において、レヴィナスは、われわれが環境や、一般的に言えば、元基に対して依存していることを記述する感性的なものの哲学を展開している。とはいえ、元基を資源のように有用か否かで考えるべきではない。「糧」という言葉は次のことを想定している。すなわち、私がそれによって生きているものは私の諸々の欲求に応えるが、それに加えて私の実存に感覚と味わいを与えるということだ。このような「糧」という言葉はハイデガーのうちに見出される道具および用具という言葉に取って代わるものである。われわれの考えでは、「糧」という言葉は、自然に対してもっぱら道具的な連関に送り返される「資源」という言葉にも取って代わるものでもある。

『糧――政治的身体の哲学』において、筆者はエコ現象学を構築するためにこの実存範疇をあらためて取り上げたことがある。エコ現象学はわれわれの実存における諸環境や地球の重要性を示すものであって、それらの保護に加えて生息圏の保護を政治の目的の一つとすることへ通じている。それによってこうした目的は、安全保障や格差の縮小のように、国家に伝統的に帰せられる義務に付け加えられるのである。一般的にいえば、レヴィナスが「内部性とエコノミー」で展開する感性的なものの哲学も、生きるという事実に根源的に結びついている享受の次元に関する彼の主張も、配慮の存在論に対立するだけでなく、被投性が原初的なものであって、またそれが人間の条件を特徴づけると考える実存主義に対してさえも対立する。それによって、苦しみをもっぱら特徴とするわけではない、非‐構成の現象学の独自性を理解できるようにもなり、また非‐構成の現象学は、レヴィナス自身が行なわなかったエコロジー的考察に着想を与えてくれる。

「エコノミー」という語のオイコス（οἶκος共同の住居）とノモス（νόμος法）という語源は、地球人の住処についての学たるエコロジー（オイコス、ロゴス）の語源に近い。「エコノミー」という語の用法は、レヴィナスの現象学が実存の物質性についての考察に根付いていることを示している。実存の物質性は、企投や自然からの離脱という観点ではなく、受容性の観点から考えられる。内部と外部の弁証法は、実存の物質性に固有のものであって、養分補給ないし住まいに関するレヴィナスの記述の核心にある。

傷つきやすさについて語られる際に中心をなすのは、受動性のカテゴリーである。感性的生および享受について語られる際には、受容的なあり方の感性的生と享受が第一の地平にあり、また養分補給については体内化というあり方の感性的生と享受が第一の地平にある。意識は〔感性的生においては〕非構成的なものとして発見されるとはいえ、外部性と見なされる他者との対面という倫理的状況のうちにはない。意識は他人によるものとは別の仕方ではみ出されている〔débordée〕。事実、レヴィナスによれば、実存は、実存に対する一つの見方ではなく、企投、脱‐自ですらなく、ある一定の具体性のうちにある。

すなわち、私は実存の上にせり出ているのではなく、私はつねにすでに構成されている。空気・大気・環境が私を構成するように、私は元基のなかに浸っている。居住でさえも単なる住宅と見なすことはできない。居住とは、そこで私が隠れ場所を見つけ、一定の親しみを感じ、そこにこもり[i]、他人を迎え入れることができる住まいのことである。

しかしながら、実存の上にせり出ていないということは、ハイデガーの著作におけるように、現象学的還元が技術の世界や歴史に通じているわけではない。われわれは自らの諸感覚そのものに接近するのであって、われわれは、それらが道具や技術によっていかに規定されるかに接近するだけではない。構成されたものから構成するものへと反転し、私の実存の条件へと反転するだけでなく、感性的なものと感覚することは、意識作用が世界を認識し、知覚し、あるいは手の届くところや手元にあるものを利用する手前に固有の真理をもっているのである。

繰り返しになるが、レヴィナスは自分の思想をハイデガーとの対話によって、また配慮の存在論との対立によってつくり上げている。レヴィナスが提示する諸々の観念は、ハイデガーの実存範疇と突き合わせられなければならないということをレヴィナスがごく稀にしか指摘しないとしてもそうである。ハイデガーは生を生きること、生の忍耐、生の受動性に取り組まなかったばかりか、感性的なものの真理

i　既存の邦訳で「集約（する）」と訳される se recueillir, recueillement を本書では「こもる」「こもること」と訳した。

や、われわれが生きることに感じる快楽の真理、すなわち生きるために生きるのではないということに取り組まなかった。それに対して、レヴィナスにとって、生は享受である。というのも生はそれ自体で目的であるからだ。

世界内存在や被投性、つまり投げられていること〔被投性〕について語る代わりに、レヴィナスは、われわれが浸り、呼吸などをする環境を「元基的なもの」と呼んでいる。思考したり、世界を構成したり、企投したりするに先立って、われわれは元基によって構成されている。われわれが環境を眺める以前に、空気がわれわれを包み込んでいるのであって、われわれはあれこれの仕方で環境を思い描き組織化する以前にそのなかに沈んでいる。実存の元基的次元は次のことに対応している。すなわち、生きることは「〜によって生きる」[2]ことである。実存のこのような他動詞性はハイデガーの語るそれではない。というのも、自由と意識に先立つより根源的な感性的層があるからである。

『全体性と無限』の第二部は、私が顔をもつ他人と出会う倫理的な次元を論じる部の直前に置かれているということを注記しておこう。レヴィナスにとって、私が感性的な世界、糧の世界にいるとき、私は他人に出会わず、私はある種のエゴイスト的な無垢のうちで生きている。レヴィナスによれば、元基、空気、水、環境、食物は、倫理の場所ではないとされる。倫理は他者との出会いによって始まるからだ。レヴィナスにしてみれば、享受の世界としての糧の世界と、倫理ないし正義のあいだには断絶がある――後述するように、また『糧』[3]において説明しているように、この断絶には異論の余地があると思われる。

レヴィナスが糧の世界を倫理と区別するにいたったのは、彼が感性的世界の根源的な次元を、すなわち、われわれは自らの諸感覚へ接近し、われわれの諸感覚がわれわれに明かす世界へ接近するということを強調したいからだろうか。いずれにせよ、彼は実存者をその身体性において記述しており、そうすることによって食料としての世界について語っている。彼は何を言おうとしているのだろうか。

このような表現は、世界の諸現象が機能性に帰着する道具や用具として与えられるのではなく、むしろそれらはまず感じられ、感知的〔sensorielle〕・美感的な次元において体験されるということを意味している。感性論（アイステーシス、感覚に由来する）は、それ自身として根源的なものにおいて感じること関わっており、それは古典主義時代であれば、色や組成などのように第二次性質と呼ばれていたものに関わる。感性論はまた美を示唆する。それゆえ、ライターはその有用性においてのみ私に現れるわけではなく、装飾されたものとしても現れる。

「われわれがそれによって生きる事物は、道具ではないし、語のハイデガー的な意味での用具的存在でさえない。〔……〕それらはつねに〔……〕享受の対象であり、すでに装飾を施され、美化されたものとして「嗜好」に差し出されている」[4]。

さらに、「感覚に還元された構成されたものは、ここでその感覚をはみ出し、構成のただなかで構成するものの条件になる。より正確に言えば、構成するものの糧になる。感覚のこのような溢出は養分補給という言葉で定められるだろう」[5]。

世界を食料と見なすことは、感覚がはみ出ることによって意味が生まれるということを示唆している。つまり、最も日常的なものでさえ、世界の諸事物には概念をはみ出す豊かさがある。それは、知覚によって、諸感覚の多様なものを一つの総合へもたらし、「ライター」「テーブル」といった対象を構成する際に、私が同定するものさえもはみ出すのである。物質性や特殊性において捉えられた諸感覚こそがこのような豊かさを表現する。[6] デカルトが蜜蠟の欠片についての有名な分析で示したように、諸感覚は諸事物の存在についてわれわれに何も語らない。私は蜜蠟の本質を思惟によってのみ知るのであって、私が蜜蠟を熱するために火に近づけたり、冷ましたりすることに応じて、あるときは柔らかかったり、あるときは固かったりする蜜蠟を私に差し出す諸感覚によってではない。[7] しかしながら、これらの諸感覚ないし第二次性質には、固有の真理がある。というのも、それらはわれわれに合致するものについて教えてくれるからである。[8] つまり、レヴィナスにしてみれば、それらはわれわれと世界の同意を表している。彼が記述していくのは、この固有な真理に他ならない。諸感覚は世界が豊饒であるという性質を表している。すなわち世界は、意識、表象、さらに視覚さえもが考えさせてくれるものよりもいっそう豊かであるということを表しているのである。世界は食物である。なぜなら、私は内側に浸っており、世界は私を包み込み、私は世界を体内化する、つまり世界は私の成長と力の源であるからだが、それだけでなく、原初的な経験は諸事物のなかで満足を探求する経験であり、「世界の元基的本質を破裂させる」[9] 享受を探求する経験でもあるからである。それゆえ、レヴィナスは被投性についてのどんな思想にも反して、生を愛することが原初的であると認めるのである。

生への愛

生への愛は、存在の知解ないし存在論に帰着するような存在することの配慮とは似ていない。生への愛は存在を愛するのではなく、存在することの幸福を愛するのだ。〔……〕生と生の関係、すなわち生への愛は、生の表象でも生に関する省察でもない。[10]

それゆえ、人は生きるために生きるのではない。実存は企投や死への狂ったような競争ではない。レヴィナスは、ハイデガーの現存在から距離を取るばかりか、ホッブズの人間学からも距離を取る。

われわれは呼吸するために呼吸し、飲みかつ食らうために飲み食いし、雨を避けるために雨宿りし、われわれの好奇心を満たすために学び、散歩するために散歩する。それらすべては生きるためにあるのではない。そのすべてが生きることなのだ。生きることは一つの真摯さである。[11]

「生は愛されている」[12]、それは生が〈不死〉〔non-mourir〕を超え出ることを意味し、生が死に抗する諸力の総体ではないことを意味している。「生きること、それは合目的性および本能の緊張に逆らって戯れることである」[13]。それ自身のために愛される生のこのような無動機性〔gratuité〕、このような「生のたんなる戯れないし享受」の証拠となるのは、私が諸事物におのずと覚える快楽であり、私が体験する満足である。「享受において、私は糧にがつがつと食らいつき、豊かなものとして世界を受け入れる」(14)。つまり、快楽に外的な目的を快楽の背後に求めてはならないという快楽主義の真理がある。外的な目的を快楽の背後に求めてならないのは、快楽がそれ自体のうちに目的を有するからである(15)。以上によって、われわれは『糧』において、「生きること、それは何かによって生きることであり、何かによって生きること、それは享受することである」(16)と定式化した。

快楽には人間の条件に関する貴重な教訓があるが、レヴィナスが『全体性と無限』を執筆している頃に名声を博していた哲学者たちはこの教訓を真面目に受け取っていなかった。つまり、この教訓とは、生と糧の世界に根源的に結びついている享受あるいは快楽が、被投性を反駁しているということである(17)。一般的にいえば、ハイデガーは主体の身体性を十分に考えなかった。ハイデガーは死については語るが、飢えについては語っていないのであって、彼は実存に固有の快楽の次元を看過した。それに対して、レヴィナスはこの次元を搾取的な世界を裏づけることと関連づけようとしている。

レヴィナスは嗜好〔味覚〕がもたらす教訓のすべてを引き出したわけではない。事実、人が味に関する快楽や芸術について語るときに、身体と精神、個人と社会、文化と象徴、理性的なものと感情的なもの、さらには太古的なもの、意識的なものと無意識なものを区別できない。嗜好は、私が世界に没入していることを証し立てるものであって、すべての二元論をはみ出す。こうした二元論を超えて、思考し脱‐存する〔ek-sister〕以前には、食べるという事実がある。しかるに、食べるという行為は空虚を埋める栄養摂取には還元されない。むしろ、この行為は快楽に結びついており、生物学的／文化的、身体／

精神、内部／外部などの二元論を乗り越える。われわれは、こうした考えから、『糧』において、「グルメのコギト」[18]という考えにたどり着いた。このような欲求の快楽への転換と主体の身体性は、養分補給とともに明晰に現れてくるのである。もちろん、以上のことは、糧がひとりでに降ってくることを意味しているわけではない。なおも多くの人々が飢えや栄養失調に苦しむ世界ではなおさらである。

人間が極度の貧苦を被ったり、あるいはレヴィナスが引用する一八四四年の『草稿』でマルクスが語るように、労働が疲弊させるほど過酷で疎外的であったりするとき、人間は享受への接近を禁じられている。食物は燃料にすぎず、ゆっくり味わられることはなく、空腹感をなだめ、厳しい労働を続行するための体力を維持し回復するのに役立つだけである。搾取の世界において、食料は燃料や道具としてしか考えられない[19]。それゆえ、享受のことを考慮せず、企投や脱自の光のもとでしかわれわれの生を考えないハイデガーにとって、世界は「用具が体系を形成するとともに、自らの存在に不安を抱く実存の配慮に吊るされた総体」である。世界は、「[……]「糧」がそこでエコノミーの機構の燃料として価値をもつような労働の特殊な組織化を証している[20]」。

レヴィナスは、自然や世界を糧として記述することによって、自由の哲学者たちが奨励することとは反対に、自然と世界一般がそこから身を離すべきものではないと示唆している。それらは単なる舞台装置でも、私の自由を支える外枠でもない。それらは私の自由の手段ではない。つまり、世界は「単に思考とその構成する自由に向かい合うもの、ないし同時間的なもの[21]」、言い換えれば、根底において、互いに匹敵する諸々の自由の戦場であるだけではない。世界が「条件付けであり、先行性であり、[……]

栄養であり「環境」である」[22]というのは、次の二つの意味において「世界が私を養う」ということである。すなわち、諸々の活動は、エコノミー的な生に結びつき、私の生を構成する諸欲求に結びついていること、そしてそれらは生に対してある感覚と味わいを与えたり、与えなかったりすることである。世界を食料ならびに環境として思い描くや否や、労働と養分補給は次のような意味をもっていなければならない。労働と養分補給は、私がよく生きることを可能にするのであって、単に生き延びることを可能にするのではない。それらは私の欲求に応えなければならないが、私の生を養いもしなければならない。

享受から正義へ

レヴィナスは倫理と正義から糧の世界における私の生を区別しているが、この区別の仕方は問題を孕んでいる。事実、倫理を他人との出会いに従属させることによって、レヴィナスは、われわれによる糧の利用がそもそもの初めから倫理的なものだということを考慮していない。というのも、われわれによる土地開発や資源利用、そして食事の方法は、他なるものに対して影響力をもっているからである。このことは、われわれの経済発展のモデル、すなわち、森林伐採、ヨーロッパとアメリカの家畜用として大豆を生産するために利用される土地の独占の帰結を考えてみればきわめて明白である。食べることによって、私は他なるものと絶えず接触している。たとえ食卓に誰もいなくてもそうである！　消費に関する選択を通じて、私はあれこれの生産様式や流通経路を優先する。要するに、私が語っているのは、動物性たんぱく質を植物性たんぱく質に置き換える手段を持っているにもかかわらず、栄養を摂るために、動物の血を流すことが正当なのかということである。したがって、糧の現象学は、私が食事をしたり買い物したりするときに臨席する不可視のあらゆる客を現れさせる。食べるという行為は、倫理的・経済的・政治的行為である。(23)

地球における私の居住に関わる点でも事情は同じである。地球における居住は絶えず人間や非人間である他者たちとの共同的居住である。というのも、われわれは彼らと家《オイコス》を共有しており、都市の拡張や建築は動物に影響を与え、動物たちの住処をばらばらにし、破壊するからである。いずれにせよ、倫理は自らの実存のただなかにおいて、その生活や街のなかで、他者たちに場所を割り当てたり、空間を残したりすること、あるいは他者たちがもはや自分の家をもたないときには、彼らを迎え入れることである。実存は他動詞的なものであり、生きることは絶えず「〜によって生きる」ことである。そうであるからこそ、倫理の根源的な場所は、私の糧への関係である。それと同時に、この関係は絶えず他者たちとの関係であって、そこには動物が含まれているのである。

したがって、糧の世界と倫理は分割されていない。そのことは、社会的・政治的に重大な帰結を伴う。というのも、われわれの糧ならびに環境に対する依存に真摯に向き合うことは、われわれの実存の条件である生息圏を保護し、われわれの生を養う生息圏の美しさを政治的要請や優先事項から保護することへ通じている。われわれの活動と消費に関わる選択の有害な帰結を被る人間存在——地球の反対側に住んでいようが、将来の世代であろうが——に対する正義、また他の種の利害や個別的に考えられた動物の利害を考慮することも国家の責務になる。それゆえ、実存の物質性において考察される実存者の記述は、他の人間存在、現在、過去、将来、そして他の生物につねに結びつけられるような、つねに関係的な主体を生じさせる。政治的連帯の根底に置かれることで、この受肉したつねに関係的な主体は、自由主義的政治理論を支える主体の哲学をその土台から修正し、新たな目的を政治に割り当てることにも通じる。こうした目的はもはや複数の自由の外的な合意や、同じ政治的共同体に属する人々のあいだの不平等の縮小に限定されることはない。政治のこれらの目的は、エコロジーと動物的な原因が政治に適用されることがわれわれの一部にとって重要であるかのように何らかの価値に基づいているのではなく、政治の目的は、実存の構造に基づいている。つまり、政治の目的は、生きることが「〜によって生きる」ということに基づいているだけでなく、他の人間や生物と「ともに生きる」ことにも基づいている。

レヴィナスは、主体の身体性を考察したうえで他人の顔について語る。その際、私が他人の顔に飢えと可死性を読み取ることが強調されている。それでは、なぜレヴィナスは糧の世界を倫理と同時に正義と区別したのだろうか。この問いがまだ残っている。実のところ、彼が特に区別しているのは享受と正義である。人の根源的な生き方が元基におけるある種の無垢と満足という点で記述されるならば、人は自己の方を向いているということが見てとられる。人は享受のエゴイスト的な身震いのなかで、自己のことしか考えず、他者に語りかけない。倫理が課せられるために理解しなければならないのは、人は世界において独りではないということ、そして他人の実存によって攪乱され場所を奪われうるということである。パンが分け与えられること、つまり他者が悲惨、飢え、寒さ、不安定から救われなければならないことを認めるためには、糧がしばしば不足しているということも知らなければならない。享受の地平は、私が快楽に身を委ねることに合致する。この意味において、享受の地平には倫理がないと語るレヴィナスは正しい。とはいえ、私が存在するや否や私は資源を採取していること、それゆえ私は他なる者たちと関わっていることを認識しなければならない。他なる者たちが私の実存のただなかにおいてこのように現前するという意識、地球における共同生活についての意識、われわれが共通の世界に帰属しているという意識を顕現し目覚めさせることは現象学の役目である。

それゆえ、実存するとき、たとえ無垢に見えるような仕方だとしても、私は他者たちと関係づけられている。まさに倫理は「日の当たる私の場所、私の家」が「虐げられ飢えに苦しむ私による、他の人間の場所の簒奪」[24]ではないかと気にかけることにある。他者たちの実存は、私の存在する権利、あらゆる事柄に対する私の権利を問いに付すことを私に強いるだけでなく、さらに、「私が実存する〔ことに関わる〕ものの一切が、その意図的・意識的な無垢に反して、暴力と殺人をなしうる」[25]ということを私は気にかけなくてはならない。つまり、倫理は、私が地球から採取するものについて、また他の人間たちや他の生物から奪うものについて、どのように考慮するかということとともに始まると示唆されている。

レヴィナスのこのような文言には、倫理を動物に拡張するという見込みにとどまらない意味が含まれている。そこには、食べることが一つの〈語ること〉であることも意味している。すなわち、われわれの消費形態や地球での居住様式が倫理的であると同時に経済的な価値をもち、正義の諸問題を提起するということである。〔しかし、〕レヴィナスは実存の物質性をこのように真摯に向き合うことから生じる諸帰結のすべてを引き出したわけではなかった。実存の物質性は主体の関係的な次元の認識、つまり主体は実存するや否や、食事をし、どこかに住むや否や、人間と非人間である他者たちとつねに関係しているということの認識と対をなすことになる。存在する権利というこのような問題については、人間の諸権利についての彼の現象学と、責任を起点とする社会性についての彼の考え方に取り組むときに立ち戻る必要があるだろう。というのも、この問題は、彼が推進しようとする他なるヒューマニズムを理解するうえで決定的に重要であるからだ。ただしここでは、引用した文のうちに、われわれの生活形態によって意図的でない仕方で引き起こされる諸帰結に関する考察のための諸前提があることを見れば十分である。レヴィナスはグローバル化の脅威に応えようとする政治哲学を構築しなかった。彼はまた、脱ローカル化および地球温暖化の時代における個人の責任の構造を分析することもなかった。地球温暖化は、個人的および集団的意志から生じたものではないが、経済的決定や技術的・人口統計的進展の望ましくない結果である。さらに、すでに見たように、動物製品の消費の帰結について、その消費の環境的・公衆衛生的・社会的な代償について、そして一つひとつの傷つきやすく感性的な存在に消費が与える未曾有の苦しみについての問いというものが、レヴィナスの哲学には見当たらない。とはいえ、先ほど引用した二つの文言によって、彼が考えてみなかった意味へその教えを拡張させてエコロジーと動物的な原因を倫理と政治のそれぞれのただなかに位置づけることが可能になる。

第8章　重力と局所化

地上的条件と具体化

「内部性と家政」と題された〔第二〕部において、レヴィナスは、われわれが原基ないし環境に従属していることを論じるだけでなく、空間化の重要性を強調してもいる。われわれは時間によってだけではなく、空間によっても規定されている。より正確に言えば、われわれの誰しもが、実存するとき、大地に立ち、空間を占め、場所をとっていることを見る必要がある。これが「局所化」と「重力」という用語の意味である。(1) われわれは此処ないし此処性を有しており、この此処を基点としてこそ他の場所へと赴く。

レヴィナスを居住や住居の考察へと導く、空間についての考察はフッサールに多くを負っている。「大地は動かない」と題された一九三四年のテクストのなかで、フッサールはわれわれの地上的条件について語っている。(2) この著作の挑発的なタイトルが、われわれを一挙に問題の核心に迫らせる。科学を愛したこの哲学者〔フッサール〕にとって、地動説を論駁することが問題なのではない。現象学的な観点からみて、大地が根源的な中心ないし箱舟だということである。実存者が大地に立つことのこうした分析は、現存在という考えに対する批判として理解できるだけにいっそう重要である。そういう批判がフッサールの意図だったと言いたいわけではない。しかしながら、「われわれが立つ大地は惑星以上のものである」ということ、ポール・リクールの見事な表現を借りるならば、大地が「世界のなかに身体的に根を下ろしていることの神話的な名[3]」ということが意味しているのは、自らの最も固有な可能性に自らを企投するに先立って、私が元基によって支えられ、大地に立脚しているということである。この局所化と重力が私の意識を条件づけている。私が自由として自らを肯定するに先立って、私はまず大地に置かれている。大地はそれゆえ原初的中心ないし原中心である。私がどこかに赴くことができるのは、私が大地の上に安らうからに他ならない。この意味にこそ大地の優位性がある[4]。同様に、この地面に可動性がないとフッサールが書いているのも、それが運動と休息の中心だからである。フッサールは、大地を「そこを基点として私が空間を構成する私の肉体」だとさえ見なす。私は私の身体を基点として事物を見る。この身体は此処にあり、局所化されており、大地に安らう。

以上のような主題をめぐる『全体性と無限』の箇所のなかで、レヴィナスはフッサールを引用しない。けれども、大地についてのフッサール現象学こそ、レヴィナスをして、重力と局所化を思考し、ハイデガーの配慮の存在論に対置されるような独創的な哲学を練り上げることができるようにさせたものである。ハイデガーの存在論にとって、実存あるいはむしろ脱‐存すること〔l'ek-sistence〕は企投である。

フッサールのこのテクストを読むと、ハイデガー的な現存在がどれほど地面の外にいるかが際立つ。ハイデガーは歴史的地盤へと根差すという思想に与する――このことはハイデガーの国家社会主義への賛同を部分的に説明する――にもかかわらず、根源的経験の層にまでは遡らない。すなわち、彼は、われわれの身体を基点とし、またフッサールが語る「万人にとって同一である」ような原初的大地を基点とする、構成的生の根源的構成を開示するような根源的経験の層には遡らない。

しかしながら、レヴィナスは師の言ったことを反復するだけにはとどまらない。彼は超越論的なアプローチを採用する代わりに、居住の現象学において、「意識にとって諸事物の表象ではなく、具体化という特殊な志向性であるような意識の諸事物への流れこみ」が意味するものに関心をもつようになる。「世界についての意識はすでにこの世界を通した意識なのである」[5]。

私が事物へと赴くことができるのは、此処、私の此処性を起点とするからに他ならないのと同様に、私が他者たちへと赴くことができるのは、自分の拠点、すなわち隠れ家を持った場合のみであり、我が家にいるか、あるいは我が家を持っている場合のみである。ここでいう我が家は、私の住居と無関係ではないが、私がこもりうる場所のことである。住居とはこのような居住の名であって、一個の建築物ではない。むしろ外的なものから私を護り、そこで私が安らい、こもる避難所である。住居とは、そこにおいて親しみが可能になるような、つまり私が他者たちの目から隠れることができ、また他人を迎え入れることもできるような、引きこもる場所である。レヴィナスが書いているように、家がこもることを引き起こすのではなく、こもることのほうが一つの住居のなかで実存として具体化されるのである[6]。この避難所、隠れ家、親しみ――ここには他者との親しみが含まれる――を保護する空間がなければ、私は安全ではなく、私として生じることも、他人を受け入れることもできない。

住まうことは、背中越しに投げられる石のように、実存のうちに投げ込まれた存在にかかわる単なる無名の現実という事態ではない。住まうことはこもることであり、自己のもとに到来することであり、［……］ある歓待、待つこと、人間的迎接に呼応している。(7)

レヴィナスは、住居が他者や異邦人に開かれているから、内部性はそれ自身に閉じこもらなければならない、と言いたいわけではない。けれども、住居を拠点として、私が立ち、安らう場所として考える際、レヴィナスは外部と内部の弁証法に光を当てている。私を浸し包む環境においてと同じように、その機能ないし建築物に還元されないような住居が、私を構成する。

住居とこもること

住居に関する以上のような省察において、レヴィナスはハイデガーとすべてにおいて対立している。被投性、すなわち異邦的な世界のうちに投げ込まれていることを語る代わりに、レヴィナスは住居について語る。その際、住居がこもることであり、それゆえ問題となるのは、自我が自分自身との、そして他人との真なる関係を持ちうる場所であると述べる。反対にハイデガーが思い起こさせるのは、散逸と駄弁、つまり日常的生を特徴づける慌ただしさである。日常生活では、われわれは絶えず世界内部の事柄を気にかけているが、結局のところ、われわれは他者たちによって疎外されてしまう。ハイデガーによれば、本来性において存在するためには、われわれを日常性から引き剝がさねばならないことになるだろう。日常性はわれわれの本来的真理へと通じうる存在様相を表すことはできないからである。

要するに、『存在と時間』の著者〔ハイデガー〕にとって、ただ各人だけが存在の重荷を担うべきなのであって、貧しい人々や住まいなき人々に関わるためには、大抵の場合は、公共の補助や諸制度に任せることになるのだが、それに対してレヴィナスは歓待を強調する。歓待とは他者を私の家に迎え入れることである。そこで他者は歓待される人物であり、自分の家にいるように感じていなければならない。歓待は、責任と同じく、われわれが他人との融合のうちにあることを前提とはしない。他人の超越と同様、分離も維持されている。しかしながら、ハイデガーの扉も窓もない世界、配慮の存在論が記述する諸モナドの世界において起こる事柄に反して、歓待が含意するのは、われわれが特異な仕方で特異な存在者へと応答すること、そしてその人物が居心地よく感じることに気を留めておくということである。この歓待が可能であるための条件は、われわれが我が家を持つこと、われわれがいつでも引きこもりうること、そしてわれわれの生がつねに公共的な場所で展開されるわけではないこと、われわれが拠点と秘密を有することである。

人間が世界に身を置くのは、ある私的な領域、我が家を起点にして世界にやって来た者としてであり、しかも人間はいつでも我が家に身を退けることができる(8)。

「無名」と題されたテクストのなかでレヴィナスは、私がそこに「人間の人間性全体をかくま」わねばならない「意識の小屋」について語ることになる(9)。内面的生は、ある人にとっては、イデオロギーに心を奪われたままにならないよう意識のうちに避難する能力であり、周囲を取り巻くキュニコス主義的態度と闘うのに必要な資源を発見しようとする能力でもある。その際、正義はもはや意味をもたないとすべての物事が信じさせるとしても、いくつかの原理を守り続けることは可能である。勇気はこの内面的な力を前提するのであって、それは相対主義や群衆の動向に屈したり、あるいは悪の勝利を許す恐れのある絶望に全員が襲われても、それに屈したりしないような力である。道徳的意識が存在するには、エゴイズムとも、存在の重みを各人がただ一人で担わねばならないという確信とも何ら関係をもたずに、「内面的生に新たな特権を取り戻させる(10)」ことと等価な閉じこもる力がなくてはならない。というのも、混乱と混沌の時代において、揺るぎない世界に、制度に属すものはもはやいかなる助けにもならないのだが、道徳的意識は、世界を襲う狂気に抵抗し、破壊を目論む企図と戦うことを可能にする唯一の足掛かりである。それゆえ、『全体性と無限(11)』のなかで、少し時代遅れの数ページにおいてレヴィナスはある種の本質主義に譲歩しているのだが、女性的なものや家族に結びつく住居は、制度なき道徳と比較されうる。制度なき道徳は「丸ごと「良心の裁き」に」存しており(12)、また自由ではあるが他者たちに無関心ではない意識へ差し向けられるからだ。

各人は自らの住居において、「同時に内側にも外側にもいて、ある親しみから出発して外部へと向かう。他方で、この親しみは家のなかで開かれるとはいえ、この家はこの外側に位置づけられている。事実、住居は建築物としては対象の世界に属している。〔……〕具体的には、住居は対象の世界に位置づけられるのではなく、対象の世界のほうが私の住居との関係で位置づけられるのだ(13)」。

大地はノエマではないということ、また、惑星としての地球とは反対に、現象学における大地はわれわれの構成の条件であるとフッサールが示したのと同様に、レヴィナスは空間化についての考察を進めている。空間化はベルクソン的な均質の空間ではなく、カントが論じるような私の感性のアプリオリな形式でもない。むしろ、それは私の空間、私を構成する空間である。フッサールの観点は、私の経験の可能性の諸条件を解明するという点で、なおも超越論的である。レヴィナスにとって、人はもはやこの超越論的アプローチのなかにはいない。というのは、住居として考えられた空間化は具体化だからである。空間化は実存者をそれ自身のうちに幽閉するどころか、さらに実存者が他人を迎え入れ、現代の諸々の危険に警戒し続けることを可能にする。実存者は、その身体性、地上的条件、具体性において捉えられるなら、自らの時代の外部にいるのでも、共同体に釘付けにされているのでもない。このような居合わせつつ分離されている仕方、生物学に釘付けにされることも均質な全体のうちに溶融することもなく、他人の呼びかけに関与し応答する仕方、それがレヴィナスにおけるエートスの意味である(14)。

現象学、注意と自由の学派

われわれの感性的生の記述とともに見たように、現象学は、人間的条件に新たな光を投射する実存構造を出現させる可能性を提供してくれる。レヴィナスは、糧に属する現象全体を扱ったわけではなく、「～によって生きる」の哲学の倫理的・政治的含意のすべてを引き出すこともなかった。レヴィナスは、たとえば呼吸について、寒さを感じることについてほとんど語らなかった。そして、彼のテクストのなかで誕生が問題になるときでも、語られるのは子を生み出すことであり、〔子として〕生み出されることではない。要するに、われわれの地上的条件と居住についての記述は不完全なものである。

しかしながら、以上の主題はすべて根本的なものである。都市を協同的な〔conviviale〕ものにするのは何であるのかを問い、建造の際に他の生物たちの利益を組み入れる手段について反省するときに建築について問い、そして農業の意味について思考するときに、[15] われわれは以上の主題が根本的だと理解する。他の現象学者たち、とりわけハイデガーはかの有名な「建てること、住むこと、考えること」という論考において、またアンリ・マルディネや和辻哲郎は――彼らだけに言及はとどめるが――これらの問いのいくつかについて重要な視点を提示している。[16] 居住領域の次元を考慮した風景の哲学も忘れてはいけない。居住領域の次元は同時に物質的、地理学的、気候的、かつ文化的であり、そこに住まう人間の労働、歴史、技術に関わっている。[17] しかしながら、『全体性と無限』の「内部性とエコノミー」と題された〔第二〕部でなされた研究は、レヴィナスの非‐構成の現象学についてすでに語られたことすべてと同様に、現象学の代替不可能な寄与を十分に示している。われわれが関わっているのは、事物、建築物、資源だけではなく、糧とそれによって生きている人間なのである。こうした状況を把握するにあたって、現象学は代替不可能な寄与をなしている。

レヴィナス哲学の医学的な含意について述べたように、われわれはここで、次のことを示しておきたい。倫理を実際の文脈のなかで実践することを望む者はレヴィナスから着想を得ることができる。それは、レヴィナスが厳密に諸現象の具体相の間近に身を置きながら、諸々の意識作用――そこには意識自身がはみ出されている場合も含まれる――に立ち返りつつ、それらを概念や規範に帰着させる誘惑に屈することなく、諸現象を記述するからである。事実、ある病人、より一般的に言えば、ある存在――この存在が脆弱な状況にあろうが、あるいはその存在が頼み事をしたいだけだろうが、われわれが関わるのが人間であろうが動物であろうが――を受け入れるとき、耳を傾けていること、われわれ自身の予想をその存在に投影しないことがきわめて重要である。同様に、街・市街・地区で自分は何ができるかを問うとき、当の文脈と人々について注意を払うことによって、官僚主義的な仕方で規範を適用することで不適切な決定を下してしまうことを避けることができる。現象学は注意と忍耐の学派をなしている。とりわけレヴィナスの現象学はこれに当てはまる。実際、超越論的観点を放棄しながらも、かといってハイデガーの歴史主義に陥ることもなく、レヴィナスは感覚的なものを呼び覚ます体験の根源的な層を記述している。彼はこのように感じることの固有の真理を強調する。エルヴィン・シュトラウスのように言うなら、[18]（世界や他者たちと）《共に感じること》である。現象学的アプローチは、つねに特異であるような人と状況を正確に把握し、それらに場所をつくり、この世界のうちに自らの居場所を探すことを可能にするための、要するにそれらを顧慮するための、最高の入り口である。

それゆえ、ある場所を活用する際、そこに接近する仕方を起点としてそれを現象学的に記述し、また感覚の多様性に注意を払うことで――カントのように、それらを知覚の統一や超越論的統覚にもたらし、その経験を組織しようとする代わりに――われわれにそのような感覚が染み込み、ある人に適切であるか否かをよりよく理解させる。こうしたことは、高齢者、ハンディキャップを背負った状況にある人、あるいは複数のハンディキャップを背負う人を機関に入れる決断をする際や、入居者にとっては住居でもある病室で、彼らがある種の励ましを見出し、そこにこもることができるかを想像する際には重要なことになるだろう。

同様に、病人の語りを理解し、それを求めてある場所まで病人に付き添うことができるためには、ケアする者は世界についての先入見を括弧入れしなければならない。どのような症状なのかを患者に語るよう頼むことは、病気のナラティヴな次元、つまり、その人が病気をどのように感じているのかということについての特権的な通路である。このことは診断をするにあたっても、処置を決めるにあたっても、同時に重要でありうる。さらに、意識の諸作用へ立ち返ることで、またどのように物事や存在が自らに与えられているのか――あるいは与えられていないのか――を記述することで、そして自らの意識がはみ出されていることを示す感情状態や諸感覚に注意を払うことで、ケアする者はあれこれの状況で感じるポジティブな感情とネガティブな感情について、よりよく理解するとともにそれらを受け入れることができる。それゆえ、行政文書を口実に言い逃れたり、規範を多少なりとも機械的に適用したりする

郵便はがき

料金受取人払郵便

神田局
承認

7846

差出有効期間
2024年6月
30日まで

切手を貼らずに
お出し下さい。

101-8796

537

【受　取　人】

東京都千代田区外神田6-9-5

株式会社 **明石書店** 読者通信係 行

お買い上げ、ありがとうございました。
今後の出版物の参考といたしたく、ご記入、ご投函いただければ幸いに存じます。

ふりがな お名前	年齢	性別
ご住所 〒　　-		

TEL　(　　　)　　FAX　(　　　)

メールアドレス	ご職業（または学校名）

*図書目録のご希望	*ジャンル別などのご案内（不定期）のご希望
□ある □ない	□ある：ジャンル（　　　　） □ない

書籍のタイトル

◆本書を何でお知りになりましたか？

□新聞・雑誌の広告…掲載紙誌名[　　　　　　　　　　　]
□書評・紹介記事……掲載紙誌名[　　　　　　　　　　　]
□店頭で　□知人のすすめ　□弊社からの案内　□弊社ホームページ
□ネット書店［　　　　　］　□その他[　　　　　]

◆本書についてのご意見・ご感想

■定　価　□安い（満足）　□ほどほど　□高い（不満）
■カバーデザイン　□良い　□ふつう　□悪い・ふさわしくない
■内　容　□良い　□ふつう　□期待はずれ
■その他お気づきの点、ご質問、ご感想など、ご自由にお書き下さい。

◆本書をお買い上げの書店

［　　　市・区・町・村　　　書店　　　店]

◆今後どのような書籍をお望みですか？

今関心をお持ちのテーマ・人・ジャンル、また翻訳希望の本など、何でもお書き下さい。

◆ご購読紙　(1)朝日　(2)読売　(3)毎日　(4)日経　(5)その他[　　　新聞]

◆定期ご購読の雑誌［　　　　　　　　　　　]

ご協力ありがとうございました。

ご意見などを弊社ホームページなどでご紹介させていただくことがあります。　□諾　□否

◆ご 注 文 書◆　このハガキで弊社刊行物をご注文いただけます。

□ご指定の書店でお受取り……下欄に書店名と所在地域、わかれば電話番号をご記入下さい。
□代金引換郵便にてお受取り…送料+手数料として500円かかります(表記ご住所宛のみ)。

書名	冊
書名	冊

ご指定の書店・支店名	書店の所在地域　都・道 府・県　市・区 町・村
	書店の電話番号　(　　　)

代わりに、これらの事象の現れ方において記述された事象そのものに立ち戻ることが重要であって、あるいは他人の場合だけでなくレヴィナスが語る夜の諸現象のように、志向性を逃れる事象そのものに立ち戻ることが重要である。夜の現象とは、疲労や苦しみであり、また構成されるものが構成するものへ、その実存の条件へ転換することを示す一切のものである。

現象学は一つの方法であり一つの態度である。現象学は自然的態度を中断する還元を前提とする点で生得的なものではないが、諸存在や世界を把握する仕方になりうる。人々や文脈の特異性に注意を払うことを学ぶことで、現象学は、一切——そこにはわれわれの知も含まれる——をわれわれ自身に帰することなく、事象と諸存在に居合わせる一つの仕方としての倫理へとわれわれを導く。その結果として、世界と諸存在に居合わせることのより大きな利点が生じる。この利点は、間主観的関係において決定的な影響力をもつだけでなく、また道具や用具の使用においても、規範の適用においても、資源あるいはむしろ糧の活用においても、決定的な影響力をもつ。

それゆえ、現象学、とりわけレヴィナスの非‐構成の現象学によって、われわれは、ケアを嫌というほど満たしている多くの諸規則、都市政策、あるいはわれわれが「地区整備」と呼ぶものに欺かれないような仕方で思考する自由を確保することが可能になる。現象学は、人々を消し去り現実をアルゴリズムに還元してしまう数による統治を克服する手助けをしてくれる。事象が与えられ、あるいは与えられない仕方を起点として、また不正を働かない身体を起点として現実へと接近させてくれるので、現象学は、世界をマッピングしそれを実効性——あるいは今日だと効率性と呼ばれる——の要請に従わせる用語によって罠にかけられないようにしてくれる。また、現象学が教えてくれることは、現実へ接近することの異質性を把握すること、また他性を受け入れること、そしてわれわれの存在様態とは異なるにもかかわらず有意味であるような――メルロ゠ポンティが動物的実存について示したように[19]――世界における諸存在様式を認めることである。この意味において、現象学は自由・歓待・顧慮の学派なのである。[20]

Corps vivant et corps politique

生ける身体と政治的身体

第Ⅴ部

他人や他者の顔が同質的な塊のもとで消失し、諸個人に出自に基づいたアイデンティティが付されるとき、国家の全体主義的逸脱状態は明白なものとなり、あらゆるアイデンティティの政治の特徴である暴力が、すぐさま炸裂する。この危険性は、主体を身体に釘付けされたものとする本質主義的で生物学主義的な見方が人々の拠りどころとなり、アイデンティティが血の共同体への帰属に依拠させられる場合には、いっそう大きなものである。ナショナリズム、ファシズム、有機体的な社会観、出自の強迫、そしてレイシズムは、相伴って現れる。反対に、レヴィナスの哲学は、他性を強調するのだから、多元性の擁護と不可分である。

1930年代半ばに発表された2つのテクスト、「ヒトラー主義哲学に関する若干の考察」と「逃走論」のなかで、レヴィナスはナチズムについて、なぜそれが歴史上の偶発事ではないかを示しながら、知的な側面でのその諸根拠を分析している。ヒトラー主義は、政治共同体を生物学的ないし遺伝的な出自と人種《レイス》という観念に、つまり生物学主義に依拠させることで、ある根底的な色調によって性格づけられている。それは、レヴィナスが「釘付けされた存在」と呼ぶものに結びついたものである。レヴィナスが進める分析は、のちに彼が提示する、本質主義とまったく手を切った身体性の現象学を先取りしている。また、これらの分析は、レヴィナスをハイデガーから隔てているものをよりはっきりと理解する助けとなる。ハイデガーの存在論は、個人を自ら選んだのではない実存に釘付けされたものだとする思想に基づいており、この存在論が行き着くのは、《死に臨む存在》、言い換えれば、実のところ、死に抗う絶望的な競争である。釘付けされた存在をめぐるこの哲学が向かうのは、ハイデガーが軽蔑していた生物学主義ではなく、根付きだが、レヴィナスはこの哲学に対し、逃走、あるいは存在からの脱出を指す「外越[(1)]〔excendance〕」を対置する。

第9章　身体と他性

生物学主義と釘付けされた存在の批判

「ヒトラー主義哲学に関する若干の考察」は『エスプリ』誌上で一九三四年に、すなわちドイツで起こった二つの重大な出来事の翌年に発表された。ヒトラーの権力掌握、そして、かつての崇拝者たちにまさしく衝撃を与えた、ハイデガーの学長就任演説〔「ドイツ的大学の自己主張」〕である。

レヴィナスによれば、ヒトラー主義には、個人を身体に釘付けするという特殊な点がある。人間の存在とその身体は、未来や他者ではなく、過去と出自に照らして考えられる。ここで問題となる身体とは、――レヴィナスにとって、そしてとりわけ、哲学コレージュで行なわれ『時間と他者』として出版された講演におけるレヴィナスにとってそうであるような――他性についての経験でもなければ、間主体性へと開かれる場でもない。ヒトラー主義において身体とは、ある存在にその生物学的出自からアイデンティティを付し、その存在を血の共同体のなかに包摂することを可能にするものである。それは、同一化と同時に無区別化の原理である。というのも、主体はそれぞれの人種《レイス》に属しているかぎりでしか存在しないからである。自己を決定論から引き剥がして自己自身によって何か新しいものを創造する能力としての自由の観念は、ナチズムによって葬り去られてしまう。要するにナチズムは、西洋文明の土台となってきたあらゆるものと徹底的に対立するのである。

この辛辣なテクストは、レヴィナスが一年後に『哲学研究』誌で発表したテクスト（「逃走論」）と関連づけられるべきである。というのも、実際、「逃走論」においてレヴィナスは、ナチズムの知的基盤についての自らの反省を深化させ、ナチズムの特殊性をなしている色調ないし雰囲気を分析しているからである。つまりそれは、逃走の欲求――この欲求は、自由を定義するだけでなく、快楽においても表出し、われわれの条件を性格づけてもいる――と対立する、釘付けされた存在についての思想である。レヴィナスは、すでに一九三五年の時点で、欠如としてではなく、存在からの解放として考慮される欲求についての現象学を素描しているのである。[1] だが、被投性が第一のものではなく、またわれわれが存在および自己自身から脱出する欲求を有しているのなら、なぜナチズムが勝利を収めたのだろうか。

一九三四年のテクストの争点をなしているこの問いは、レヴィナスが一九三五年に発表したより哲学的な技巧を有するこの論文（「逃走論」）においては、さらに差し迫ったものになる。自由と解放の肯定と不可分な啓蒙主義をもってしても、ヒトラー主義とともに完成し、また当然ヒトラー主義の後も存続すると思われるこの釘付けされた存在の思想から、われわれを守れなかったのはなぜなのか。自由主義が「人間的主体の本当の尊厳」を保障するのに十分でないならば、「この基本的な悪」からわれわれを守ることができるのは、どのような哲学なのか。[2]

レヴィナスによれば、ヒトラー主義の根底にある世界と人間についての見方は、自由の理想に依拠した「ある文明の諸原理そのもの」を根底的に問いに付す。一九三四年と一九三五年において、彼はまだ、のちに彼の著作の核心に置かれる考えをすべて所有しているわけではないとしても、彼の省察は、この釘付けされた存在の思想に対する、そして同時に自由の哲学に対する代案として、うっすらと現れていた。自由の哲学は、われわれを悪から守れない。なぜならそれは、《自己のために》の哲学だからである。レヴィナスはこの哲学の価値を認めている。だがレヴィナスは、ヒトラー主義――彼はこれを「人間の人間性そのもの」[3]に対する攻撃と見なしている――の影響下に置かれたヨーロッパ文明が瓦解に向かっていることに感づいているからこそ、この哲学の脆さを際立たせもするのである。西洋哲学と西洋文明が、それらを破壊しようとしているイデオロギーの力の増大を防ぐことができないでいるのはなぜかを説明するこれら二つのテクストは、このように読むならば、レヴィナスののちの著作に奥行きをもたらしてくれる。これらのテクストは、彼がのちに発展させる諸々の考えにおいて何が懸けられているのかをよりはっきり捉える助けとなるし、彼が倫理と政治のあいだに、さらに倫理と精神性のあいだにどのようなつながりを設けているかを明らかにしてくれる。

以上のように考察の枠組みを確認したため、ここからわれわれは、レヴィナスの立論を検討することができる。一九三四年の論文〔「ヒトラー主義哲学に関する若干の考察」〕から始めよう。レヴィナスは、ヒトラー主義がヨーロッパ文明と全面的に断絶していることを論証しながら、ヨーロッパ文明が自由の哲学と不可分であるという点を強調する。自由の哲学を特徴づけているのは、決定論から人間の引き剝し、そしてこの引き剝がしを絶え間なく更新することであって、（民族的、国民的、等々の）特殊主義のなかへの閉じ込めではない。レヴィナスは西洋文明の多数の起源を挙げ、キリスト教に固有の寄与があることを示す。それは、革新、再開、そして物質からの引き剝がしの約束である。ギリシア思想はといえば、時間を前にした人間の本性的無力についての刺すような感情と不可分であるが、それをヒトラー主義に接近させることはできないとされる。この指摘は、ナチスが絶えず古代ギリシアを参照していたことを思い起こすならば、重要である。この参照は検証に耐えうるものではないし、何よりもこうした参照があったとしても、ナチズムのなかにある新しいもの、すなわち自由の全面的否定に結びついたその特殊な色調を覆い隠すことにはなるまい。[4][5]

ヒトラー主義はマルクス主義とも根本的に区別される。というのも、実際、マルクス主義は、人間をその特殊主義的な出自、とりわけ生物学的な身体に還元するナチズムとは反対に、人間を決定的に繋縛することがないからである。たしかにマルクス主義は、経済的自由主義と人権の哲学を批判することによってヨーロッパ文化の真逆に立つが、啓蒙主義にとって重要であった解放の理想を問いただしはしない。マルクス主義の「自由主義との」断絶は、「決定的ではない」。マルクス主義はある意味で、一七八九年〔フランス革命〕の伝統を引き継いでおり、ジャコバン主義は「かなりの程度マルクス主義の革命家たちに霊感を与えているように見える」[6]。プロレタリアたちは、自らの疎外を意識することで、この「社会的呪い」の束縛を振り払うことができる。反対に、ナチズムは、人間を生物学へ釘付けするよう構造化されたイデオロギーとして、西洋的な自由の理想と逐一対立する。ナチズムにとって、主体はただ物質的な生活条件によって疎外されているだけでなく、与えられ受け取ったもののなかに閉じ込められている。自らの遺伝的遺産と人種《レイス》が、自らの存在の根底そのものを構成しているのである。

人間についてのヨーロッパ的な考えと真に対立する考え方は、人間の釘付けされている状況が人間に付け加わるものではなく、その存在の根底そのものをなしている場合しか、可能ではないだろう。(7)

このように、ナチズムは西洋文明のあらゆる前提と対立する。というのも、西洋文明は、ユダヤ－キリスト教からマルクス主義を経て自由主義にいたるまで、つねに自然からの人間の引き剥がしという理想を擁護してきたからである。ではなぜ、一九三〇年代において、自由と平等の理想は一掃される寸前にまでいたったのだろうか。レヴィナスは明示的にこの問いを提示していない。しかしながら、近代哲学と近代政治が人間を政治的悪に対し脆弱にしてしまったのはなぜかを説明しながら一種のニヒリズムの系譜学を辿り直すことを目指している彼の議論は、その元となったと思われる問いをいま一度述べてみると、よりわかりやすくなる。

彼の診断は手厳しい。近代哲学と近代政治が相対主義とニヒリズムを生んだ、というのである。これらの語は、レヴィナスの書いたもののなかには出てこないが、問題となっているのはまさにこれらである。自由の哲学がこのように野蛮へと一変した理由は、この哲学において覇権を握っていた合理主義が、人間存在と世界のあいだに深い溝を穿ってしまった、というものである。自由の哲学は、自律という、決定論からの引き剝がしを示す観念を自らの導きとしている。だがその代償として、主体にとってのあらゆる指標が失われる。主体は真理との関係をすべて失ってしまい、思考は戯れになってしまったのだ(8)。

ただし錯誤を犯さないよう用心しよう。レヴィナスは、果物のなかに虫がいたと言っているのではない。カント哲学にナチズムの責任はない。レヴィナスが念を押すのは、自由の哲学が、自由ないし文化を自然から分離し、精神と身体を分離するということだ――言い換えれば、結局、自由の哲学は二元論的だということだ。この哲学は、二項のうちの一方が他方よりも上位にあること、そしてそれが他方を支配すべきであることを前提している。この概念的図式は、人間の自然からの引き剝がしとしての解放の理想に通ずる。ところが、われわれは二〇世紀に、この図式の果てに到達し、行き詰まってしまったらしい。それについて別様の考え方を提案できる哲学者が現れることはほとんどなかった。ヒトラー主義は、この状況とそれが生み出す相対主義を利用して、身体を人格的アイデンティティの場所とすると同時に政治共同体への帰属の原理とすることで、のし上がることに成功するのである。精神ではなく身体が、個体化の原理となる。何をすべきかを各々が決定するよう要請する自由にアイデンティティを結びつける代わりに、ナチズムはアイデンティティを血の共同体に依拠させる。同じ出自をもつ諸個人からなる大きな全体との同一化は、諸個人に指標と確実さを与えてくれるのだ。

近代哲学と近代政治が自由と民主主義の諸条件を保護できなかったということがひとたび理解されれば、残る問題は、それらの敵対者であるヒトラー主義が、なぜ生物学主義という形式をとったのかである。人間を自らの身体に釘付けするこの生物学的出自の強迫は、なぜ起こるのか。

一九三四年のレヴィナスのテクストが行なう分析を起点にして、二つの答えを提示することができる。まず、社会は「真なる自由の理想との生き生きとした接触を失ってその劣化した形式を受け入れ」、また「この理想が要請する骨の折れることに目を向けないで、とりわけこの理想がもたらす安楽なものを享受し」ており、「まさにこのような状態にある社会にとっては、人間についてのゲルマン的理想像が真摯さと真正さの約束のように見える」[9]。本書の続く第Ⅵ部と第Ⅶ部で、われわれはこの考えについて再度語ることになる。すなわち、人権を拠りどころとし自由と再分配の原理を拠りどころとする社会に生きる諸個人は、一定期間が過ぎると、そのような社会的・政治的組織が彼らに要請しているものをもはや意識しなくなってしまうという考えである。諸個人は、とりわけ自分たちが権利を有しているものに目を向け、自由とは決して既得物ではないということを忘れているため、責任の感覚を（十分に）発達させることがない。ところがこの感覚があるからこそ、民主国家は、自由の外的調和を保障する枠組みとは異なるものであることができるのである。ともあれ、レヴィナスが示唆するのは、民主主義を脅かす危険はとりわけ内側からやってくるということである。その危険は、他ならぬ諸個人からやってくる。というのは、諸個人は真なるものとはもはやいかなる関係ももっていないからであり、精神的な価値の創造のために自分たちの人格を投入しないからである。「人間は自らの自由に満足し、いかなる真理とも、決定的に関わり合うことがない[10]」。つまり、道徳的かつ精神的な空虚があるということだ。そして、この空虚によって、諸個人がナチズムのようなイデオロギーにより容易に屈してしまうということが説明されるわけである。

これが、ドイツの人口の大部分がナチズムを支持することになった動機だが、しかしながら、それだけでは、その主要な特質を説明するのに十分ではない。ナチズムの成功の理由は他にもある。すなわち、ナチスが生物学的出自に焦点を当て、人間を純粋人種《レイス》と非純粋人種《レイス》に区分したことである。ところで、レヴィナスは一九三四年のテクストのなかで、答えの要素となるものを提供している。ヒトラー主義が現れることができたのは、身体が人格的アイデンティティの構成要素となるという考えを特徴としてももつ一定の時代および文脈においてだけであったことを、レヴィナスは示唆しているのである。

プラトン的伝統において、身体《ソーマ》は魂の墓場《セーマ》であり、思考の障害となっていた。また、このような身体の外在性ないし異他性は、キリスト教のなかにも見られた[11]。政治的自由主義と人権の哲学でも同様であると付言してもよいだろう。これらにおいて、権利を有する主体はまず何よりも自由として考えられており、生物学的帰属や社会的帰属は捨象されているからである。最後にレヴィナスは、自我と身体が一体だと考えていた唯物論が身体を自然に属する一要素と見なしていたと書いている。「唯物論は身体に、〈宇宙〉における例外的地位を認めなかった[12]」。こうしたことが二〇世紀には変貌することになる。というのは、身体がアイデンティティの支えとなるからである。苦痛の経験におけるように、あるいは危険なスポーツをするときのように、身体は自我に付着しており、誰もそこから逃れられない[13]。自我と身体のあいだのこの同一性は、人間存在を身体へ釘付けする、人間存在についての新しい考え方を可能にする。「生物学的なものが、それのもたらすあらゆる運命的なものとともに、精神的生活の一対象以上のものとなり、精神的生活の核心となる[14]」。

しかしながら、身体に新たな身分規定を認め、それを純粋な物質として、すなわち部分外部分〔互いに独立し合う部分〔partes extra partes〕〕として考えることをやめて、受肉した心的意識と不可分な肉〔Leib〕として理解しても、必ずしも生物学主義にいたるわけではない。身体／精神の二元論を乗り越えながらも、自由を葬り去ることなく、人間を身体に繋ぎ留めず、身体を他人への関わりと間主体性の場所とするような、主体の身体性についての考え方があるからである。それは、現象学の主要な寄与のうちの一つですらある。フッサール、メルロ＝ポンティ、そしてレヴィナスにとって、身体とは単なる対象や容器ではないし、私の身体と私のあいだには相互性がある。つまり、意識はつねに受肉しており、身体は精神によって賦活されている。それは、歴史と体験を有している主体の身体なのである。したがって、私の身体と私のあいだにあるのは、同時性ないし相互性なのであって、同一性《アイデンティティ》ではない。さらに、意識はつねに何者かについての意識であり、私は世界との関係にあり、世界の方を向いている。ここで私を諸々の他者へと開くのは、身体である。というのは、身体とは、意識と世界、私と他人の接点だからである。

ここに、現象学を生物学主義から隔てる深い溝が見られる。生物学主義が本質主義的であるのに対して、現象学は、人間の条件を新たな仕方で明らかにする実存者についての記述を拠りどころとしている。さらに、生物学主義は一種の運命論でもある。それは、現象学、特にレヴィナスの現象学とは反対に、自由を否定するものである。

血の神秘的な声、身体がそれらの謎めいた乗り物として役立つところの遺伝や過去の呼び声は、このうえなく自由な〈自我〉によって解決される諸問題としての本性を失う。［……］人間の本質はもはや自由にあるのではなく、一種の繋縛にある。真に自己自身であることとは、［……］われわれの身体への、抗うことのできない、唯一無二の、原初的な繋縛を意識することであり、とりわけ、この繋縛を受け入れることである。(15)

人間存在を自らの身体に釘付けされたものとする考え方は、自らの人格的アイデンティティないし自己性を探し求め肯定するという意味での真正さが、根付きと遺伝を経るという思考につながる。「血の神秘的な声」が真理であると受け入れることを迫るのである。

そこから、身体からの解放を告知し身体を引き込むことがない社会的構造はすべて、放棄ではないか、裏切りではないかと疑われるようになる。諸自由の調和に基づく近代社会の諸形式は、脆弱で堅固でないというだけでなく、偽であり嘘であるように見えることになる［……］。同じ血を土台とする社会が、精神のこの具体化から即座に帰結する。そこで、人種《レイス》が存在しないなら、でっち上げなければならない！(16)

一九三四年のこのテクストにおいても、一九四七年の試論『実存から実存者へ』においても、苦痛の経験について語るときにレヴィナスが強調するのは、どんな逃げ場もなく、抜け出す可能性もないという意味で、苦痛が私を自分の身体に釘付けするという点である。しかしながら、苦痛とは受動性の経験であって宿命的な経験ではないし、また苦痛は私の身体における私の個体化——誰も私に代わって痛みを覚えることはできないという事実を際立たせもする。すでに見たように、レヴィナスにとって、苦痛と苦しみ、つまり私における変質としての傷つきやすさは、他者に対する私の開けの可能性の条件でもあり、同時に、この開けは、他人への欲求としても、他人のための責任としても解釈される。さらに、妊娠の経験のように、私は私のうちに他者を孕むこともできる。身体とは、それによって私が他者へと開かれているところのものであり、また分離の証となるものでもある。反対に、ヒトラー主義の哲学において、諸存在は自分たちが大きな全体のなかで一体化すると信じており、共同体は有機体論的な仕方で考えられている。

現象学において、身体は他性と間主体性の場所として、つまり倫理の場所として考えられている。それに対して、権力の強迫が出自の強迫として表出するヒトラー主義においては、身体は同一性の在処であり、差別の、そして味方と敵のあいだの対立の、主要な道具である。今日見られる神経科学の還元主義的使用、遺伝子操作ブーム、トランスヒューマニズムは決定論を支持していて、暴力へと通ずるこの他者の同者への還元の萌芽を有している、と考えることができる。生物工学の使用と結びついた現代の現象のいくつかは、この生物学主義から、すなわち人間存在を身体へ釘付けするこの仕方から、遠くはない。反対に、身体性の現象学は諸個人を身体に繋ぎ留めないし、身体は、純粋な諸存在と純粋でない諸存在の選り分けに使用されない。

そうだとしても、レヴィナスにとりつき、われわれを不安にさせてもいるあの問いは、相変わらず残ったままである。すなわち、二〇世紀に、同じ血からなる社会を称賛し、それゆえ本質的にレイシズム的な生物学主義に基づいたイデオロギーがのし上がることに成功したのは、なぜなのか。身体に高い評価を与えることが、人権の哲学の獲得物をより強固にしうる反省を伴わなかったのはなぜなのか。自由な自我という考えが失われたのはなぜなのか。

これらの問いはわれわれを、ヒトラー主義の成功を説明するために持ち出された第一の理由に立ち返らせる。自由の意味と、あらゆる指標ないし真理へのあらゆる関係が失われたことによって、身体がアイデンティティの場所として現れたその瞬間、人間は、生物学と遺伝に照らして思考されはじめたのである。諸個人は遺伝のなかに、自分たちの人格的アイデンティティを主張し、自分たちを一つの共同体へ統合する手段を見た。この共同体は、それが他者たちを、すなわちアーリア人に属していないすべての人たちを敵として示すだけに、いっそう強固であると思われていた。レイシズムは表面的な反動であるだけでなく、一つの思想によって構築されている。レイシズムは、人間存在を身体に釘付けするイデオロギーと不可分な要素なのである。

ところどころあまりに示唆に富んだ箇所をもつこのテクストを読めば、反啓蒙主義の知的構造について反省する者なら誰もが身震いしてしまう。レヴィナスは反啓蒙主義を名指してはいないが、ナチズムはこの思想の頂点をなしている。一九三四年のこのテクストがわれわれに直面させるのは、真理へのあらゆる関係を個人から奪い、民主主義的制度だけでなく民主主義的理想も破壊してしまう、攻撃的でレイシズム的なナショナリズムを、漸進的にではあるが阻止できない仕方で定着させてしまうものである。二年前の一九三二年にエルンスト・カッシーラーが『啓蒙主義の哲学』を出版していることを思えば、歴史の皮肉とはどれほどのものかが知られる。というのも、一九二九年のダヴォスでレヴィナスは、このヒューマニズムの代表者を茶化していたにもかかわらず、一九三〇年代半ばのレヴィナスの言葉はカッシーラーとの近しさを明示しており、対してハイデガー思想の雰囲気は、レヴィナスにとって、次第に釘付けされた存在の諸表出の一つであると思われるようになっていくからである。このことは、ナチスの生物学主義と対立していたハイデガーの哲学を、ヒトラー主義と同一視してよいということを意味してはいない。しかしながら、自由の理想という啓蒙主義的理想の失墜と、ある種の絶望や宿命によって性格づけられた思想――というのも、人は選んだわけではない実存に釘付けされているからであり、無から逃れるための唯一の解決策は時代と集団的現存在の運命を引き受けることだからである――の魅惑のあいだのつながりは、明白である。

最後の数ページにおいてレヴィナスはこう書いている。真理へのあらゆる関係が失われてしまったにもかかわらず、人間はイエスやノーと言う権利を有しているという考えは保持されており、思考の尊厳全体を構成している自由というのもまた一つの危険物だということが理解されなくなっている、と。この反省に、カッシーラーがハイデガーと対立した両者の論争の記憶を見ることもできる。この論争においてハイデガーは、真理とは現存在に相対的なものであり、したがって理性は普遍的なものを何も提供できないと宣言していたのである。いずれにせよ、真理が失われてしまったときには、マックス・ウェーバーが言っていたように、各々が自らの神か悪魔に従うようになり、力に訴えるものが自らの意志を押し通すことになる。ニーチェとレオ・シュトラウスが示したように、相対主義はニヒリズムの温床である。真を偽から、正を不正から区別するためのどのような基準ももはやないとなると、「真正ではないあらゆるもの、利害と流行に奉仕する代用物が、文明に蔓延るようになる」[17]。諸個人に指標を提供する一つの普遍的なものの喪失によって、そして相対主義が生み出した、自分たちの文化に結びつく威信の瓦解によって特徴づけられるこの文脈において、数多くのドイツ人が、ナチズムへと向かっていくのである。

したがって、レオ・シュトラウスが「ドイツのニヒリズムについて」[18]のなかで書いていたように、ニヒリズムはナチズムなのではない。しかしながらニヒリズムは諸存在を、生物学に基づくアプリオリな統一体としての民族という虚構によって道徳的空虚を埋めようとする解決策に対し、脆弱にしてしまう。このとき、普遍性が拡張に取って代わられ[19]、互いに区別されない諸存在からなる共同体が生み出される。それは、傲慢であると同時に匿名的であり、この考えが自分たちの存在と同一性との根底をなすと確信してしまっている諸存在の共同体である。

外越vs根付き

ほとんど引用されていないものの、「逃走論」ではつねにハイデガーが念頭に置かれている。レヴィナスが対立しているのは、《自己－に先立って－在ること》〔être-au-devant-de-soi〕の哲学であり、この哲学は人間存在に、ある行程を辿ることを、そしてさらには〔どこか他の場所への〕逃避を、つまり避難場所の探求を、定めるものである。[20] 同様に、レヴィナスはこの一九三五年の論文のなかでナチズムに明示的には言及していないが、彼は、ハイデガー〔哲学〕がその最も著名な代表例であるところのこの哲学を、訪れつつある政治的惨事を説明づける論理的行き詰まりと見なしていることがわかる。レヴィナスは、存在に釘付けされたこの思想の代わりに、逃走の概念を提示する。それは、《存在するとは別の仕方で》であり、世界のうちにとどまらないことである。彼は暗にこう言っている。すなわち、存在に釘付けされていて、時間的実存を一つの絶対とするような思想は、絶望、心地悪さ、同一性と出自の強迫、そして根付きへと至らせる。対して逃走は、存在と世界の彼方にあるもの――すでにレヴィナスは、まだとても控えめな仕方ではあるが、これを無限と名づけている――を思考するための新たな道を開くのだ、と。

　逃走は外越とも呼ばれているが、それは「自己自身から脱出しようとする欲求、言い換えれば、最も根本的で最も免れえない繋縛を、すなわち自我が自己自身であるという事実を、打ち破ろうとする欲求」[21]を指している。存在からのこの解放は、快楽において表出している。快楽とは一つの逃走の兆し、すなわち一つの脱自である。また快楽は、欲求の表現しているのが、それを欠如や被投性に照らして考えられるときに言われるような存在の欠如ではなく、存在の充実であることを証明している。自己肯定の探求よりも、存在からのこの解放のほうが、人間の条件の記述としてはふさわしい。この解放はわれわれの救済の条件ですらあり、レヴィナスの見方では、この点が、観念論の偉大さを示している。

［……］観念論が辿った道のなかにとは言わないまでも、その願望のなかには、異論の余地なく、西洋文明の価値が存している。存在を超出しようとする観念論の初めの願望のなかに、そのような価値があるのである。存在を受け入れ、存在がもたらす悲劇的な絶望や存在が正当化する犯罪を受け入れる文明はすべて、野蛮という名に値する。[22]

レヴィナスは、心地悪さ、吐き気、羞恥といった情感的気分の記述から出発し、これらが表しているのは、被投性や、自らの最も固有の存在可能に向けて自己を企投しなければならないという必要性ではなく、逃走の欲求だということを示す。同一性と《自己のため》の哲学とは正反対に、逃走の哲学を特徴づける気分は、自ら選んだのではない実存に繋ぎ留められていることについての感情とは何の関係もない。それは、創造的跳躍でもない。創造的跳躍は、「辿り尽くされたわけではない」が、それでもその「成就は避けられない」ところの「一つの運命」[23]の観念を伴うものである。レヴィナスは、テクストの初めの数ページで、「自己を避ける能力を誰ももっていない」という事実と結びついた世紀の病について語っているが、これらのページは特に説得力がある。

普遍的秩序の理解不能な歯車装置に巻き込まれた者とはもはや、まだ自己を所有していない個人なのではなく、自律的人格である。この人格は、自らが獲得した堅固な土地の上で、自らが、語のすべての意味においてモビリザブル〔移動可能・動員可能・流通化可能〕であると感じている。(24)

釘付けされていることについての強烈な感情は、自我を――無限ではなく――自己の実存の粗暴さしか気にかけないようにしてしまう。

存在に釘付けされた思想――それは西洋哲学の到達点を表すと同時に観念論の約束が裏切られることの兆候を表してもいる――についてのレヴィナスによる批判と、差し迫った政治的惨事についてのレヴィナスの予感とをつなげることは、何によって許されるだろうか。なぜ被投性／企投という対偶と不可分である配慮の存在論が、存在へ釘付けされた思想であるだけでなく、釘付けされた存在の思想、すなわち、人生とは無に向かう宿命的な行進であるとする絶望的な思想――この思想はまた、自己の同一性を求めるまったく同様に絶望的な探求以外の選択肢を残さない――でもあるのだろうか。

答えはすでに問いのなかにある。配慮の存在論は、事実性についての解釈学を練り上げて、存在の重荷を背負う存在せねばならない現存在の被投性を際立たせ、また時間的実存は一つの絶対であると考えるのだが、そうしながら、われわれをどこへも連れていってくれない。この存在論は、世界と存在から脱出することの不可能性によって性格づけられており、また、実存を逃避であると同時に避難場所としてしまう。なぜこの《自己－に先立って－在ること》の哲学が、個別的現存在を集団的現存在へと結び合わせるのとは別の仕方で、個別的現存在の本来性を考えることができただろう。なぜハイデガー――

その思想の雰囲気は、存在へと繋ぎ留められていることについての強烈な感情と不可分である――が、集団性を、アプリオリな統一体として、あるいは変更不能な運命を有する全体としてではなく、多元的な仕方で考えることができたのだろうか。

一九三五年のこのテクストが暗に提示しているのはこれらの問いである。『存在と時間』第七四節でハイデガーは、個別的現存在に固有の《死に臨む存在》を集団的現存在に移し替えているが、この節を検討すれば、これらの仮説への確証がもたらされる。この節の分析は必須である。というのは、一九三〇年代に書かれたレヴィナスの諸々のテクストが実に省略的だとしても、レヴィナスはすでにハイデガーと対決しており、多かれ少なかれ明示的に、ハイデガーの著作のなかに、ナチズム支持を説明しうる動機があるか否かと自問しているからである。フランソワ・ポワリエとの対談でも見られるように、レヴィナスはのちに、ときおりどっちつかずになり、ハイデガーのナチズム荷担の予測不可能性を強調しつつ、『存在と時間』におけるいくつかの宣言が人を困惑させうることも強調するようになる。ダヴォス会議について、彼はこう言っている。

［……］ハイデガーは、じきに転覆させられることになる世界を告知していました。彼が三年後、誰のもとに加わることになるかご存知でしょう。それでも、このことをすでにダヴォスで予感するには、預言の才がなければなりませんでした。長いあいだ――耐えがたい年月を通じて――私はこう考えました。私は熱狂していたにもかかわらず、当時もそれを感じていたのだ、と。［……］そして

ヒトラーの時代のあいだ、私は、ダヴォスでハイデガーの側に与したことを、とても悔やみました。[25]

ハイデガーに感嘆する者でさえ、『存在と時間』第七四節を読めば、真剣に自問することになる。はじめにハイデガーは、現存在の存在を構成する歴史性について語る。[26] 自己の固有の存在へ向けて自己を企投するとき、人は自らの諸可能性を、自己よりも古く、歴史的厚みをもつ世界から汲み取る。ここまでは、われわれも同意できる――たとえ感性的なものについてのレヴィナスの現象学を検討して示されたのが、われわれは諸意味そのものに到達できること、またハイデガーが考えているのとは反対に、自然がつねに歴史的世界においてしか与えられないというのは確かではないということだったとしても。いずれにせよ、この節で問題になっているのは、歴史主義のこの依然として理論的なヴァージョンよりも、はるか先に進んだものである。というのは、歴史性とは、起源や出自だけでなく、運命へと、すなわちこの場合、一つの民族の歴史的運命へと差し向けられるものだからである。現象学的還元が通ずる世界とは、誰もそこから脱出できない歴史的世界であるだけでなく、諸存在の同一性を構成する歴史的世界でもある。ハイデガーの著作において本来性は、平均的な日常性からの引き剝がしを前提にしているが、その本来性は、根付きとナショナリズムへと導いていくのである。

ひとりきりで死に直面し自己の無化の可能性を意識する現存在は、不安と同時に、力能の感情を覚える。というのは、死は個体化の原理となっており、これによって現存在は、一種の捉え直しによって、自己にとって本質的なものを摑み、自己の時間を形成し、自己の過去、現在、そして未来をつなげられるからである。

死のもとに出頭しながら、現存在は自己自身がそれであるところの存在者を被投性において引き受け、存在するという自らの務めを果たすのである。[i]

そこで問題は、現存在がそれを通して自己を企投するところの諸可能性をどこから汲み取るかである。ハイデガーにとってその答えはこうである。すなわち、その諸可能性は、歴史的世界からしか、そして、この歴史のなかの本来的なもの——ある民族が一つの運命を持つようにするもの——を肯定する世界からしか、汲み取りえない。というのは、「ほとんどの場合、自己自身は〈ひと〉のなかで失われている。それは、その都度、現存在の「平均的な」公的説明であるところのものにおいて「通用してきた」実存の諸可能性を起点に、自己を理解する」[ii]からである。したがって、自己自身は日常生活の平均性においては失われており、死を逃避している。だが、「現存在がそれにおいて自己自身へと立ち帰るところの覚悟性は、被投的なものとして自らが引き受ける遺産を起点に、本来的実存のその都度の事実的可能性

i　ここで引用されている文は、ペリュションが参照している仏訳には見当たらない。おそらくこの文は、『存在と時間』第七十四節第二段落目の第三文目（SZ., S. 382.〔マルティン・ハイデッガー『存在と時間』下、細谷貞雄訳（ちくま学芸文庫）、筑摩書房、一九九四年、三二二頁〕）を要約したものである。

ii　SZ., S. 383.〔前掲『存在と時間』下、三二三－三二四頁〕

を開示する」[iii]。一方でハイデガーは、覚悟性が解放者としての性質をもつこと――覚悟性は私を一つの遺産から解放して私に固有のものに実存を与える――を際立たせる。だが他方で、彼はこう付言している。「摑み取られた実存の有限性は、うぬぼれや気軽さ、言い逃れといった、じかに与えられた諸可能性の際限ない多様性から現存在を引き剝がし、その運命の単純さへと運んでゆく[iv]」。

この『存在と時間』第七四節の続きの箇所は、一九三三年の学長就任演説〔「ドイツ的大学の自己主張」〕と類比されるべきものである。この演説においてハイデガーは、個別的現存在と集団的現存在をつなげているが、この集団的現存在もまた、自己の最も固有のものへ向けて、そして自己の運命に向けて、自らを企投しなければならない。〔『存在と時間』第七四節に戻れば〕運命とは、「本来的覚悟性に含まれた現存在の本源的生起であり、そこにおいて現存在は、死へ向けて自由でありながら、相続されながら選び取られた可能性における自己自身へと自己を伝承する[v]」。したがって運命は出自に結びついており、人は覚悟性によって自己の出自に向けて自己を企投し、この出自を再征服するのである。ところでこの図式は、集団に適用すると、特に危険なものとなる。

個別的現存在の《死に臨む存在》をこのように集団的現存在へ移し替えることは、自己と存在への繫縛の思想の現れであり、それは根付きとナショナリズムへ導いていく。この移し替えが、無化として解釈された死についての特殊な考え方と連動していることに注目しよう。ハイデガーにおいては、時間が死を起点にして考えられ、その死とは無であり、まず何よりも私の死である。反対にレヴィナスにおいては、時間が死を起点にして考えられるのではなく、死が時間を起点にして考えられるのであり、しかもその時間とは他者と他者たちの時間――未来、隔時性、意想外――である。集団とは、レヴィナスにとって、多元性の空間でしかありえないが、対してハイデガーにとってそれは、全体性である。

現存在は、先駆しつつ、死に自らに対する権力を得させるとき、死に向かって自由なものとして、その有限な自由が有する固有の超力において自己を理解する。そして、〔……〕この自由において、自己自身へ委ねられているという無力を引き受け、開示された状況の諸偶発事に対する洞察力を得る。だが、世界‐内‐存在としての運命的な現存在が本質的に他人との共同存在において実存しているならば、その生起はしたがって共同生起であり、それは共同運命として規定される。この語によってわれわれは、共同体の、民族の生起をさす。[vi]

ハイデガーによれば、共同運命の力が解放されるのは、覚悟性と闘争においてである。いったい、この思想のひどい疑わしさに気づかない者がいるだろうか。この思想によれば、人はそれに向かって自ら

iii　SZ., S. 383.〔前掲『存在と時間』下、三二四頁〕
iv　SZ., S. 384〔前掲『存在と時間』下、三二四‐三二五頁〕
v　SZ., S. 384.〔前掲『存在と時間』下、三二五頁〕
vi　SZ., S. 384.〔前掲『存在と時間』下、三二五‐三二六頁〕

を企投するところの可能存在へ立ち帰る。だが、人がそこへ立ち帰るのは、共通の生起を介在させる一つの理解からなのである。ハイデガーは、「現存在が自らの英雄を選ぶ」ことを説明づける「実存可能性」の「本来的な反復」について語っている。「運命的な共同運命」も問題になる。この運命が結びついているのは、伝えられる遺産にだけではない。それは同様に、またとりわけ、人がそこにおいて自己を認めるところの遺産、自己に固有のものを認めることを可能にする遺産に結びついている。集団的現存在は個別的現存在に照らして考えられている。そしてその見返りに、個別的現存在は歴史的次元を獲得し、この次元が個別的現存在に、この集団的運命において要約されてしまうよう厳命するのである。

レヴィナスにとって、「ヒトラー主義哲学に関する若干の考察」と「逃走論」は、ハイデガーとの論争の始まりであり、彼のナチズム荷担を説明づけうる理由を解明しようとする最初の試みである。『全体性と無限』と『存在とは別の仕方で』で継続されるハイデガーとのこの論争を理解し、《死に臨む存在》についてのレヴィナスによる批判が彼自身の思想の練り上げにおいて演じる役割を見るために強調しなければならないのは、ハイデガーが拒絶した生物学主義ではない。そうではなくて、ハイデガーにとって身体は間主体性の場所ではないという事実、死は未知なるものではなく個体化の原理であるという事実である。ハイデガーは、他性（それは身体と死に結びついている）を真に思考していないからこそ、配慮の存在論を提案するのである。自らの無化の可能性を意識することが、相対主義によって特徴づけられたある文脈のなかで、自己に固有のものを選び取らせるよう、現存在を駆り立てる。そして自己に固有のものを選び取ることは、『存在と時間』の著者にとって、未来ではなく、出自によって定義された共同体において自己を認めることに帰着する。

釘付けされた存在の哲学は、根付きへと導き、そしてハイデガーを通り越して、異教《パガニズム》へと、すなわち世界から脱出することの不可能性へと導いていく。この哲学に、レヴィナスは、存在論からの脱出、すなわち《存在するとは別の仕方で》の思想を対置し、またそれだけでなく、次のアイデアを対置する。すなわち、ユダヤ的条件は、ディアスポラ、追放、「常識と国民の知恵にとってはこのうえなく明白だと思われるいくつかの考えを転倒する危険を冒しつつ行なわれる、新たな道を通った存在からの脱出」(27)に結びついているというアイデアである。

第10章　死と時間

《死に臨む存在》か、死から考えられた時間か

ハイデガーの《死に臨む存在》についてのレヴィナスによる批判は、配慮の存在論を根底から問い直すことに等しい。レヴィナスによれば、死とは本当の意味で先取りできるものではない。このことが、先駆的覚悟性の妥当性を疑わしくしている。さらに、私は死について何も知らない。私は死について、それを一つの無化であるかのようにしてでさえ、語ることができない。というのは、死は答えのない問いであり続けるからである。最後に、責任と身代わりを検討しながら見たように、個体化の原理であるのは、私が自分の死に対して有する関係ではなく、他人の呼びかけへの応答である。もっとも、死は他の問題と同じような問題ではない。それは、人間の条件を明らかにする他の諸観念が、それを起点に組織されるところの問題である。

レヴィナスがハイデガーから借り受けているのは、死には著しい特権があるという考えである。言い換えれば、われわれが死に対して有している関係は実存の意味についてのわれわれの理解において決定

的な役割を演じているという考えである。しかし、レヴィナスは、自己の死を起点に時間を考える代わりに、時間を起点に死を考える。時間は未来と他者たちへ差し向ける。ハイデガーの《自己のため》の哲学におけるように、私の死とは、無や世界の終わりなのではない、というだけでない。加えて死は、責任とは他人に対する私の関係にとっての次元であること、そしてこのことが私の自己性を構成しているということを意味している。ところで責任とは、ある死すべき者が他の死すべき者に対して有する責任でしかない。また、私が他人の顔の中に見るのはその他人の死の定めであり、この死の定めは、もう一度言うと、純然たる問いである。というのも、他人は自分がいつどのように死ぬかを知らないからである。レヴィナスは、配慮の気分としての不安を、他人のための恐れに置き換える。

死と時間についての講義――レヴィナスが一九七五年と一九七六年にソルボンヌで行なったもので、『神・死・時間』に収録された――では、レヴィナスが自己をハイデガーからよりはっきりと切り離すためにハイデガーの分析と方法を取り上げ直す仕方が、実によく示されている。またこれらの講義からは、自由の哲学や《自己のため》の哲学、釘付けされた存在の哲学の代案を提案しようと試みながらハイデガーに反駁しているレヴィナスにとって、『存在と時間』が帯びていた重要性がどれほどのものであったかを知ることができる。

一九七六年一月二三日の講義はとりわけ興味深い。レヴィナスはまず、死についての哲学的反省に対するハイデガーの寄与を要約している。[1] 死とは一つの現象ではない。「メノイケウス宛の手紙」でエピキュロスが教えていたように、私は死ぬ以前に死について何も知らないし、死が現にあるときは、それについて何も言うことができない。死は、現出の哲学にとどまるのをやめて非‐構成の現象学を選ぶことを義務づけるのである。しかしながら、このように言うことによって、われわれはすでに、レヴィナスとハイデガーのあいだの差異を表現してしまっている。というのも実際、ハイデガーは、表象の崩壊を徹底化するとしても、死を一つの終点として、地平に浮かび上がり存在とその顕現の終わりを表示するものとして、考えているからである。すなわち、死とは無化、あるいは無なのである。

したがって、ハイデガーは議論を閉じてしまう。というのは、ハイデガーにとって私は、死が何であるかを言えず、死を認識すべき一現象として記述できないとしても、それでも死が停止点であることを知っており、そこから、死が実存にどのような意味を付与するかと自問できるからである。この問題提起は、形而上学から脱すること、死後の生について意見するのを差し控えること、そして死の意味と死が人間の条件を明らかにする仕方について自問することを前提しているが、レヴィナスが取り上げ直すのはこの問題提起である。しかしながら、レヴィナスが示唆するのは、ハイデガーが死を無化であると、すなわち「終わりの現象」であり「現象の終わり」であると主張しながら、あまりにも拙速に議論を片づけてしまうということである[2]。ハイデガーは依然として存在論のただなかにいる。というのも彼は、死とは無であると宣言するからである。死がわれわれの思考の限界であるという事実は、われわれにそれ以上のことを問いかけているはずである。問いを開かれたままの状態で保持すること、死がそれであるところのこの限界、「われわれの思考に打ち当た[3]」り、また企投によってでさえも到達できない未知なるものであるこの限界の意義について自問することが必要である。死は、一つのアポリアとして、言い換えれば、そこから一つの意味が開かれるところの一つの限界として、考慮されなければならない。

他人を構成することの不可能性には、他人への関係が認識の関係なのではなく、われわれを倫理的状況へと開くものであるということが含意されている。それと同様に、死について思考することの挫折は、一つの意義を露出させる。それは、多くの場合隠蔽されていて、また配慮の存在論によっても覆い隠されている意義である。したがってレヴィナスの問いは、アポリアとして思考された死が、実存にどのような意味を付与するか、である。次のことに注目しよう。私の不可能性の可能性として、すなわち私がもはやここにいない可能性として解釈される代わりに、死は、レヴィナス哲学に特徴的な現象学的方法のこの徹底化において、一つの不可能として考えられる。すなわち、私が絶対に思考することも先取りすることもできない何か[4]として考えられるのである。われわれは、死を思考することのこの挫折を真剣に受け止めることによってこそ、死が自分たちの人生に与える意味を理解することができ、死がそれ自体意味しているものについて、すなわち死が導き入れる分離、死の暴力性、そして死の刃について、反省することができる。

はじめにハイデガーは、死とは一つの現象ではなく、一つの確実性——私はいつか死ぬ——を表していると言う。死とは私の未来であり、最も確実なものである。私が死について知りうるただ一つのことは、それが起こる、ということである。死は、私がもつ「最も固有の」ものでもある。というのは、死が関わるのは私であって、他者ではないからである。誰も私の代わりに死ぬことはできない。死は私を孤独化する。私が死ぬとき、私は、自分の終わりが実現するこの期限のときを生きるただ一人の者となるし、この終わりは、他者たちとの決定的な分離を示すことになる。したがって、死には著しい特権がある。死は、不安がそれを表しているように、完全に実存者に関わっているのである。死の怖れは抽象的なものではない。死は、私の喉元を摑んで息ができないようにする。ドイツ語のAngst〔不安〕は、このことを示唆している。というのも、この語は締め付けの観念を暗示しているからである。たとえば危うく死にそうになったときにわかるように、死は私を全面的に捕らえる。ところで、ハイデガーによれば、自分がいずれ死ぬということを知り、この私の不可能性の可能性が現実的であることを悟り、自分に残された時間が短いと感じることによって、私は自分の実存の全体性を考慮するよう駆り立てられる。気を散らし、世俗的な関心事に没頭する代わりに、私は自己を意識し、私の人生を一つの全体として摑み取る。死の怖れを意識が自己意識となる機会と見なすヘーゲルの主人と奴隷の弁証法におけるように、不安において、現存在は自己を摑み直す。先駆的覚悟性は、このように現存在が自己の死の可能性を意識することに由来する。企投は自己の自己性を表現しようとする意志から生まれる。たとえつねに死が勝者だとしても、それでも現存在は、人のなかで自己を喪失する代わりに、自らの最も固有の諸可能性を摑み取って、立派な人生を送ったということになるのだ。

このように、〔ハイデガーにおいて〕死が人生に与える意味を人が摑もうとするのは、現出を転覆する――すなわち一つの現象ではない――死についての現象学的反省を起点にしてである。レヴィナスがこの問いに与える答えは、ハイデガーのそれとはまったく異なっている。もっとも、問題提起は同じである。すなわち、死が一つの現象でないとすれば、「死にうること」は何を意味するのか。顕現の時間性にとって、この終わりがもつ意味とはどのようなものか。

　ハイデガーにとって死が意味しているのは、「私の死」、私の無化である。また世界は、彼の考えでは、現存在にとってしか意味をもたない。それゆえ、私の人生の終わりは、私にとって、世界の終わりを意味する。ハイデガーは終末性を思考する。それは、私の現存在の完了であるが、しかしながら私は、これを起点に、自己の実存の全体性を摑む機会を、つまり、時間を、より正確にいえば時間性を成形する機会を得る。時間性とは、自己を未来へと企投しつつ自らの過去と現在を捉え直す現存在によってなされる、時間の成形である。先駆的覚悟性は時間のこの三次元をまとめる。そして、企投――それは私がしたことないし私がそうであったものを拠りどころとし、過去の世界を拠りどころとするだけでなく、現在を拠りどころともしており、また未来へとはみ出て、未来を先取りする――とは、時間を成形し、時間を統御し、自己を肯定する一つの仕方である。たとえ死がこの企投の終点であるとしても、現存在は企投によって、自己が固有のものとしてもつものを表示し、自己を個体化することができる。まさにこの意味において、死は実存の意味を思考するにあたって根底的な役割を演じるのであり、情感的気分や現存在の実存様態の分析は、存在を配慮として露わにするのである。

　それゆえ死とは、ハイデガーにとって、個体化の原理であり、私はそれを起点にして自己を摑み直し、最終的に、自分をどうするかを決定し、存在の重荷をどのように背負うかを決定するのである。レヴィナスは、ハイデガー哲学において死が有している四つの特質を次のように要約している。[5]――〔第一に〕死は、最も固有の可能性、「そこにおいて固有なものそのものが生起するところの可能性」である。〔第二に〕この可能性は譲渡不可能である。つまり誰も、私のために、私の代わりに死ぬことはできない。この可能性は私のものであり、「私ないし自己性である」。〔第三に〕この可能性は、〔私を〕孤独化するものである。つまり、それは「他の人間たちとのつながりを断ち切る」。最後にそれは、究極の可能性である。それを前にすれば、実存の他のすべての可能性は色褪せてしまう。これらの可能性は意義を失い、現存在はこれらの可能性から「放免される」。

ハイデガーには、実存と人間の条件についての理解において死への関係が演じている役割を際立たせてくれるという長所がある。彼にとって、実存するとは、存在しなければならないということであり、私の人生には終点があるというこの現実と折り合うことである。この現実は、私を巻き込み、また私にしか関わらない。私は自分がしたいことをし、あるいは、そのなかで自分ができることをする。だが確実であるのは、私が何かをしなければならないということである。というのは、一種の現在主義において満足し、何もせずに人生を過ごすことも、依然として一つの実存する仕方だからである。生きているかぎり――だがおそらく、健康であるかぎり、と付け加えることができるだろう(6)――私は自分の人生が意味をもつように、この可能性を起点に自己を企投するよう余儀なくされている。唯一確実であるこの未来を起点にしてこそ、私の時間は私のものとなる。この意味で、死とは一つの存在可能であり、一つの我有化的可能性である。これが、ハイデガーにとって「死にうること」が意味することである。この可能性は、現存在のさまざまな構造をまとめ合わせ、また現存在を配慮として露わにする。配慮が意味しているのは、実存することが、《自己に先立って‐在ること》であり、もはや世界に存在しないというこの可能性に向けて自己を企投することだ、ということである。当然このことが意味をなすのは、私の条件が事実性――私はいつもここに在ったのではないし、また私はここに在るということを選んだわけではない、ということ――によって特徴づけられているからでしかない。私が自己を一つの可能性へ向けて企投すること、自己に先立って‐在ることは、この事実性に答え、自己を一時的に無から引き剝がす一つの仕方なのである。

私が逃避と回避というあり方で生きることをやめるとき、実存の不可能性の可能性が意識される。この意識化は、不安において体験される。不安が時間の矢印に方向を与え、また逆説的に死の確実性を露わにする。というのは、ほとんどの場合、現存在は自己自身に開示されていないからである。現存在は諸事物のなかで気晴らしをしていて、自分が死ぬことを忘れているからである。現存在を現存在自身に開示するのは、まさしく、不安のなかで生きられた自らの死の可能性である。そのとき現存在は、諸事物のなかに在ることをやめおしゃべりをやめ、自らの時間を失う代わりにその支配者となり、自己に固有のものへ実存を与えることをようやく決断する。死は、現存在が自分とは誰であるかを言うことになる際、その起点になるところの原理となる。

反対に、レヴィナスにとって、私が誰であるかを露わにするのは、自分の死への関係ではない。「私は〔je〕」という語は「〈われ〉ここに〔Me voici〕」を意味している。他者の、そして他者たちの実存は、主体を自らの至上性と独我論から脱出させる。私が他者たちの呼びかけに答える仕方が私の自己性を構成する。実存の意味、そして死が定められているというわれわれの条件についての、ハイデガーとレヴィナスの正反対の考え方は、次の事実によって説明づけられる。すなわち、ハイデガーは《自己のため》の哲学を練り上げるのに対し、レヴィナスは、身代わりにまでいたる責任を思考している、という事実である。この断絶はまた、彼らの死の把握の仕方にも起因している。ハイデガーにとって死は、私が先取りでき、さらには先取りしなければならない一つの可能性である。つまり、死は一つの力能なのである。対して、レヴィナスにとって死は、可能性の不可能性であり、根本的な遺棄、受動性である。この受動性は、私を深淵や無へと開くのではなく、自己の責任と未来へと開く。言い換えれば、死は〔私を〕生へと開くのである。

時間と他者から死を考える

『神・死・時間』〔の前半部〕の終わりには一九七六年五月一四日と二一日の講義が再録されているが、そのなかでレヴィナスは、死について自身の考え方を提示している[7]。重要なのは二つの考えである。一つ目は、死がそれであるところのアポリアを、すなわち死とは「純粋な疑問符[8]」、答えのない問いであるという事実を、真剣に受け止めることが必要だ、というものである。したがって、依然として時間を構成する一つの仕方である先駆的覚悟性は、おそらく、死の神秘を消し去ることができないし、死の他性、死の予測不能性、死とは未知なるものであるという事実を、還元し矮小化することもできない。死とは、一つの可能性や力能なのではなく、一つの不能なのである。死は我有化できないし、私の志向性を逃れてしまう。私が自らの自己性を肯定できるようにする一つの可能性として死を考えることは、事実上、死を統御しようとすることに帰着する。ところが死とは、個体化の原理であるというよりも、われわれを脱固有化するものなのである。しかしながら――そしてこれが銘記すべき二つ目の考えなのだが――死がわれわれに直面させる限界がわれわれの実存に打ち当たるのは、無意味性によってではない。未知なるものを、そして死の我有化不能性を真剣に受け止めれば、死の暴力性が際立ち、私は死を平和なものとすることが決してできなくなる。だがまた、死が純粋な連れ去りであるという事実、誰にも自分がいつ死ぬかはわからないという事実、死ぬことを皆が怖れているという事実は、［われわれを］倫理に導き入れる。

すでに述べたように、ハイデガーのように私の死を起点に時間を思考する代わりに、レヴィナスは時間を起点に死を思考する。しかしながら問題となるのは、私の自由の時間ではない。問題となるのは、他者たちによって開かれたものであり、予測不可能なものであるかぎりにおける未来である。私の終わりの確実性ではなく隔時性が、私の人生に意味を付与する。私の人生は、時間への抗いや逃避とは似ても似つかない。死の定めは――私の死の定めだけでなく、この不可能性に曝された他人の顔のなかに私が見る死の定めも――次のことを説明づけている。すなわち、他者たちへの関係が有する意味とは責任であるということ、そして私は誰であっても境遇に翻弄されるのを見捨ててはならないということである。石ころは、一人の他人ではないから、「私は必ず死ぬ、死ぬのが怖い」とわれわれに言いはしない。石ころは、「君も死ぬのだ」とわれわれに言いはしない。反対に、他人の顔は私を、この超えられない限界に、意識からのこの分離に、この貧窮に、そして起こりうるこの脱固有化に、つまりこの疑問符に差し向ける。[9] それゆえにレヴィナスはこう書くのである。「われわれは他人の顔において死と出会う」[10]。あらゆる自己充足の埒外で、死ぬことを定められて在ること、それは、何も言わないときでも、呼びかけを発することである。レヴィナスはこう書いている。すなわち、死の意味は、他者への関係として理解された時間の隔時性において示されるが、逆もまた真である。つまり、他人への関係とは、一人の死すべき者が他の死すべき者に対して有する関係なのだ、と。問題は、自己表現するために自己を摑み直して〈世人〉への頽落を逃れることではない。他者に答えること、他者を救うとは言わないまでも、他者が独りきりで困窮のなか死んでゆくのを放っておかないために、その人のために何かをすることである。

他の人間の顔のなかの死は、〈同〉を触発する他性が、その〈同〉としての同一性を〈同〉のなかで立ち起こる問いのかたちで破裂させる、そのような様態性である。[11]

したがって、他性は他者の死を参照してもいる。死は譲渡不能であり、誰も他者からその死ぬことを取り上げられない。他人の顔のなかの死は、他性の様態性であり、このことは根本的に他人の不能を証立てるだけでなく、私の不能を、すなわち、私は死者たちのなかに他人を探しに行くことや他人に代わって死ぬことができないという事実を示している。他性が意味しているのは、他者は必ず死ぬということ、他者はいつでも死にうるということ、そして他者が死ぬとき私はそれを止めることができないということである。この他性は、各々の死が唯一無二であり、一人の存在の死が世界に穴を穿つというのが本当であるかぎり、〈同〉の同一性を破裂させる。したがって、ハイデガーが気づいたように、死には著しい特権がある。ただし、純粋な連れ去りとして、不能として思考され、他人の顔にじかに見られた死は、私を倫理へと開くのである。

この問い――死の問い――は、それ自身の答えである。それは、他者の死に対する私の責任である。倫理的次元への移行は、この問いへの答えを構成するものである。(12)

実存と死の意味は、認識において探求されるものでも、神学において探求されるものでもない。自由の哲学もハイデガーの哲学が、これら以上にわれわれの助けとなることもない。死が実存に付与する意味は、アポリアとしての死を真剣に受け止めることに由来する。それゆえこの答えは、議論を閉じることがない。「〈同〉が、目指されたものでも視覚でもない〈無限〉へと転回すること、それがこの問い、すなわち、答えでもあり、とはいえ魂の自己自身との対話ではまったくない、そのような問いなのであ

i 「他人を死から蘇らせること」の意で、ルカによる福音書のなかの一節を踏まえた表現。イエスが葬られた後、安息日が明けて婦人たちが墓を訪れたところ、墓に遺体が見当たらなかった。婦人たちが途方に暮れていると、輝く衣を着た二人の人物が現れてこう言った。「なぜ、生きておられる方を死者の中に捜すのか。あの方は、ここにはおられない。復活なさったのだ」(「ルカによる福音書」二四章五節、『聖書 新共同訳 旧約聖書続編つき』日本聖書協会、二〇一五年)。

る」[13]。人は、自己の実存のための正当化を探し求め、あらゆるものを自己に帰着させていた、独我論や《自己のため》の哲学から脱出する。「問いは、倫理的責任としての、回避の不可能性としての答えを含んでいる。／だが〈他人〉の死の定めが提起する問いにおける、〈他〉とのこの関係は、この関係を組織化する習慣によって、その超越性を失うことがある」。他人に対する自らの責任を、たとえば終末期ケアをするような機関に押し付けてはならない。というのは、他人の死は私に関わるからであり、無限との関係だからである。死は私に、他人と寄り添うよう命じるのである。

死の我有化不可能性——死がいつもスキャンダルであるのはこれによる——を真剣に受け止めると、〔死がもっている〕ある意味が引き出される。この意味は、死の暴力性を減じさせることもその不条理さを減じさせることもないが、責任が中心にあるということを際立たせる。この責任は、ギブ・アンド・テイクの関係や職業的義務とは何の関わりもない、主体を変容し、主体の自由を任命する責任である。

私が死を定められているということ、私が死を余儀なくされているということ、死の間際の私の時間、不可能性の可能性ではなく純粋な連れ去りである私の死、まさにこれらが、他人のための私の責任の無償性を可能にするこの不条理を構成している。[14]

したがって、私がこの他人のための責任を引き受けるのは、私自身の死の定めを起点にしてなのである。

〈無限〉との関係とは、一人の死すべき者が他の死すべき者に対してもつ責任である。[15]

私の死の定めと他者の死の定めは、次のことを意味している。それは、私が自分の実存に意味を付与するのは、自己を肯定しようとすることによって、自分の同一性に取り憑かれることによってではなく、他者たちに対して責任をもつことによって、他者たちのために何かを具体的にすることによってである、ということである。顔は、合図を送って〈無限〉の方へ差し向け、私の認識を超えていて他者がその痕跡であるところの彼方の方へと差し向けながら、他人に対して私が有する関係の倫理的次元を開く。この倫理的次元が理解されるのは、私が死すべき者だからであり、私が他の死すべき者へと宛てられているからである。

時間とは存在の制限ではなく、存在が無限ともつ関係である。死とは無化ではなく問いであり、この問いは、この無限および時間との関係が生起するために必要なのである。[16]

私の死とは、世界の終わりではないし、無化として考えるべきものではない。私の死とは、他人のための責任の意味を私が理解できるようにするものである。したがって、「無とは偽観念である［……］。したがって人間とは、死 - に臨んで - 在るのではない一つの仕方である」[17]。レヴィナスは、《死に臨む存在》に反論することによって、ハイデガーの配慮の存在論を瓦解させる。人間は、自らの終わりの可能性を起点に自己を企投しつつ存在せねばならないわけではなくて、他者のために存在するのである。生とはそれ自体として愛されるものであり、まず最初に存在の配慮であるのではない、というだけでない。加えて、他者たちの実存と、他人のための恐れが、私が自己自身に対してもつ関係を変えてしまうのである。自己のための恐れによって自分を定義し、自己の同一性を肯定し自己を無から引き剝がすための絶望的な抗いに突入する代わりに、私は他者へと捧げられており、また後述するように、他人を通して、他者たちへと捧げられているのである。

このようにレヴィナスは、時間を起点に死を思考する。この時間は、他人への関係によって、そして、他者たちの実存によって開かれる。すなわち、「われわれ各人の横を、そしてわれわれの前後を疾駆して、あらゆる抵抗を打ち破り、多くの障害、おそらくは死さえをも乗り越えることのできる魅力的な突撃を行なっている、ある巨大な軍団」[18]としての人類全体へ差し向ける、このより大きな時間によって、開かれるのである。私の実存に意味を与えるのは、まさしく他者たちである。それゆえに、死が私の終わりとして把握されるだけでなく、私が自分の死の定めを考慮し他者の死の定めを考慮し、そして他者たちの実存によって開かれた未来を考慮するとき、死は〔われわれを〕生へと開くのである。

倫理と政治を、すなわち他人への関係と他者たちへの関係をすでにつないでいるこの一節は、レヴィナスの講義からのもう一つの抜粋と関係づけられるべきである。レヴィナスは次のように述べている。

人間を、存在しなければならない存在者とする哲学におけるように、あまりに性急に、無しか恐怖すべきものはない、と決定して、［……］恐怖すべきものと恐怖されるものとは何かという問いを提起しないのであってはならない。[19]

ハイデガーにとって、恐怖すべきものとは死であり、さらには私の死であった。反対にレヴィナスは、『実存から実存者へ』のなかで、〈ある《イリア》〉——逃れることのできない脱人称化的実存を指している——とは、死よりも悪いものである、ということを示唆している。そして〈ある《イリア》〉とは、「言うならば、死の不可能性、実存の無化のさなかにまで行き渡る実存の普遍性[20]」である。これが、全体主義が生み出す永続的で無規定な非安全性である。諸々の顔が消え去り、匿名の塊しか残らない——人格も生物も、完全に物象化されてしまう。〈ある《イリア》〉とは、そこにおいてはあらゆる正義が消え去ってしまったように思われ、またすべてが恐ろしくすべてが嘘である、そのような過酷な状況であり、恐怖すべきものなのである。

第三者と正義

Le tiers et la justice

第VI部

レヴィナスにとって政治は二次的なものだとよく言われる。実際〔レヴィナスにおいては〕、国家とあらゆる機関には、諸存在の単独性を抹消してしまう傾向があるために、政治は、それを制限すべき倫理の後に置かれる。これはすなわち、政治哲学に対するレヴィナスの寄与が、同質的国家――これは『全体性と無限』においては、国家を諸個人の上位にある綜合であると見なすヘーゲルの考え方と一致する――についての批判に限られるということだろうか。彼の寄与は、社会性を全体性としてしまうあらゆる表象に固有の全体主義的逸脱状態の告発にとどまるのだろうか。これほど当てにならない見解はない。というのは、人生を「絶えず予感されるヒトラー主義と一切の忘却を拒絶するヒトラー主義のあいだで過ご(1)」したレヴィナスの著作には、全体主義の脅威がうかがえるとしても、政治に関する彼の反省は、共同体を血統主義に基づける同一性の政治学への反対だけに関わるのではないからである。レヴィナスは同様に、現代社会の逸脱状態にも狙いを定めている。現代社会の逸脱状態において諸個人は、特に、自分が権利を有するものに気を取られて、自分を他者たちにつないでいるものの意味を見失っている。それゆえレヴィナスの著作における倫理と政治の関係は、倫理による政治の制限という関係だけではない。倫理は、市民連合体の意味と目的性についての独自の考え方に霊感を与えている。

そのうえ、私は他人の顔のなかに、他者たちを見てもいる。他人とは、私が愛するこの他者だけでなく、あらゆる他者でもある。これが第三者という観念の意味である。この観念は、われわれがみな兄弟であるということを意味している。レヴィナスが自由主義的理論に特徴的な社会性についての考え方を、別の考え方――これは民主主義を、権力による専横的で全体主義的な解決策に対しより耐性をもつものとし、より堅固にすることができるだろう――に置き換える仕方を評価するために、この観念を分析する必要がある。

第11章　倫理と政治

政治的なものを二次的とすることは何を意味するか

社会性は、全体性とは、すなわち一つの塊を構成し自分たちの同一性がこの塊によって規定されている置換可能な諸要素の綜合とは、混同されない。社会はもっぱらその諸法と諸体制によって定義されるだけではない。それに加えて、政治共同体は、秘密[1]を起点に、すなわち他人の置換不可能性と認識不可能性を起点に考えられなければならない。政治共同体は、他性、言い換えれば各人の単一性に依拠しているから、必然的に多元的である。それにもかかわらず、国家は全員に適用される規範を設置しなければならない。なぜなら、正義は諸特権の廃止を要するからである。危険が生じるのは、政治が生活のすべての領域に介入し個人からあらゆる内密性を取り除いてしまうときや、政治が諸々の顔を全体主義的ないし官僚的組織化の背後に消し去ってしまうときである。したがって政治は、倫理によって制限されなければならない。

しかしながら国家は、レヴィナスの見方では、ただ単に諸自由の平和的共存を保障するのに役立つだけではない。というのは、兄弟関係《フラテルニテ》〔友愛〕を起点に社会性を考えることが重要だからである。(2) 無危害原則に、言い換えれば、他者たちに損害を与えないことにとどまる社会は、この原則が他人に対する非-無関心を涵養することがないため、平和を維持することも、連帯を保障することもできない。レヴィナスは、人々の生活全体を統制することも人々を交換可能な存在として扱うこともできない制限された国家という、政治的自由主義の中心的考えを捨て去りはしない。別の言い方をすれば、自由は、政治的なものの目的性であり続けている。しかしながら、自由を保護し、個人をその人がもつ唯一無二のものにおいて擁護することに重点を置いた社会的・政治的組織体制を守ろうとするならば、主体についての原子論的考え方にとどまることも、社会性をもっぱら相互利益によって構造化された相互性の空間として表象することもできない。

レヴィナスは全体主義を終始懸念し、政治とは、私が他人ではなく他者たちを相手にするがゆえに、専制的なものでありうると確信しているから、彼は鎮静すべき貪欲や願望をもつ諸個人の連合体として社会を解釈するのではなく、顔を起点に社会を考える。政治共同体が自由の促進を目指すとしても、同様に重要であるのは、他人の自由の尊重が自分に要請するものを各々が理解することである。社会性は、顔を起点に定義されるならば、責任に基づいている。この〔責任という〕観念は倫理に属しているが、それはただちに政治的意味を帯びる。なぜなら、「第三者」が、言い換えれば他者たちが、「他人の目のなかですでに私を見つめている(3)」からである。

倫理は政治と混同されえない。というのも倫理は、唯一無二である一人の存在の呼びかけに対する私の応答を指していて、この対面は非対称性を条件としているからである。反対に、政治は共時性と比較を含意する。なぜならわれわれは一つの共同体において生きているからであり、各々のための特別な法というのはありえないからである。正義は法を前にした平等を前提し、比較不能な諸存在と諸状況を比較するという契機に対応している。正義が必要であるのは、他人の呼びかけに対する私の応答――この例外性――が、他者たちに対する不正となってはならないからである。各人は正義のおかげで、自分が、社会的役割に関係なく全員に適用される規則によって統制された共同体のなかで生きていることも、意識する。この意味で、倫理と正義は分離された二つの契機を表している。倫理は他人の呼びかけに対する私の応答に対応しており、正義はこの非対称性を、他者たちと社会生活とを勘案しながら修正する。しかしながら、レヴィナスによって提示された倫理と政治のあいだの関係は、これよりも複雑である。というのも、第三者はすでに顔のなかに現前しており、倫理的責任はつねに政治的責任でもあるからである。(4)

　実際、政治がつねに倫理によって制限されていなければならないということは、個人とその自由、その唯一性の尊重が、定義上脆いものであると認めることを前提している。諸制度が関わってくるや否や、横滑りの危険性が出てくる、というわけである。それゆえ政治は、道徳でも諸価値の総体でもなく顔の呼びかけである倫理によって、制御されなければならない。問題であるのは、道徳を、ましてや政治を、諸感情や諸価値によって基礎づけることではない。そうではなくて、顔が、言い換えれば、各人の唯一性、したがってまたあらゆる他者の唯一性が、そして私の責任が、倫理の源泉である――そしてこれらが政治に諸限界を定めるのである。

したがって、政治が二次的なものとされること、政治は倫理の後に置かれわれわれの監視を要していること、これらは次の理由から正当化される。それは、他者の事物化と脱人称化の傾向が、比較、諸規範、諸法、そして諸体制に内属しているという理由である。これらは、諸々の主体を諸カテゴリーのなかに入れたり、諸々の主体に諸規則を適用したり、今日言われるように、人材管理をしたりするために、諸主体を中性化してしまうのである。

だが、正しい政府とは寝室に介入することのない制限された政府であるとしても、これにはまた次のことも含意されている。それは、諸個人が国家に、自分たちのための特別な法や自分たちの世界観を反映した法を発布するよう要請してはならない、ということである。各人は多元性を尊重せねばならない。この多元性は、顔の他性と単一性を、そしてそれだけでなく諸存在のあいだの道徳的平等性を考慮することに由来する。それに加えて、第三者を勘案するならば、つまり他者たち——彼らは他人の例外性に対する私の例外的応答によって侵害されるべきではない——がいることを勘案するならば、そして法には特殊な場合に応じる使命も、諸主体に幸福を得させる使命もないという事実を勘案するならば、他人すなわち私の隣人が体制に要請できるものにも、諸々の制限がある。

最後に、倫理は内側から政治を変える。レヴィナスにとって社会は、ただ単に「人間は人間にとって狼である」という原理の制限だけを目指すのではない。社会はむしろ、「人間は人間のためにある[5]」という原理の制限から帰結する。この主張は、新たな自由主義を提案することに等しい。これが、第三者というレヴィナスの観念の意味である。第三者が指しているのは他者たちであるが、それは、これらの他者が交換可能な諸存在へと差し向けるという意味においてではなく、その都度「絶対的に異邦的なものとして私を見つめ[6]」ており、また「私を人類の兄弟関係のなかに参加させる[7]」、そのような顔を有しているという意味においてである。したがって第三者は、社会性を諸自由の外的調和としてではなく、あらゆる他者の迎え入れとして思考するよう要請する。別の仕方で言えば、社会性は、人類の兄弟関係に由来する責任と歓待性によって構造化されており、その人類の兄弟関係は抽象観念ではなく、他人の顔が私に教えるものなのである。

共同体は対面を保持しなければならない。共同体は倫理を可能にしなければならず、諸個人を、純粋に商業的な関係、さらには純粋に契約的な関係に慣らせてしまってはならない。それに加えて、われわれとは単に、互いに無関心で、もっぱら〔短絡的利益追求とは別の行動を人々に促す〕よく理解された利益によって結ばれた諸々の私の連合体ないし寄せ集めなのではない。明らかにわれわれとは、同じ血からなる共同体における諸々の私の融合ではない。しかしながら、レヴィナスが考えるような政治共同体は、正義についての自由主義的な理論家たちのそれよりも実体的内容をもっている。というのは、社会性は、レヴィナスにとって、兄弟関係に基づいているからである。自由主義的民主主義を内側から脆くしてしまうあらゆるものと闘うために、レヴィナスは独自の反省を提出している。そして第三者の概念は、他者たちが他人において現前しているというのはどのような意味においてなのかを明確化しているかぎりで、その反省の根底的な要素なのである。

第三者は他人を通じて私に語りかける

「他人と他者たち」。これが、『全体性と無限』の「顔と倫理」章のある節のタイトルである。レヴィナスが第三者について語っているのは、〔当該の章が置かれた〕このテクストの第三部においてであり、他人の顔による殺害の禁止を俎上に載せた直後である。彼がこの箇所から示唆するのは、他人の顔の上に私が人類を見るということである。

私が他人に出会うとき、「顔の現前化――表出――は、内面的世界を露出させるわけではな」く、この現前化は、「〔……〕発話がわれわれのあいだで共有化した所与を超えたところで私に呼びかける」[8]。別の言葉で言えば、「〔……〕「われわれのあいだで」起こるあらゆることが、皆に関わる」[9]のである。たとえ私が関係を内々のものとし、隠密のものとしようとしても、顔は「公的秩序の明るみのもとに位置している」[10]。したがって、倫理は即座にこの共通世界と他者たちへ開くのである。倫理的契機は例外的であるが、それと同時に、他者たちを含んでいる。第三者はすでに、他人を通じて私に語りかけている。「言語は正義である」[11]。

倫理は、恋愛の二者関係におけるような、愛する人物とのあいだにもつ特殊な関係と同一視されない。このような関係において人は、公的な秩序を離脱し逃れようとする傾向をもつ。他人との出会いは人類へと開く。というのも、顔とは無限の痕跡だからであり、またこれから見るように、そのなかで自分が他人へと捧げられていると感じるところのこの呼びかけにおいて、神が観念に到来するからである。他人との出会いのなかにはつねに、私と君以上のものがある[12]。それゆえ第三者の観念は、倫理から政治への移行を考えるために根底的なものであるだけではない。この観念は、他人への関係において働いているものを十分に理解するためにも、重要なのである。

私が他者に応答するとき、私はその人に対するこの譲渡不能な責任を引き受け、その人に具体的に救いの手を差し伸べる義務を負う。それゆえ、共通の所与が、外的世界のなかに現れる何かがある。すなわち、予約すべき病室、準備すべき食事などである。さらに私は、原則上人間存在が平等だと見なされている世界のなかにいる。したがって、レヴィナスが「顔が顔として公現することが人間性を開く」[13]と書くとき、彼が言わんとしているのは、次のことである。すなわち、私に対して貧者や異邦人の赤貧を提示する他人の顔は、私を倫理へと導き入れる際、私を共通の傷つきやすさ、共通の人間性という観念へと差し向けもする、ということである。共通の傷つきやすさ、共通の人間性を、一つの種への帰属と結びつけてはならない。それは兄弟関係である。

普通、政治においてわれわれは、自由として考えられた主体から出発し、トマス・ホッブズを範として、社会性を次のような諸個人の連合と解釈する。それは、自然発生的には共通善を見ることがなく、希少な善〔財《ビヤン》〕を手に入れるために互いに敵対関係にある諸個人である。この闘争状態を解決するために、各々の人間存在に付与された諸権利の体系が設置される。その次には、法が、その強制力によって、それぞれの事物についての各人の権利から帰結する諸闘争を制限するのに役立つ。ホッブズの後続者たちは、人間は人間にとっての狼であるという事実や、戦争状態である自然状態を制限する必要性に依拠する、このような人間学がもたらした諸帰結から逃れようと試みた。彼らは、とりわけルソーの著作に見られるように、個人と社会性についてのホッブズ的な考え方を存続させながら、絶対主義を避けようとした。レヴィナスは、平和が戦争に先行する、言い換えれば、私が他人を見つめるや否や人類がそこにいると宣言することで、ホッブズの逆を主張する。重要であるのは、あたかも正義とは貪欲と強欲が全面的に支配する世界に事後的に導入されるかすかな希望であるかのように、人々に抽象的な原理を尊重するよう教えるのではなく、まさしく他人において人類が現前していることを、感じさせることなのである。

他人への関係のなかには、非対称性と同時に平等への開かれがある。この平等は、まず最初に権利の平等、権利要求の平等であるのではなく、「本質的貧しさにおける平等」[14]である。平等と同時に非対称性を考えることが意味しているのは、他人のための責任を、他人が「第三者を参照し」、他人が「〔第三者に〕仕えるために〔……〕私に加わる」[15]というかぎりのものとして、考えるということである。第三者は私と君のあいだの関係のなかにすでにいる。そして、傷つきやすさにおける他人との出会いは、諸存在のあいだの平等という次元を導き入れるのであり、この次元が正義の必要を説明づける。正義は、社会性の土台である。それは、各人があらゆる事物について行なう要求を遮ることを可能にする規則としてではなく、傷つきやすさにおける他者との出会いから生まれた平等として解釈されなければならない。私が他人に応答するために第三者が必要となるのは、まさにこの傷つきやすさによるのである。

契約論の論者たちとの訣別は全面的なものである。それは、とりわけホッブズとの訣別であるが、ルソーとの訣別でもある。というのも実際、彼らにとって人間とは、完成されており孤独である一つの全体だからである。必要が強いるのでなければ、真に社会性が存在することはなかっただろうし——ロック[16]を除く論者にとっては——市民の連合体以前に道徳は存在しない。反対にレヴィナスにとって、社会は諸個人の寄せ集めでも、平和を保障する諸規則を規定する必要に結びついた人工物でもない。社会はまた、相互利益によって動かされた諸個人によって構成されてもいない。レヴィナスは社会を間主体性と顔に依拠させながら、正義が社会性の根底的意味であることを示す。正義とは、社会の平和を維持するための単なる道具ではない。それは、私を倫理へと開くとともに私の政治的責任も際立たせる、他人の顔に由来するのである。他人は私の仲間となりつつも、師として私に命令するが、この命令は、「私自身が主人であるかぎりにおいてしか私に関わらない」[17]。かくして、「君はわれわれの前に置かれている」[18]のである。

われわれとは何を意味するか

「われわれであることとは、共通の仕事をめぐって、押し合いへし合いしたり、隣り合ったりすることではない」。君は、集団という綜合のなかで溶解しているのではない。「顔の現前——〈他〉の無限——とは赤貧であり、第三者（言い換えれば、われわれを眼差す人類全体）の現前であり、命令することを命令する命令である」。他人との関係は、私の自由を問いに付す。というのも、他人の実存が私に義務を課すからであり、私はもはや、本質的には、選択しまたその選択を変更する能力によって定義されるのではなく、他者への応答によって定義されるからである。それに加えて、自分が権利を有しているものだけでなく、他者の自由と実存が私と社会に要請するものにも目を向けることによって、私は客観的で共通のものである世界を言表する。[19] 別の言い方をすれば、他人の呼びかけへの私の応答ないし倫理は、他者の物質的必要、すなわち糧とケアの必要を引き受けることを含意しており、私にこうしたケアや歓待性を可能にする世界と諸制度を促進するよう義務づける。こうしたケアや歓待性は、公的援助や顧慮〔Fürsorge〕に差し向けるのではない。これらが含意しているのは、異邦人が迎え入れられ、われわれのもとで居心地よく感じる、ということである。これが、人との関係が私に義務づけるものだとレヴィナスが言う、「勧告」ないし「預言的発話」[20] の意味である。

他人の呼びかけへの応答は私を、しかじかの仕方で構造化されていて他人に具体的な解決策を提供できる——あるいは提供できない——そのような一つの世界のなかで、諸々の責任を負うことに導いていく。その意味でこの応答は、必然的に、政治参加へと続いている。臨床における状況は、倫理的責任から集団的責任へと続くこの連続的発展のよい例証である。というのも実際、看護者は個別的な仕方で患者に応答しているからで、このとき患者は、唯一無二のもと見なされているのと同時に、その傷つきやすさと他人を必要としているということによって、われわれの共通の人間性を証する存在としても見なされている。それに、看護者が献身的なケアを行なっているのは客観的な共通の世界においてであり、特殊な諸体制の内部なのである。したがって看護者の責任は、全面的で譲渡不能であり、この単独の病人へ宛てられたものであると同時に、集団的責任と分離不可能であり、医療機関に結びつき、また他の患者や公的資金の勘案に結びついている。最後に、病人への応答はつねに例外的であるが、それと同時に、他の患者に対して不正なものであったり、他の患者の権利を侵害したり、他の患者から権利を奪ったりすることはできない。

　他人の目のなかで第三者が私を見つめており、君がわれわれの前に置かれているという事実は、われわれが提唱する傷つきやすさの倫理学に関して言及したところの、他性についての三重の経験を明示的にしてくれる。顔としての他人は、死を定められており傷つきやすいがゆえに、私に呼びかけを発するのであるが、この他人への関係は、身体の変質と、精神性の不完全性すなわち受動性と、自己の内なる他性である責任とのあいだに存在する連関を明るみに出す。そしてこの責任は、第三者に対して、すべての他者に対して、そして共通の客観的世界に対して、私に義務を負わせもする。その世界とは、私の活動が繰り広げられる世界であり、また、より公正であったりより公正でなかったりする世界である。

　したがって、顔を起点に社会性を考え、政治思想を責任に依拠させることは、次のことを認めることである。すなわち、倫理は二者関係に制限されないこと、そして倫理には、自分たちの政治共同体と自分たちが依存する諸体制において他者の迎え入れないし歓待性が可能となるよう、私たちが働くということが含意されていることである。同様に、諸規範をもち諸資源を共有化する必要があるとしても、正義は、諸財の公平な分配とこれらの財の平等な獲得という問題――この問題は根底的ではあるが――に制限されない。正義はまた、諸原則や諸手続きに還元されることもない。正義は本質的に、責任、顔が露わにする意味、そして兄弟関係《フラテルニテ》に結びついているのである。

「絶対的な異邦人として私を見つめる顔を面前にした私の責任〔……〕こそが、兄弟関係の原初的事実を構成する」[21]。兄弟関係は、他性・差異・分離に結びつけられている。兄弟関係は、似た者たちの共同体を指すのではないし、遺伝学に基づいているのではない。それは、他人と関わっていると感じることに基づいている。古典的な社会契約においては個人が優位にあるのに対し、レヴィナスにとっては、関係が第一である。他者へのこの関係が、兄弟関係に意味を付与する。

私の迎え入れに対して顔が現前するのは、廉直さ――優れた意味における近さ――においてであるが、この廉直さに社会が釣り合うためには、社会は兄弟たちの共同体でなければならない[22]。

他人と他者たちに対する責任は、自由を内側から変様させる。兄弟関係は、平等と自由をつなげる。反対に、政治的自由主義においては、主体的諸権利が個別的自由に、またそのうえ自己肯定に奉仕している。そして平等とは何にもまして権利主張であり、各人の貪欲や支配欲を制限するものである[23]。兄弟関係――レヴィナスにとって、それは兄弟関係の社会的次元における表れである連帯のための根拠である――は、政治的自由主義の哀れな子供である。これは、ときとして主体の道具と見なされる人権が、民主主義を脅かす内側外側の危険から民主主義を守るのに十分ではないことの理由の一つですらある。レヴィナスが人権についての現象学において、自由・平等・博愛〔友愛・兄弟関係〕を結節させることの仕方を、われわれはもう一度見出すことになろう。レヴィナスによれば、人権は次のことを証している。それは正義が単に、また本質的に、権利に関わる事柄だというわけではないということ、正義の意味はとりわけ、顔としての他人との関係のなかに見出されなければならないということである。
したがって、レヴィナスにとって平等は、他者が同者に命令するところで生起する。というのも、他人の呼びかけへの私の応答は、他者たちにとって不正なものであることができないからである。他人への関係が〔私を〕普遍性へと開く――そしてこの普遍性は、全体性ではなく兄弟関係を指している。われわれはまさに非対称性から出発して正義へと、つまり平等へと赴くのであって、倫理を思考するために各人の平等な尊厳の原則を置くときのように、その逆なのではない。

発話は、同質的ないし抽象的な環境のなかで創設されるのではなく、救援と贈与がなされるべき世界において創設される。〔……〕多数性は全体化を拒絶するが、兄弟関係と言説として浮かび出てくるのであり、多数性は本質的に非対称的な「空間」のなかに位置づけられる。(24)

この箇所では、レヴィナスの倫理を義務の道徳から隔てているものをすべて見ることができる。もちろんそうだとしても、公的空間を構造化し、諸制度を公正なものとするためには、諸規範を打ち立てる必要があることに変わりはない。

第12章　正義において私は何をなすべきか

第三者はもう一人の隣人である

『全体性と無限』から『存在の彼方へ』のあいだに、レヴィナスは第三者についての反省を、また概して、倫理と政治の関係についての反省を深化させている。兄弟関係〔友愛〕の観念、そして私があらゆる他者に捧げられているという事実は、より広範な次元を有するようになる。それは、責任に先立つ責任、あるいは落ち度なき有罪性に結びついた次元である。こうした責任ないし有罪性が、一九七四年の著作で分析されたような、身代わりと選びとしての主体性を定義している。聖書のテクストが、これらの観念すべてに、新たな角度から光を当てている。というのも実際、『存在の彼方へ』の最終章でレヴィナスは、無限の栄光と証言が問題となる際、第三者の観念に立ち帰り、他人と他者たちへの関係と、彼性、すなわち神の観念とを結節しているからである。

　レヴィナスにとって、他者を思考する二つの仕方がある。他人ないし私の隣人、言い換えれば、顔と第三者である。第三者は、他者たちを指しており、それはもう一人の隣人である(1)。第三者とは私の隣人ではなくもう一人の隣人であるという発言は、強い意味をもつ主張である。この主張が意味しているのは、倫理が正義と区別されるということ、ただし正義は非人称的ではありえず、あらゆる人間存在に関わっているということである。もう一人の隣人としての第三者は〔人々の同質的な〕塊に対置される。またそのような第三者は、義務論的道徳におけるような抽象物でもない。レヴィナスは、ヘーゲルとカントが道標を立てた道とは別に、独自の進路を開くのである。

「正義が、言い換えれば、諸々の顔の比較、共存、同時性、類似、秩序、主題化、可視性が、そしてそこから、志向性と知性が必要なのであり、〔……〕体系の知解可能性が、そして〔……〕またいわば正義の法廷の前へ平等に共現前することが、必要なのである」[2]。ラビたちの伝統におけるように、正義は二つの契機において表現される。すなわち、正義の法廷が、ある告発について責任を負うべき個人の行為を裁くという契機と、最も悪質な犯罪者であってもその単独性において把握されるという、もう一つの倫理的契機である。第一の契機において審判者は、被告人の顔を見ないし、その被告人の特殊な状況を考慮しない。第二の契機においては、それがなされる[3]。

正義はまた、病人に識別番号を与えること、マニュアルと事務的規則を適用することも説明する。比較不能な者たちの比較は、指標を得るという目的のもとでなされる。というのは、規範とマニュアルが、諸々の特殊な事例を起点にした一般化や帰納から生まれるからである。そうした特殊な事例は、効率、平等な治療、差別の排除という狙いのもとで合理化される。問題が出現するのは、諸規範がケアに置き換わるときであり、これら諸規範を望ましいものとしたもの、すなわち唯一無二の存在への個別的応答とケアの質が、忘れられるときである。

　したがって、責任は《語られたこと》の背後の《語ること》を決して忘れないことに存しているが、他者の《語ること》を私の《語られたこと》と取り替えないよう注意する必要がある。《語られたこと》は現象に差し向けるが、他人は、世界において自己を表出させるにもかかわらず、自己の現象を超えるからである。他人が現前させるものや諸現象は、共通で客観的な世界――私はこの世界に浸っており、また正義の問いや比較可能なものの問いはこの世界のために提起される――の部分を成しているが、これらがこの他者のすべてを露わにするのではない。関係が言語であり、言説であり、発話であり、すなわち《語られたこと》と《語ること》を行き来する小道であるのと同じく、一人の他者のケアをすることは、《語られたこと》と《語ること》を同時に勘案することに存している[4]。

　最後に、正義とは比較であっても計算ではないから、それは「近さの非対称性の修正」であるだけでなく、「彼性との新たな関係」である。「神のおかげ〔恩寵〕でのみ、〈他人〉と比較不能な主体としての私が、他者たちと同じような一人の他者として扱われるのである[5]」。

　正義において私は何をなすべきか[6]。もちろん、正義とはただ平等原則によって命じられた必要物であるだけではない。レヴィナスによれば、平等とは原理ではない。平等とは、「すべての他なる人間にとっての兄弟[7]」である他人を前にして、他人がその痕跡であるところの無限を私が意識するや否や、私に強いられるものである。私が他人に直面しているときからすでにつねに第三者がいるというだけでない。それに加えて、「「神のおかげ〔恩寵〕で」私は他者たちにとって他人である。〔……〕この援助ないしこの恩寵への言及による以外に私がそれについて語れない神の「過ぎ去り」とは、まさしく、比較不能な主体から社会の構成員への転換である」(8)。

倫理と政治のあいだの移行と、他人の顔における他者たちないし第三者の現前は、次の事実によって説明づけられる。すなわち、隣人に対する私の関係は、私と君が突き合わせられることなのではなく、無限の痕跡としての顔によって可能とされた兄弟関係《フラテルニテ》への開けだ、という事実である。神が観念に到来するのは、私が他人に、あらゆる他者に、そしてとりわけ異邦人に捧げられているということにおいてであって、自我の自己自身への関係においてではない(9)。

『存在の彼方へ』では、『全体性と無限』以上に、ユダヤ的伝統からレヴィナス哲学へもたらされたものが目に付くが、倫理と政治のあいだの関係が新たな次元を得て豊かなものとなるのは、とりわけこの『存在の彼方へ』においてである。その新たな次元によって、一つの普遍を思考することが可能となるが、それは抽象的な普遍なのではなく、彼性である。それは、あらゆる人間的人格に対する尊重を命じる原理なのではなく、殺害の禁止と異邦人の迎え入れが由来するところのものである。隣人としての他人は無限を表出し、他者たちに対する私の関係に意味を与える。その際、これらの他者が私と同じ政治共同体に属していたり私に似ていたりする必要はないし、私が他者を同胞市民として、すなわち「一つの類のもとに身を置いた人物」として、「自らに一つの類を与えた人物」(10)として、同定している必要はない。一つの類に入れられる諸個人との関係とは政治を指しており、この関係はアテナイに由来する。対して隣人としての他人との関係は、聖書に由来する。第一の関係は正義であり、第二の関係は慈愛である。
次のように自問することができる。ある神――レヴィナスはその本質を定義してはいないが、この神は他人との出会いにおいて、特に、私の隣人と見なされた異邦人との出会いないしその迎え入れにおいて、観念に到来する――が不在であるとき、他人との関係には契約的な意味しかないのだろうか。また、そのようなとき、この関係はまず初めに戦争状態として考えられるものなのだろうか。『存在の彼方へ』――この著作でレヴィナスは、他人との出会いのなかで作動しているあらゆるものを言い表すために形而上学からその身を引き剝がしており、またこの著作では、倫理的、政治的、精神的といった、意味のさまざまな次元が重なり合っている――のなかでは、この問いは宙吊りのままである。[11]
他人は私を他者たち、人類、兄弟関係へと開くのであって、同胞市民たちへと開くだけではない。「他者たちは一挙に私に関わる」[12]。レヴィナスにとって正義が二次的なものであるのは、まず初めに他人への関係があって、次に、個人的には知らないけれども忘れてはならない他者たちへの関係がある、というような意味においてではない。正義が二次的であるのは、それが、比較不能な者たちを比較するために求められるからであり、倫理によって要求されるからである。「他者の近さにおいて、他者以外の他者たちがみな私に取り付いており、すでにこの取り付きは正義を声高に求め、尺度と知を要求する[……]」[13]。加えて、正義は権利の平等や資源獲得の平等を要求することに存しているのではなく、他者たちがこれらの権利を享受できないのを懸念することに存している。正しくあるということが意味するのは、自らの当然の権利をあらためて問いに付すことである。

いかなる仕方においても正義とは、強迫の衰微、［……］無始原的責任の制限、無限の栄光の「中性化」［……］ではない。［……］正義は次のような社会においてしか正義であり続けることはない。それは、近しい者たちと遠い者たちのあいだの区別がない社会、しかし最も近しい者たちを見て見ぬふりして通り過ぎることが不可能であり続ける社会である。また、万人の平等が私の不平等によって、すなわち私の義務が私の権利を上回っていることによって支えられている社会である。自己忘却が正義を作動させる。[14]

レヴィナスはここで、正義の意味について語っている。唯一無二の者としての、そして「その人間的統一性における」他人と出会うこととは、「その人を見捨てることではない[15]［……］」。さらに、他者によって、あらゆる他者によって、「ひとが絶対的に権利を有するところの恵みの大地という考えが問いに付される[16]」。正義をこのように責任に照らして思考することによって、法、規範、国家、そして人権は、われわれのエゴイズムのために使用される道具となることを免れる。それらは、他人のための恐れを前提し、また「理性の理性性そのものないしその普遍性」である正義の同盟者となる。そしてこのことによってのみ、本当の平和が可能になるのである。[17]

私の存在する権利について責任を負うこと

倫理がどのような意味で政治に霊感を与えるのかを理解し、身代わりにまで達する責任がどのように主体性を変容させるのか、そしてしたがってまた「正義」という語が何を指しているのか見るにあたって、『観念に到来する神について』の「存在の意味」と題された箇所はきわめて重要である。まさにこの箇所――レヴィナスは対談で複数回ここに言及している[18]――を起点にして、レヴィナスの政治に関するテクストを読み直すことができる。自己保存ではなく他者のための恐れが、他者たちへの関係を構造化し、またわれわれの資源の利用法を指図してさえいる。

自分の存在する権利について責任を負わなければならない。何らかの匿名的な法や司法的存在体という抽象物に準拠することによってではなく、他人のための恐れにおいて。[19]

他人のための恐れと他の人間存在の権利が、主体の中心に据え置かれると、主体が考えるのはもはや、自分が権利を持ちうるものについてではなく、他者たちから取り上げてしまうかもしれないものについてである。

私の「世界内」ないし「私が占めている陽の当たるところ」、私の我が家は、他の人間のための場所の横領であって、その人間はすでに私によって虐げられ飢えさせられているのではないか。意図や意識のうえでは潔白であるにもかかわらず、私の実存が成し遂げてしまうかもしれない、あらゆる暴力や殺害への恐れ。この恐れは私の「自己意識」の後方へ遡る。存在への純粋な固執がどのよ

うに良心へ向き直るとしても。(20)

したがって、他者たちの実存、言い換えれば他者たちが糧と空間を必要としているということ、そして他者たちの死の定めは、私の自由、そしてあらゆる事物についての私の権利を、あらためて問いに付すのである。倫理は諸原則にも、善いことと悪いことについての硬直した考え方にも、諸価値にも結びつけられていない。倫理とは自己制限なのである。それは、全部を持ち去らないこと、自分を世界の中心だと考えないこと、他者たちに居場所を空けること、そして異邦人に対しその人が歓迎されているという合図を送ることである。

次のことに注目しておこう。このテクストでレヴィナスが示唆しているのは、われわれが他者たちに居場所を空けるのは、まさしく日常的な行為においてだ、ということである。このことは、倫理と政治は他人との出会いとともに始まるのではなく、他人はすでに糧へのわれわれの関係のなかに現前している、というわれわれの考えを補強する。いずれにせよ、他人の現前は、世界や他者たちに期待できるものではなく、他者と他者たちが私と社会に要請するものを思考するよう、私を導いていく。レヴィナスにおいて主体は、その自由を任命されており、また他人について責任を負っている。この主体は、不平不満――自分は十分に金銭を受け取っていないとか、自分は十分に認められていないとか――の様態性において政治共同体に関わるのではない。この主体は、他者たちに何かが不足しているかもしれないということ、自分にはこの状況についての責任があるかもしれないということを、懸念するのである。政治共同体そのものも、自分に給付金やサービスを提供してくれる仕組みとは見なされない。私は、他者たちを保護し社会的正義を促進するようそれを監視するという意味において、政治共同体を気遣うのである。

正義とは、敵対する力同士を調和させる「社会的均衡」の技術がそこから引き出されるところの、人間たちの塊を規制する適法性ではない〔……〕。正義は、それをなす者自身が近さのなかに見出されるのでなければ、可能でない。〔……〕正義、社会、国家、そして国家の諸体制——交換と労働——が近さを起点に理解されるということが意味するのは、どんなものも、一者が他者に対しても つ責任による制御を免れないということである。[21]

正義とは単に、社会平和に役立つ勢力均衡なのではない。正義は、労働、税制、資源の利用法、権力の分配に霊感を与えるべきものである。経済や税制を管理する、安全を保障する、文化を促進する、等々の責務を負う国家は、これらの活動がそれぞれ単独の存在に宛てられていることを忘れてはならない。公共政策の恩恵を受ける個人について言えば、個人は正義の感覚をもっていなければならない。この感覚は、個人を責任と他人のための恐れへ、言い換えれば近さへ差し向けてくれる。こうしたことがなければ、平等、自由、正義、そして連帯は、単なる標語でしかない。

レヴィナスはここで政治的なものについてのある現象学を素描している。この現象学が想定しているのは、各人が次のことを理解することである。それは、他人への関係と社会性の意味が、よく理解された利益を超えている、ということである。まさにこの条件のもとで、個人主義との闘いが可能となる。レヴィナスは個人主義をはっきりと名指していないが、暗黙理にそれを告発しているのである。最後に、レヴィナスは、どのように統治するか、どのように権力を奪取し維持するかという問題に特に関わるものである政治〔la politique〕に関心を寄せてはいないが、それでも政治的なものについて、言い換えれば、民主主義の維持を可能にする諸条件について再考している。レヴィナスは暗に、自由主義的民主主義の不活性化、および自由主義的民主主義からその正反対のものへの転換の原因となっている二つの暗礁に対して、代案を提出している。その二つの暗礁とはすなわち、テクノクラシー的な規則の総体へ還元された政策への政治的なものの溶解と、今日の諸争点をアイデンティティの観点で解釈する、攻撃的で欺瞞的なナショナリズムである。

もう一つのヒューマニズム

Un autre humanisme

第VII部

レヴィナスは、「任命された自由」に基づく政治、つまり顔としての他人が諸々の主体の正当な権利の問い直しを課すという事態を真面目に受け取る主体たちに基づく政治が何でありうるのかを示すことで、『全体性と無限』を結んでいる。レヴィナスは、自らの政治思想の根本的な諸要素を同書の結論部分において凝縮させている。同書の序文は戦争で始まっていたが、持続的な平和の諸条件についての省察で締めくくられるのである。「結論」の第11節でレヴィナスが示唆しているのは、諸個人は平和の主要な番人であり、それゆえ人間の諸権利の深遠な意義を理解することを想定するヒューマニズムの番人であるということである。この節は、数年後に発表される「無名」に関連づけられなければならない。レヴィナスは、全体主義の危険と脱人間化に抵抗する手段をショアーの後にやってくる世代の人々に授けるには、どのような教育が必要かについて考えている。彼はこうした課題におけるユダヤ教の役割を強調しているが、その野心は、第二次世界大戦が引き起こした伝統的道徳の崩壊——実のところ、この崩壊は第一次世界大戦に遡り、哲学における存在についての考え方をも反映している——の後、文明化の過程を再び始動させることである。

第13章　多元的様態、善性、平和

任命された自由

「顔との関係は善性として生起する。存在の外部性、それが道徳性そのものである」[1]。善性としての顔との関係は、ある種の社会における生き方を生じさせる。そして、他者が対抗者と見なされないことを前提とする多元的様態に強い意味を与える。諸個人が、他者の存在によって問い直される存在としてではなく、単に自由な主体として見なされるならば、彼らは互いに見つめ合うのではなく、「否定しあう」[2]ことになる。現代的な言葉で言えば、社会の細分化が存在することになる。資源が十分にあるかぎり、諸個人は支え合うが、各自は自分の幸福を最大化することだけを考え、他人を脅威として見なす。このような世界においては、相互的な尊敬は表面的であり、あるいはぎこちないものであり、尊敬は善性からではなく計算や相互の利益から生じるだろう。また、われわれと間近に接することのない人々に対する無関心が席巻し、他者たちは非-我となる。

対抗的な自由の戯れに基づく自由主義的な社会において主体たちは並置されているのに対して、ファシズムの社会において多数性は全体性のなかに解消される。これら二つの社会的・政治的機構は互いに対立するが、共有している点が一つある。誰も他者の顔を見ないという点である。実際、個人主義と無関心が君臨する民主主義において、他者は道具化されている。「いかなる関係も多数性のただなかにおいて」「ある存在の別の存在による把持」[3]を行なうのみであり、主体は一切を自らに帰着させる。それとは反対に、自由が任命されたものであり、人が他人と関わるとき、多数性は単なる共存ではなく兄弟関係である。

レヴィナスは、自我をして他者を非－我として見なさせるエゴイズムが暴力の萌芽を含むと認めている。

> 認識や暴力は、存在を実現する諸々の出来事として、多数性のただなかに現れるだろう。共通の認識は、諸存在の多数性、理性的体系のただなかにおいて、統一性へと、つまり現出へと歩を進める。諸存在の多数性、理性的体系のただなかにおいて、これらの存在は対象にすぎず、自らの存在をこれらの対象のうちに見出すだろう。[4]

かくして、主体が他者との出会いを経験しないほどにまで自分自身に閉じこもっているとき、自由主義的な民主主義は自らの実質を失うのである。自由主義的な民主主義は長期的には格差の拡大ならびに暴力の台頭に抵抗する手段を持ち合わせていない。というのも、このような民主主義は、関係が第一であることを認めない主体たちのばらばらの自由に基づいているからである。

ここでわれわれは現象学に割り当てられた重大な役割を認めることができる。現象学は倫理を他人との関係の次元として示し、他者たちを物化するにいたることもある日常生活で消されてしまう諸々の意味を呼び覚ますのである。さらに、現象学によって、他人の尊重と人権を促進しようとする社会が要請するものの重要性を認識することが可能になる。各人の尊厳の尊重、自由、平等といった民主主義が依拠する諸原理を繰り返すだけでは十分ではなく、これらの諸原理を基礎づけているものを経験しなければならない。というのもファシズムは、政治的に顕現する以前に、諸存在の心理的構造において、主観性と間主観性において用意されるからである。さまざまな歴史哲学や存在論が――とりわけハイデガーの哲学は釘づけにされた存在についての思考であり、存在に釘づけにされた思考であって、多元性の意味を取り逃すことを余儀なくされている――ファシズムへの道を開いただけに、ファシズムはよりいっそう容易に始まることになる。

科学的思考においてであれ、学知の対象においてであれ、また最後に理性の現出として解された歴史、暴力それ自体が理性として立ち現れる歴史においてであれ、哲学は存在の実現として、言い換えれば、多数性の抹消による存在の解放として姿を現す。(5)

レヴィナスは時事的問題について一切分析を行なっていないが、この点において、ナチズムと社会の官僚主義化を生み出した悪を診断したアドルノやホルクハイマーというフランクフルト学派の創設者たちに非常に近いように思われる。彼らにとって、これらの現象は歴史の偶発事ではなく、本質的には、全体主義をもたらした代表者たちの個性によってのみ説明されるのでもない。これらはまず、他人に対する関係の意味を失っている諸存在において、また覇権主義的・全体主義的な合理性の網に囚われた諸存在において生まれるというのである。このような風潮は戦争が平時においてすでに現前していることを垣間見させるものだが、この風潮から抜け出るためには、ある哲学、すなわち他を同に還元する存在についての言説と手を切る必要があり、あるいは、アドルノのように、ヘーゲルの弁証法に対置される否定弁証法──差異の意識と同様に主体と客体の非同一性を肯定する──を提示する必要がある。

「認識は把持、掌握、あるいは把持に先立って把持する視覚による〈他〉の抹消になってしまう。本書では、形而上学はそれとはまったく異なる意味をもっている」[6]。非-構成の現象学は、俯瞰的な合理主義──現実の全体を前もって把持し、それを包括することを主張し、他人の他性を消滅させる──に対置される。形而上学に関しては、それはもはや、伝統的神学や存在神学とは異なって、本質についての言説を指し示すものではなく、欲望、言い換えれば、他性や関係との関わりについてのものとなる。「形而上学の運動が超越者それ自体へ向かうのだとすれば、超越は存在するものの我有化ではなく、その尊重を意味する」[7]。他性を思考するとは、概念およびその統御を免れるものを把持しようとすることなく他者を超越者として見ることである。こうした把握がなければ、尊重によって発話することは不可能であり、さもなくば、空虚な言葉を連ねるだけである。人は「道徳に騙されている」。というのも、他者はカテゴリーのもとに包摂され、道徳と正義は諸原理の適用、諸規範の尊重、ある類への帰属の認識から派生することになると考えられるからである。

われわれはここで、レヴィナスによって考えられている尊重が、カントが尊重を思い描く仕方とどのように異なるのかを見定めることができる。後者にとって、尊重が存在するのは、法の主体であり、法を体現するかぎりにおいての人格に対してのみである。普遍的なものはいわば個別的なものを押しつぶす。レヴィナスにとって、〔普遍的なものと個別的なもののあいだに〕通約不可能なものがあるが、他人の超越の尊重は、その特異性が脇に置かれることを想定していない。さらに、道徳を構成するのは、道徳法則に対する関わりや義務ではなく、外部性である。

レヴィナスは人権の哲学について、各個人の自由に認められた重要性から生じたものだとしつつ、その妥当性については議論していない。同様に、彼は倫理と政治を諸々の感情に基礎づけることもしていない。ただし、他人の外部性が倫理と政治の源泉であると述べることによって、レヴィナスは国家と諸制度が、「任命された」かぎりでの自由に基礎づけられていなければならないと示している。つまり、このような自由は完全に孤立的なものないし絶対的なものではないため、この自由は政治的自由主義のうちに見出される主体の至高性への準拠から区別されるということである。要するに自由は、他人によって内部から変貌させられ、他人によって、また他人との関係が主体に教えることによって、息を吹き込まれるのである。実存主義とは反対に、問題なのは主体の自由によってその生を正当化することではなく、主体の自由を正当化することである。

自由の正当化

近現代の道徳哲学および政治哲学とレヴィナスの隔たりは、他人および他者たちの存在と現前ゆえに、自由のみによって主体が定義されることが妨げられるという点にある。さらに、彼は「私の自由の正当な権利」を審問することによってこそ、社会を脅かす内的ならびに外的な危険から自由主義的な社会が守られるとしている。かくして彼は、主体が自分自身にしか関わらず、主体の自由が自己の肯定しか目的をもたないという哲学的な考えを告発する。通常、政治的自由主義と人権に結びつけられる人間と社会性についての考え方をレヴィナスは、もう一つのヒューマニズムに結びつけ直す。このヒューマニズムは、もはや分離した主体の個別的自由には基づいておらず、責任に基づくものである[8]。

事実、各人のエゴイズムを抑制すると見なされている法が友愛〔兄弟関係〕の不在を取り繕うだろうと思い込みつつ、ある人の自由の正当な権利を他者の自由の正当な権利に対立させるならば、人権の現象学的意義は見逃されてしまうだろう。反対に、他人との関わりについての現象学的記述から派生する他なる人間のヒューマニズムに人権を基づかせることによって、人権は豊かな意味を獲得し、それによってより正しく連帯的な仕方で社会を組織することが可能になる。

「われわれは非合理主義者や神秘主義者ではない〔……〕自由に対して正当化を要求するからといって、自由に反対しているのではない」[9]。契約論に固有の合理主義、換言すれば、相互性および相互の利益という契約論の論理を離れるからといって、われわれは非合理主義に陥るわけではない。同様に、自由に正当化を求めることはあらゆる存在を服従させたいということを意味するわけではない。問題はただ、自由は孤立したものではなく、われわれは自由によって自由を正当化できないということである。いかなる意味において、正当化の原理は自由ではなく責任であるとレヴィナスが見なしているのかを理解するためには、レヴィナスをサルトルに対置すべきだろう。サルトルは自らの生を参加〔アンガジュマン〕によって正当化することを厳命する。重要なのは、自らの実存の偶然性ならびに事実性に結びついた不合理な感情を乗り越えるために、自らの実存をもって何かをなすことであり、自らの行為を歴史のうちに書き込むことである。実存主義において、人は自由によって自らの生を正当化するのであり、たとえ参加が政治的射程をもつのだとしてもまずは自己のために参加する。ハイデガーにとってのように、無と不条理に対抗することも目的である。それとは反対に、レヴィナスによれば、自由は何も正当化しない。他人への関わりだけが自由に意味を与えるのである。

「理性と自由はそれより先に存在する諸構造において基礎づけられていると思われるのだが、形而上学的運動、尊重、正義——真理と同一である正義——が、それらの原初的な諸構成を描き出す」[10]。自由と理性は顔と他人に対する責任に基礎づけられている。政治は倫理ではなく、国家と諸制度は複数のエゴイズムの共存を組織するためにあるのではない。責任が任命された自由であるということは、自由は破壊されるのではなく、屈折させられることを意味する。レヴィナスは、解放という理念に反対しているわけではない。というのも、彼によれば、制度ではなく、個人の意識こそが倫理と政治の柱であるからである。自由は保持されるだけでなく、豊かになる。ただし、任命された自由を考えるためには、真理を自由に基礎づけてはならないということである。

「真理における正当化は、いかなる外部性からも独立したものとして置かれた自由に基づいてはいない」[11]。それゆえ、私は倫理の源泉ではなく、私は私を「自由なものとして命令する」[12]他者の呼びかけに応答するものである。レヴィナスが考えていたのは、正当化を要請する任命された自由のこのような逆説である。この逆説から倫理的・政治的な含意を引き出すことが肝要である。

本書は形而上学的外部性を記述しようと努めてきた。その観念そのものから生じた帰結の一つは、正当化を要請するものとして自由を位置づけることである[13]。

したがって、問いは、何のための自由かではなく、誰のための自由かということである。前者の問いはサルトルとハイデガーの問いである。彼らは真理を現存在ないし自由に従わせ、自由をそれ自体によって正当化している。それ自体において正しいものは何もなく、孤独かつ理由を欠いた自我こそが、諸事物に意味を与える。このことは、ハイデガーの先駆的覚悟性、サルトルの政治的参加、〔アンドレ・〕ジッドの無償の行為によって認められる。ジッドは『法王庁の抜け穴』[ii]において、無償の行為が自由に固有の眩暈を現出させることを示している。つまり、いかなる外的な真理にも基づかないため、主体は動機もなく、もっぱら自らの権能を享受するためだけに罪を犯し、無制限の自由、つまり恣意的

ii　アンドレ・ジッド『法王庁の抜け穴』三ツ堀広一郎訳（光文社古典新訳文庫）、光文社、二〇二二年。

な自由に固有の眩暈を体験する。

「自由に基づく真理の根拠は、自由自身によって正当化された自由を前提していた。自由にとって自らが有限であると発見することは最大のスキャンダルであった」[14]。被投性が人間の条件を定義する根源的なものとして見なされるや否や、人が死すべきであることの意識の結果として生じる不安から抜け出て、無化として見られた死のこうしたスキャンダルを乗り越えるには、不合理な応答によるしかない。それゆえレヴィナスは、次のように述べる。

ハイデガーの被投性は有限な自由を特徴づけており、それによって、不合理なものを特徴づけている。サルトルにおける他人との出会いは私の自由を脅かし、他の自由の眼差しのもとで私の自由が減退することに等しい[15]。

このような断言にサルトルが還元されないとしても、サルトルは他人との関係が羞恥、物象化、対象化の源泉であると見なしている。「地獄、それは他者たちである」。サルトルの哲学は本質的に自由の哲学であり、それに対してレヴィナスは自由に対する責任の優位を思考し、他人の外部性を倫理の源泉にするのである。同時代の他のユダヤ人哲学者であるハンナ・アーレント、テオドール・アドルノ、マックス・ホルクハイマー、レオ・シュトラウスと同様、レヴィナスは実存主義から区別される。実存主義者たちは一九四〇年代末から六〇年代、七〇年代にいたるフランス哲学の檜舞台を席巻した。超越論的理性の崩壊を受け入れ、彼らは普遍主義を放棄した。彼らは、主体ないし現存在が真理の原理であり、個人的であれ公的であれ道徳の原理であると見なしたからである。しかるに、レヴィナスが示唆するところによれば、彼らは自由をそれ自体に基礎づけつつも、民主主義の瓦解からわれわれを守り、さらには最悪の事態を回避する手段を提示していない。

実際、古典的形而上学の意味における存在論と、ハイデガーおよびその後継者による存在の思惟は、他性をそのものとして考慮すること、つまり外部性と超越と両立しない。他者を同じものへ還元することは学問において始まり、社会的・政治的な組織において現れ出るに先立って、人々の心に浸透する。

レヴィナスが強調するところによると、人は存在のうちにあるとき、《自己のため》の哲学のうちにあり、外部性も善性も真に理解できない。それとは反対に、他性の思想によって、存在なき他者は、この他者が他人であれ神であれ、それがいかなる類をも逃れるかぎりで理解されうる。非合理主義に陥ることなく、合理性は他者の超越に受け入れられるものである。合理性は暴力的でも覇権主義的でもないというのも、それは本質を掌握せず、カテゴリーのもとに他人を分類しないからである。

レヴィナスは、自らが近現代の哲学の大半から根本的に区別されることを意識している。実存主義であれ契約論であれ、その大半は自由の哲学である。伝統的なヒューマニズムはもとより、ハイデガーの思想との断絶が達成されるのは、レヴィナスにおいて、責任が主体を構成し、主体が自己への反省的な関係ないし自由によってもはや定義されなくなるからである。

他人の現前は自由の素朴な合法性を問いに付すのではないだろうか。自由は自己に対する羞恥として自分自身に現れるのではないだろうか。そして、自由が自己に還元されると、それは簒奪として現れるのではないか。自由の非理性的なものは、自由の諸々の限定に由来するのではなく、自由の恣意性が無限であることに由来する。[16]

自由が〔他者によって〕任命されるのではなく、自由それ自体に還元されると、自由は僭主的になり、「恣意性において〔……〕成就される」[17]。自由は称えられ、限界を知らない。レヴィナスにとって、「自由は自由によって正当化されず〔……〕真理のうちにあること」であり、それは「アレルギーなしに、つまり、正義において他人と出会うこと」[18]を前提する。

この文の後半は平凡であるように思われる。それはあたかも、レヴィナスが良い感情をもつことだけで満足しているかのようである。だが、そんなことはまったくない。彼が言いたいのは、他人に対して正しくあるためには、また他人の権利を外部から尊重するだけでなく正義において他人と出会うためには、存在論を抜け出る必要があり、《脱‐利害‐存在》において存在する必要があるということだ。アレルギーは、両立不可能性の結果として生じる攻撃に対する過剰な防衛反応である。アレルギーがここで指し示しているのは、私の場所を奪ったり私以上に受け取ったりする敵ないし対抗者として他人を見なすという事態である。カール・シュミットの著作において頂点に達する国家主義は、政治学が友‐敵の対立によって構造化されているという考えを伴っている。そうした国家主義はアレルギー的であるのだが、競争に基づく社会も同様であり、それは社会的な疎遠ならびにルサンチマンを生み出す。それゆえレヴィナスは、自己への配慮および自己の死に対する恐怖に代えて、殺人の禁止、他者に対する畏れと、他者のパンの窃盗に対する恐怖を置くのである。それはまた、他人に対するわれわれの両義性をわれわれに意識させるものでもある。

他人に接近すること、それは私の自由、生物としての私の自発性、諸事物に対する私の支配、「突き進む力」のこの自由、つまり、一切が可能な——殺人でさえもが——この激流を問いに付すことである。〈他人〉が生起する場としての顔を描き出す「殺人を犯してはならない」によって、私の自由は判断〔裁き〕に従属する。(19)

他人の実存は自我の自由を裁きに従属させる。というのも、自我に外的な真理があるからである。それとは反対に、ホルクハイマーは『理性の腐蝕』において、自由が真理の原理である際、外的な何者によっても自由を止めることはできず、われわれは、殺人の禁止の絶対性を基礎づけるいかなる基準も持ち合わせておらず、またその禁止が犯罪よりも擁護可能であると証明するいかなる基準も持ち合わせていないと述べるのである。(20)

レヴィナスは、自由に関するデカルト的主張をサルトルの実存主義につなぐ論理を強調し、後者に自らの哲学を対置する。レヴィナスの哲学においては、自由は孤独ではない。また、そこでは、道徳は社会慣習に基礎づけられておらず、さまざまな価値とも混同されない。道徳は意志ないし自由意志〔libre arbitre〕にも基づかない。そうではなく、道徳は外部性、つまり他人への関わりが暴露するものに基づいている。

真理への自由な同意〔……〕、デカルトによると、確実性のただなかで明晰な観念に同意する自由な意志は、自分のために理由を求め〔……〕、自由の厳密に個人〔人格〕としての働きに訴える。この孤独な自由は、自らを問いに付すことなく、せいぜいのところ挫折を被ることがありうるような自由である。道徳においてのみ、自由は問いに付される。かくして、道徳が真理の働きを司るのである。[21]

その際に重要なのは、自らの自由のために「無限な要請[22]」をもつことである。良い気分であることも、自分たちは自らの諸価値に適うように生きていると語る者たちの自尊心も問題ではない。倫理の源泉は外部性であり、また他人は無限を表出する――他人は無限の痕跡である――のであるから、そこにあるのは自尊心ではなく、不安である。私の唯一の確実性は、他人ならびに他者たちの呼びかけに決して十分に応答できないということである。私が誇れると考えられるような行為を成し遂げるときでさえも、私が良い気分になれるようないかなる結論にも到達しない。

こうした自己への無限な要請は、まさにそれが自由を問いに付すがゆえに――私が独りではない状況、私が裁かれる〔判断される〕状況に、私を位置づけ繋ぎとめる。最初の社会性である。人格的な関係は、私を裁く正義の厳格さのうちにあるのであって、私を赦す愛のうちにあるのではない。実際、この裁きは〈中性的なもの〉に由来しない。〈中性的なもの〉を前にして、私は自発的に自由である。(23)

レヴィナスは、責任や任命された自由という自分の考えが、ケアの倫理学者らにおける主体の関係的次元についての考えと混同されえないということを、彼らほど明白な仕方では表現していないが、完全で孤独な全体、原子と見なされる個人がフィクションであると考えた点では彼らと同様である。主観性の真理は責任にあり、この真理は第三者という正義の厳格さにおいて遂行される。第三者は中性的なものとは正反対である。なぜなら、第三者においてはすべての顔が現前しているのに対して、中性的なものにおいてはさまざまな差異がもはや知覚できなくなっているからである。中性的なものは、全体主義的な国家や官僚主義的諸規則によって完全に規制された社会に合致する。レヴィナスによれば、正義は情動に基づいていない。そうではなく、正義は社会的・政治的世界において無限への忠誠を翻訳することである。このことは、『全体性と無限』の最後の部分に見られるように、正義が、他人の顔において観念に到来する「神」という語が意味するものに結びつけられるということでもある。一九六一年のこの試論の最後の数ページにおいて意味が多層的に積み重ねられている。これらの諸層は、倫理、政治、精神といった、他人の顔へと通ずる複数の次元に関わるものである。このような層の重なりが、レヴィナスのテクストの理解を困難にさせると同時に、レヴィナスのテクストをきわめて示唆に富んで解釈に開かれたものにしているのである。

自己への無限の要請において、対面の二元性が生起する。このようにして神が証明されるわけではない。というのも、それは証明に先行する状況であり、形而上学そのものであるからだ。倫理は、ヴィジョンと確実性を超えて、外部性それ自体の構造を描き出す。道徳は哲学の一部門ではなく、第一哲学である。(24)

このように、他人の現象学的記述から帰結する倫理は、伝統的な哲学における意味と同じ意味をもはやもっていない。自然学をその幹とし、その複数の根の全体を形而上学とするデカルトの哲学的な木におけるように、倫理はもはや医学や力学に隣接する分野ではない。レヴィナスの第一哲学は存在についての言説ではなく、無限の痕跡たる他人への関係の意味として考えられた欲望についての言説である。

平和とは、まず私の平和である

レヴィナスは、「善性としての存在－〈自我〉－多元的様態－〈平和〉」と題された『全体性と無限』の最終節で、兄弟関係を起点として解された社会が何でありうるのか、そしてなぜそのような社会だけが持続的な平和を促進するのかをはっきり述べている。彼はこう書いている。

形而上学を〈欲望〉として位置づけることは、存在の生起――〈欲望〉を生み出す欲望――を善性として、幸福の彼方として解釈することである。[……]普遍性が対面という配置に準拠すると述べることは、(哲学のいかなる伝統にも抗して)存在がパノラマのように生起すること、つまり、対面がその一様態であるような共存在として生起することに異義を申し立てることである。[25]

普遍的なものは他人の超越の光において考えるべきであるが、この普遍的なものを考慮に入れる国家とはどのようなものでありうるのだろうか。この問いが『全体性と無限』の末尾でレヴィナスに付きまとっている。「パノラマ」という語の繰り返される使用には、十分な注意を払うだけの価値がある。パノラマについて語ることは、遊離してせり出した位置を取ること、人が複数の現象を概観において、つまり全体において集約することを想定している。しかるに、顔が地平にひびを入れることに加えて、社会は兄弟関係を起点として理解されなければならないとなると、パノラマ的視点をもつ可能性は排除される。レヴィナスが考えようとしている社会は、そこにおいて善性が「共存在の一様態ではない[26]」ような社会である。というのも、社会性は、愛ではないとしても、対面を起点として考える必要があるからである。このことはまた、諸個人自身が社会性を以下のように思い描いているということを前提している。

顔において第三者が啓示されることは不可避だが、この啓示は顔を通じてしか生起しない。善性は、パノラマのように差し出される集団の無名態に伝播して、そこに吸収されることはない。〔……〕善性には原理、起源があり、自我から生じてくるのであって、それは主観的なものである。[27]

レヴィナスは、人が普段倫理を思い浮かべる以下のような見方に異議を申し立てている。すなわち、社会の次元を一つの全体とみなし、倫理とは、そこにみなぎる紛争状態を鎮めうるとみなされた原理に関わる、という見方だ。レヴィナスによると、善性は「善性を現出させる個別存在の本性に書き込まれている諸原理を模範とするわけではないし〔……〕国家の法典に書き込まれた諸原理を模範とするわけでもない」[28]。それゆえ、善性は原理でも感情でもないのであって、つねに特異で予見不可能な呼びかけへの応答である。善性は、計算やよく考えられた利益の論理に従う代わりに、「どこかを知らずに」進むのである。

善性は、光を照らすいかなる思考――換言すればパノラマ的な思考――も先行しないようなところへ、どこかを知らずに進むことに存している。〔……〕善性は超越そのものである。[29]

善性の超越はプラトンのイデアを参照しているのだが、それによれば、善は存在の彼方である。これは『存在の彼方へ』を先取りしている。善性が超越そのものであると述べることは、善性が一民族、至高な存在者として考えられた神、イデオロギーに同定されず、「自我の善性である。自我だけが顔の命令に応えることができる」[30]と主張することに帰着する。このように、倫理は意識に基づいているのであって、諸制度や諸規範に基づいているのではない。

ただし、ヘーゲル的な普遍的なもの、およびヘーゲルが道徳を国家のうちに包摂する仕方に対立することは、キルケゴールのように、いかなる制度であろうと拒絶することを含意していない。

したがって、自我の体系への抵抗が、なおも幸福や救済を気遣うキルケゴールの主観性のエゴイスト的な叫びとして示されることなく、自我は善性において保持される。存在を〈欲望〉として措定することは、孤立した主観性の存在論と、歴史のなかで実現される非人称的理性の存在論とに同時に反発することである。[31]

レヴィナスによれば、諸制度の安定性は、平和の安定性のように、倫理に基づいている。換言すれば、個人が顔の教えを引き受ける仕方に基づいている。それにもかかわらず、倫理は一つの段階ではない。それは、美的なものと宗教的なもののあいだに倫理を位置づけたキルケゴールとは反対である。キルケゴールにとって、宗教的なものは倫理の上位にあり、道徳の目的論的中断を要請する。彼は、神に従うためにイサクを殺す準備のできたアブラハムをめぐって、そのように述べている。[32]レヴィナスにとっては、私の他人への関係においてこそ、私は神的なものの痕跡を見る。キルケゴールによれば、主体は〈絶対者〉を前にして孤独であり、間主観的な諸関係の性質は、主体の信仰の深さに依存する。[33] それとは反対に、レヴィナスにとって、聖書の諸戒律の意味は本質的に倫理であり、他人の呼びかけに対する私の応答を通じてこそ、私は無限を垣間見る。

間主体性の次元に含まれる、他者たちへの関係の、倫理的意味の、さらには精神的意味の重要性を意識すると、顔を正当に認める歓迎的社会、換言すれば、全き他者に場所を設ける歓待の政治を推進する歓迎的社会を促進することはより容易になる。「言語の本質は善性であり、さらには友愛および歓待である」[34]。他性だけが正しい政治を基礎づけるのだが、諸個人はこうした教えの意義を吟味する必要がある。というのも、「超越ないし善性は多元的様態として生起する」[35] のだが、この多元的様態は「可能な眼差しの前に陳列された布置の複数性」ではない、すなわち、一つの全体性、私がパノラマ的な展望をもちうるような、分離されてはいるが無差別的で無名の諸存在の総体ではないからである。多元的様態は「自我から他者へと向かう善性において成就する。善性は、絶対的に他なるものとしての他者が唯一生起する場であるが、この運動を捉えた側面からの眺望と称するものが、善性それ自体のうちで生起する真理よりも上位の真理を把持する何らかの権利を有するということはない」[36]。真の多元的様態は、私が顔としての他者ともつ関係に根差している。つねに一面的なものである視点から、ある場所を誰かに割り当てる者はいない。多元的様態は顔に由来する平等を前提しており、大衆を構成する数的な平等とはまったく関係ない。それは、異邦人の迎え入れから切り離せないのである。

政治は諸個人および人間存在に同一性を与えない。なぜなら、人間存在は、〈語ること〉をもっており、自分について語られることを絶えずはみ出るからである。「発話（そこで善性が生起する）を通じてつねに外部にとどまっているのでなければ、人は多元的な社会に入ることはない。しかし、単に内部から自分を見るためにこの社会から出ていくということもない」。政治の目的は、諸存在が共に生きることができるように、そう望むことができるようにすることである。こうしたことは、互いに我慢したり、似通っていたりしつつも、実際のところは向かい合わず、否定し合っている人々のあいだに一定の安定性を得ようとする場合には、より骨の折れるものとなる。このように、多元性の統一を基礎づけるのは「平和であって、多元性を構成する諸要素の整合性ではない(37)」。より正確にいえば、平和は主体性に基礎をもち、自我から始まるということだ。

平和は［……］闘う者たちがいなくなり、一方の敗北と他方の勝利で終わる戦闘の終焉――言い換えれば、墓場あるいは将来の普遍的帝国――と同じものではない。平和とは私の平和でなければならない。それは、自我から発し〈他者〉の方へ向かう関係における、自我がエゴイズムなしに維持され実存するような場である欲望と善性における平和である(38)。

顔ではなく、エゴイズムおよび競争に基礎づけられた社会は、戦争がそこで絶えず現前するような社会である。レヴィナスのこのような主張は、われわれにジョレス〔Jean Jaurès（1859-1914)、フランスの政治家、社会主義者〕の演説を想起させる。ジョレスは、一八九五年三月七日にフランス下院において次のような演説を行ない、競争によって特徴づけられる社会と不正義が不可避的に武力衝突を引き起こすと宣言した。

毎日のように人民のあいだで戦争が勃発しかねないなどとどうして望むでしょうか。競争による際限のない混乱、階級闘争の敵対関係、政治的闘争――これは多くの場合、社会闘争の偽装でしかありません――これらの状況に陥ったわれわれの社会のうちで、人間の生がその根底において戦争ないし戦闘に他ならないとすれば、戦争がつねに可能なわけではないなどとどうして望むでしょうか。善意から平和を望んでいると思い込んでいる人々がいますが、彼らは現在の社会をわれわれから防衛しているというのです。しかし、彼らがわれわれに対抗してこの社会を称賛する際、実際のところ彼らが望みもせず、何であるかを知ることもなく守っているものは、戦争の永続的な可能性なのです。(39)

『全体性と無限』の末尾において、レヴィナスは階級闘争については語っていないが、以下のことは読み取れる。すなわち、彼にとって平和は、諸個人の意識、他者を敵や対抗者として見なさないという諸個人の決意、他者を物象化せずにそれ自身として知る諸個人の能力に根差しているということである。兄弟関係のこのような意味によって連帯が可能になるのだが、それがなければ、人が競争および収益性という諸価値――これらの諸価値は、一方の他方による搾取に基づいた経済的秩序が定着していることとを説明する——の勝利を回避する見込みはほとんどない。要するに、やはり個人の意識のうちにこそ、歴史哲学やイデオロギーが称揚する戦争への理想に抵抗する可能性があるということだ。

というのも、平和は次のようなものだからだ。

〔平和は〕道徳と現実の合流によって確証された自我を起点として思い描かれる。真理が告知される裁きを前にして、自我は人格的な自我であるだろうし、この裁きは、人々を術策にかけたり、彼らの不在において発せられたり、非人格的な理性から到来することなく、自我の外部から到来するだろう。(40)

平和が存在するためには、つまり、諸個人が全能に屈せず、国家主義と戦争をかきたてるイデオロギーに魅了されないためには、諸個人が戦争の恐ろしさを意識することが不可欠である。恐れが道徳の証であるとレヴィナスが書く際に、『全体性と無限』の序文で強調しているのはこのことである。また、現実から切り取られたヴィジョンを友と敵の対立に照らして解釈することによって、つまり復讐への欲望、ルサンチマン、憎悪を助長させたりすることによって、そのようなヴィジョンを提示する言説に抵抗することができるためには、諸個人は自由である必要がある。要するに、このような自由は、個人が自らの意識の孤独において、顔が個人に対して発する教えを保持するという自由である。すなわち、平和が原初的であるということ、そして兄弟関係が社会性の意味を構成するということである。

『全体性と無限』を閉じるにあたって、レヴィナスは以上のような内的な自由ならびに他人との関係の真理をどのように涵養し保持するのかを問うている。彼が答えるところによれば、ヘーゲルが考えることとは反対に、家族の親密さは、「単に国家の匿名的普遍性への一段階ではない」[41]のであって、家族の親密さによって、人間はかかる真理に到達し、これを保持することが可能になる。家族の親密さは主観的であり、国家、諸制度、法権利、実定的な道徳（人倫）を必要としない。それにもかかわらず、家族の親密さは、個人ないし個人の幸福にのみ関わるわけではなく、他人の方へと向きを変える。というのも、主体は「自らの主体的道徳性を、自らの繁殖性の無限の時間のうちに置く」[42]からである。実際、愛および後裔において、主体は未来を起点として時間を考えるのであって、もはや一切を自らに連れ戻すことはなくなる。『ミニマ・モラリア』[43]においてアドルノも語るように、真理は親密さにおいて、小さいものにおいて開花するのであって、人が見世物になり、英雄になろうとする戦闘において開花するのではない。

繁殖性の無限の時間のなかで生きている主体の対極に、男性的な徳によって国家が生み出す、孤立した英雄的な存在が位置づけられる。そのような存在は純然たる勇気によって死に臨み、原因が何であれ、そのために死ぬ。この存在は有限な時間、終わりとしての死、ないし不連続性なき存在の連続を止めない移行としての死を引き受ける。[44]

レヴィナスは他者たちに開かれた主体を孤立した存在に根本的に対立させる。他者たちに開かれた主体は彼らに責任を感じ、実存のこの意味を彼らに伝達しようとするのに対して、孤立した存在は自分のことしか考えず、自分の同一性に取り憑かれ、知られたいと望むのだが、「男性的な徳」の挫折しか被らず、死にも倦怠にも勝つことはない。

孤立した魂たる英雄的な実存は、永遠の生を自分自身のために探し求めることによって、自分を救済しようとするが、それはあたかも、その主体性は連続的な時間のうちで自己に回帰する際にも自分自身を裏切らないでいられるかのようである。あたかも、［……］「不死性の規模に達した倦怠、陰鬱な怠惰の果実である倦怠」[45]が勝利を収めることがないかのようである。

第14章　人権の現象学と文明

人権と善意志

『外の主体』[1]に発表された「人権と他人の権利」と、『われわれのあいだで』[2]に見られる「人権と善意志」において、レヴィナスは、人権が第二世代において社会権へと拡張されたことに言及しながらその歴史的重要性を指摘している。社会権の根源的真理を理解してもらうために、レヴィナスは社会権の現象学を行ない、これらの権利が「存在しなければならない」[3]とする。人が、ヒエラルキー的な社会構成ならびに特権に終止符を打つことによって、人間存在の各々に尊厳を認めたのは、人権の根本には人間存在の各々には顔があるという事態、換言すれば、人権は他人の権利だという事態があるからである。それゆえ、他人の権利を主体の自由の手段にする代わりに、他者の権利がわれわれの各々と社会に何を要請しているのかを、その都度思い起こすことが求められることになる。つまり、人権は任命された自由、すなわち責任に基づくのであって、権利を持っている者として自分を考える主体の自由に基づいているのではない。人権がこのような仕方で考えられないとなると、われわれには「不確実な」「一時的な」平和しか残らなくなるだろう。[4]

われわれの社会において、人権を既定のことと見なし、ときには道具とするような傾向があるが、現象学的なアプローチは、人権の観念が誕生する場である意識の構造を説明することによって、人権の意味を呼び覚ます。かくして、現象学的なアプローチは、他なる人間のヒューマニズムを促進する。次章で見るように、このヒューマニズムは他性と彼性の連関をも指示する。他者の超越は「人間のうちなる神の痕跡であり、より正確に言えば、神の観念が人間にのみ到来する場としての現実の点[5]」であるが、そのような他者の超越が人権の根源的な理性を構成するのである。

レヴィナスは人権の治外法権性について語っている。この治外法権性は正義のうちに正義以上のものがあるということに由来する。人権は道徳的な諸価値でも、単なる法的手段でもない。「人権の擁護とは国家の外部の使命に応じることである」、換言すれば、われわれは「政治と倫理の接合」に応じるということである。[6] 正義には国家とは異なる権威が必要であるが、それと同時に、社会は平等であるために誰も他者たちに対して世界に関する自分のヴィジョンを押し付けることができない。ところでレヴィナスは、人権が準拠する諸原理は自由と平等であると言う代わりに、この権利が「平和における善性」であるということ、そして、この権利が「兄弟関係〔友愛〕における自由[7]」を表現するということを主張する。この言葉〔兄弟関係〕は、正義と倫理、すなわち人間存在たちの平等に根源的な意味を付与する意義ないし普遍的なものの交差に位置づけられる。それゆえ、人権の基礎は、他人が代替不可能であるという特徴、各人が庇護を受ける権利、そして「責任の無関心ならざることおよび善性」にある。この善性については、「平和の誓願——ないし善性——が最初の言語となるような出会いを起点として考えなければならない」[8] i。

人権は、普遍的で同質的な諸原理に結びつけられる道徳の義務論的アプローチに合致するものだが、われわれはこのような人権を、任命された自由および経験に結びつけることに慣れていない。しかしながら、レヴィナスが示唆するところによると、正義と実効性という理由のために、すべての主体に同じ権利を付与することが重要であるとしても、こうした抽象化は、それが根差している真理を忘れさせてはならない。つまり、「私が応答すべき誰かとして私にとって重要な［……］私を見つめる」[9] 他人との出会いである。

「平和における善性」は、次のような状況を引き受ける個人の精神状態を指し示している。すなわち、自我は自己肯定されるのではなく、自我が自らの保存に利するものを活用する権利は他者から、および自我が感じる責任から、したがってまた、自分自身から制限を受けるという状態である。われわれは主体の権利の父であるホッブズによって提起された図式からほど遠いところにいる。この図式にとって、個人に他人の安全と他人の事物に対する権利を尊重するよう強制できるのは国家だけである。人権は現代の個人主義およびエゴイズムの原因としての責任があると言われたり、人権は異文化、他の種や自然への尊敬と両立しないと言われるときのように、人権にはさまざまな批判が投げかけられるが、人権に関するレヴィナスの現象学はそうした批判を時代遅れなものにする。いかなる真理が人権を裏打ちしているのかを明白にすることによって、人権は、一方の自由の正当な権利と他方の自由の正当な権利が対立する戦場と化すことが食い止められ、人権が連帯のある正しい社会を促進することにどのように役立つのかが理解されるだろう。

人権は、一つの宣言の読解や諸原則の研究から帰結しないのだが、このような理解の鍵となるのは、各人が考え、体感すべきものとしての兄弟関係である。

他なる人間の権利として、そして、一つの自我のための義務として、つまり兄弟関係における私の義務として根源的な仕方で顕現するもの、それこそが人権の現象学である。[10]

すでに見たように、兄弟関係への準拠は、私の政治的共同体という限定的な枠組みをはみ出している。一七八九年のフランス人権宣言における人権もこうした政治的共同体に従属している。それに加えて、兄弟関係への準拠は「自分自身の自由の任命」を要請するということは、兄弟関係のなかで他の人間に対する自分の義務を意識する主体が、その至高性を剝奪され、選ばれた者となることを意味する。[11] 他者の権利が聖なるものであり無条件であるという特徴は、根源的な意味を獲得する。この意味は法の領域を超え、レヴィナスにとって、倫理と精神的なもののあいだに、つまり他人への関係と神の呼びかけの

i　ここではヘブライ語の「シャローム」が念頭におかれている。これは「平和」を意味すると同時に、日本語の「こんにちは」に相当する通常の挨拶としても用いられる。

あいだに存在する紐帯を強調する。

倫理、法、精神的なものの以上のような連関は、「人権と善意志」と題されたテクストにおいてとりわけ明瞭である。カントにとって、善意志は法に従うことを指示し、一切の欲望を排除するが、レヴィナスはカントと正反対のことを主張しつつ、他なる人間の「権利が存在しなければならないことが意味する」のは何かを問うている。[12] 私が権利を有する事柄に焦点を絞らないという点は、レヴィナスが「善性」と呼ぶある善意志を前提している。というのも、この善意志は、他者の権利が聖なるものであり無条件なものであるという特徴を真面目に受け取ることであるとともに、他者の権利が私に強いる事柄全体、また他者の権利が指示する無限を真面目に受け取ることだからである。換言すれば、他人への関係と、私が出会うことはないが観念に到来する神の超越に対する関係のあいだで結ばれる筋立てを真面目に受け取ることである。「人権は、神が観念に到来する場としての接合を構成する」[13]。この意味において、他なる人間の権利は人間の単なる創造ではなく、神学が語るように、「神によって与えられ」、あるいは「神の意志に応える」ものなのである。[14]

哲学的な実直さは、人権を宗教に依存させることや、道徳および法を彼岸への信に依存させることを妨げる。それにもかかわらず、この権利が人間の慣習や人間本性の検討に基づくあらゆる法形態に対して法外であるという性格をわれわれは認識することができる。というのも、「脱-利害-存在」、また存在することへの固執〔conatus essendi〕からの断絶（換言すれば、存在するという自らの権利に問いを立てること）は、自然的な態度にあまりにも反し、一切を自己に連れ戻すという事態にあまりに反するので、社会契約の古典的理論家らがそうであるように、人間存在の経験的本性、人類学ないし情念から人権を導出することが不可能であるからである。脱利害存在、また存在することへの固執からの断絶の法外な性格を考慮することは、人権が表している観念のうちに崇高なものがあるということを認識することであり、また正義と平和を命じ、「他人との関係において現出する絶対的なもの」[15]の翻訳であるような社会的・政治的組織を促進するよう努めることである。

意識のすべての方向に開かれた小屋

ここで倫理に関するレヴィナスの考えと、ポール・リクールが『他者のような自己自身』において練り上げている「小さい倫理」を比較するという誘惑は大きなものである。リクールがこれを練り上げるのは、「正しい制度において、他人とともに、また他人のために〈善い生き方〉の狙い」[16]を問題にするときである。

よく生きたいという希求、殺人の禁止、状況に適した選択の探求のさなかにあって、二人称で語りかけられることは、正しい諸制度において他者たちとともに、他者たちのために善く生き、この願望をもつ者として自己自身を評価することを自分が命じられていると認識することである。[17]

「二人称で語りかけられる」という表現は、責務、諸原理や義務論への従属ではなく、レヴィナスなら任命されたものと特徴づけるような自由の責任を指示している。この自由はとりわけ自我に差し向けられる。私は個人としてある状況に対して責任を持たなくてはならず、この応答が私の自己性を構成する。つまり、責任が立てる問いは「君は誰か」という問いである。同様に、「善く生きたいという希求」は、行なうべき選択があり、したがって、私が自由であるということを示す。レヴィナスにとってそうであるように、殺人の禁止は外的な命令で（あるだけで）はなく、私はこの可能性が重大な違反であることを理解する。最後に、「状況に適した選択」は行なうべきことの総体を指し示していないが、ポール・リクールは慎重さと、アリストテレスに着想を得た徳倫理に固有の幸福主義〔eudémonisme〕に依拠する。リクールが導入する「自己の尊重」は、可能なかぎりでの最善、あるいは最も悪くないことを行なったという感情、そして自分の意識に従って生きていることへの満足、つまり保障された諸々の価値、ナラティヴな自己同一性および道徳的な自己性を構成する諸々の価値に従って生きていることに一定の満足を見出すという感情に結びついている。(18)

以上の二人の哲学者の主題は十分近く、彼らは互いに尊重し合っていたとはいえ、彼らを区別するものに注意を向ける必要がある。事実、リクールは顧慮〔sollicitude〕を再評価するのに対して、レヴィナスは顧慮と身代わりを明確に区別する。身代わりを誇張的であると見なすリクールは、私が他者の呼びかけに応じるための態勢を強調する。彼は、何によって私がこのような責任を引き受けることができるようになるのかについて検討する。それと同時に、倫理における相互性と自己の尊重の重要性も強調する。さらに、リクールはその発言や文体を通じて、諸制度への信用だけでなく、以下のような倫理を提起したいという欲望を表現している。それは全員の手に届き、戦争の脅威が退けられているように思われ、福祉国家がなおも有効であるような時代や地域における日常生活に合致するような倫理である。建設的なアプローチに加えて、世界を修復するという欲望も、リクールの語ることと語られたこと、そして彼の方法論のなかに現れている。つまり、解釈学、他の潮流の思想との対話、対立する諸観点の（再）調停である。ナチズムによって引き起こされたトラウマに取りつかれたレヴィナスの作品の誇張的な文体とその徹底さとの対照は印象的である。

実のところ、以上の二人の哲学者が異なるのは、内容によってというよりも、形式や彼らの気分〔Stimmung〕、あるいはトーンによってである。七歳しか年の差がなく、とりわけフッサールをはじめとした同じ人々を教師としていたリクールとレヴィナスのあいだにはいかなる親子関係もないが、二人の関係はハーバーマス、アドルノ、ホルクハイマーのあいだの関係に少しばかり似ている。(19) ハーバーマスの思索は、二人の年長者の思索を敷衍しながらも、民主主義の再構築の諸条件を対象としてきた。彼の思索は戦後および、ドイツにおいて再教育と呼ばれたものの文脈に書き込まれている。ハーバーマスはカント的理念および啓蒙を復活させるのだが、そのことは民主主義的な制度や手続きへの一定の信頼を物語っている。それゆえ、ハーバーマスは、正義と平和を請け負うと彼の目には映るヨーロッパの根気強い弁護者として現れる。それとは反対に、アドルノとホルクハイマーは、身を切り裂くようなテクストにおいて、理性の破壊的な弁証法にナチズムの責任があると見なし、こうした弁証法がどのようなものか検討する。悪の根元へと遡ろうとするアドルノとホルクハイマーの努力は、分別のない支配が理性を捉えている罠から理性を救い出すために彼らが概略を示すいくつかの提案よりも前面に出ている。[20] それと同様に、リクールは、可能な最善を体験し正義を推進することを可能にする倫理と政治を構築することに努める。それに対して、レヴィナスのテクストにはいかにして自由主義がファシズムへと反転するのを妨げるのかを理解する手助けになるテクストが含まれるが、身代わりにいたる責任についてのレヴィナスの考え方には、取り返しのつかないことへの意識や、最悪の事態が起きないようにわれわれ自身がもつべき極度の警戒心に関する特異な強烈さがある。リクールもまた捕囚を経験していたのであり、彼の人生は苦悩を免れていたわけではないが、[21] リクールは和らいだ仕方で表現する。それに対して、レヴィナスの思考は実際の難問に正面から取り組む政治哲学を構築するよう人を鼓舞しうるものであるとはいえ、レヴィナスは、その文体によって緊張・不安・強迫観念を伝えている。これらを、ショアーの忘却が不可能であることや、他者の憎悪が再びやって来るかもしれないという恐れに結びつけないことは難しい。

このような差異は、ハーバーマスや『啓蒙の弁証法』の著者たちとのあいだにある差異と同様、ユダヤ教に関わっている。レヴィナスによれば、ユダヤ的条件は、追放されていること、および「制度なき道徳の縁にある人間性」[22] を具現化することを特徴とする。繰り返すならば、そのことは、レヴィナスが制度に敵対的であるということを意味しない。というのも、レヴィナスは正しい政治の条件〔としての制度〕を強調しているからである。とはいえ、レヴィナスにとって、とりわけ「正義」「尊厳」「自由」という語が意味を失ってしまった暗い時代には、個人の意識においてこそ、社会の命運が懸けられるのである。

このような主題に対して、「無名」と題された一九六六年のテクストをあらためて検討することができる。というのも、このテクストは証言や遺言という意義をもっているからである。レヴィナスは第二次世界大戦期を振り返るのだが、その際、「解放の後に生まれた」人々が人間的に生きることを助けるために、何が彼らに伝えるべき教訓となるかをはっきり述べている。レヴィナスは、戦争の終結以来も、血は止まることなく流れ続けていると語ることから始めている。「レイシズム、帝国主義、搾取は冷酷であり続けている」[23]。その直後で、レヴィナスは、彼が通り抜けてきた時代の特徴を強調する。なぜなら、今日においては「異論の余地のない諸制度と一つの〈正義〉」が存在するからであり、犠牲者は少なくとも国際的な世論にすがることができるが、それとは反対に、レヴィナスの時代は次のようなものであったからだ。

> ヒトラーの勝利——そこでは、悪の優越が確かなものであるため、悪にとって嘘は必要ですらない——によって問いに付された世界のうちで死んだ犠牲者たちの孤独を誰が語るだろうか。善悪をめぐる優柔不断な判断が主観的意識の襞のうちにしか基準を見出さないような時代、善のいかなる記号も外部から到来しない時代にあって、自分は〈正義〉と同時に死ぬのだと思った者たちの孤独を誰が語るだろうか[24]。

この衝撃的なテクストにおいて、レヴィナスは「一切が終わったこの〈受難〉の伝達不可能な情動を越えたところ」に、「強制収容所の経験とユダヤ人の送った潜伏生活から」引き出すべき教訓はないのだろうかと思案している。レヴィナスは、伝えるべき三つの真理を取り上げている。それらはどれもユダヤ的条件の普遍的かつ特殊的次元を強調するものである。

人間的に生きるためには、人間は、人々がそこで生活する壮麗な文明よりも、無限に少ないもので足りる。これが第一の真理である。[……]それはもとよりユダヤ人たるわれわれの古来の経験であった。[……]しかし、第二の真理として、[……]あまりに多くの価値の失効が明らかになる決定的な時期においても、人間の尊厳全体は、これらの諸価値の再興を信じることに存している。「すべてが許されている」ときの最高の義務は、すでにこれらの平和的な諸価値に対して責任があると感じることである。戦争状態の世界にあって、好戦的な美徳だけが確実であると結論づけたりしないこと、死や絶望して犯す殺人の雄々しき美徳における悲劇的状況に満足したりしないこと、危険を避けるためだけに、そしてブドウやイチジクの木陰に戻るためだけに、危険を顧みずに生きること。(25)

本章に先立ついくつかの章で説明したように、レヴィナスは同一性の政治と歴史哲学によって称揚される好戦的な諸価値に反対する。平和も戦争もまず諸個人の意識において生まれることを示した後、レヴィナスは諸個人が「死や絶望して犯す殺人の雄々しき美徳」によって納得させられたままでいてはならないことを強調する。これらの文章は、ハイデガーについて言われたことも念頭に置いて読まれなければならない。ハイデガーは、真理が現存在に相関的であり、現存在の先駆的覚悟性が死との絶望的競争に似ているとしたのだが、この競争は人がその好戦的な美徳を褒めそやすところの民族の運命にこそ救済があると想像させかねないのである。

レヴィナスは第三の真理を定式化する際に主要なメッセージを伝える。このメッセージは、以上の二つの教訓を解き明かしている。

しかし――これが第三の真理であるが――文明化および同化の不可避的な再開にあって、われわれは、孤立においても強く存在するために必要な力と、その際、脆い意識がこらえることになるすべてのことを新たな世代に教えなければならない。互いに知り合うことも出会うこともなく、混沌のなかで、あたかも世界は崩壊していないかのように振る舞うことができた非‐ユダヤ人とユダヤ人の記憶を呼び起こしつつ、対独レジスタンスを、つまり、自らの確実性と自らの内密性の他に源泉をもっていなかったレジスタンスを呼び起こしつつ、これらの思い出を通じて、ユダヤ教のテクストに向かう新たな通路を開き、内面的生に新たな特権を取りもどさなければならない。(26)

レヴィナスにとって、道徳は、とりわけ主体が自らの意識のうちに人間の人間性全体をかくまう能力に存する。諸制度が歴史的な状況に直面し無力であったり、退廃していたりする際に、個人の意識だけがいくつかの価値を保つことができる。

腰を落ち着けた人間性はいかなる時でも危険な状況に晒されうるということ、この危険な状況において、人間性の尊厳は主体の声のささやきにかかっており、もはやいかなる客観的秩序においても反映されず、確実になることもない。人間の名誉は、こうした危険に左右されるのである。しかし、おそらくこの危険こそ、人間性のうちにユダヤ的条件が構成されるという事態そのものが意味しているものである。(27)

ここに見られるのは、何がユダヤ的条件の普遍的かつ個別的な特徴を際立たせるのかということであり、また、一切が誤りであるように思われ、客観的なものがもはや何もないような困難な時期にユダヤ教がもたらしうる教えとは何かである。というのも、この教えは、内面的生に意味を与えるという努力と切り離せないからである。内面的生は、「意識における吹きさらしの掘っ立て小屋のなかに人間の人間性全体をかくまうという責務(28)」である。

このような内面的生は、現象学的アプローチによって培われうる生でもある。なぜなら、現象学的アプローチは、自然的態度、習慣、諸制度が覆い隠している諸々の意義を目覚めさせるからであり、また実在的なものの他性および異質性に対する注意の学派であり、道具的理性や覇権主義的な合理性から遠く離れているからである。しかしながら、両者の連関を理解するためには、掘っ立て小屋という隠喩を解きほぐすことから始めて、テクストの文言を分析する必要がある。

この隠喩はいくつもの理由で興味深い。それは風に曝された一時的な避難場所という考えを示唆している。希望を失わずに人間性の証言者であることによって、人間の人間性全体を自らの意識のうちでかくまうということは、確実性も誇りも得ることはない。勇気は懐疑や苦悩を排除するわけではない。レヴィナスが語る名誉とは、荘重さも旗印となる理念もないような名誉である。さらに、この隠喩とテクストの「無名」というタイトルは、仮庵の祭り〔soukkot〕を示唆している。[29] ヨム・キプルの終わりから、この重大な祭日を終えるにあたって、戒律を実践するユダヤ人は、庭やバルコニーに木の枝で小屋を建て、そのなかを芳香を放つ野菜と果実で満たす。この祭りは、出エジプトのあいだにイスラエルの子らが恩恵を受けた神の臨在を喜びとともに祝うものである。歓待のために、掘っ立て小屋は香りを発散させる。各自は小屋に入る際に、自分の名を言う必要はない。つまり身分を明かす必要はない。要するに、「無名」は、神、テトラグラムを指示するのであって、この掘っ立て小屋、すなわちスーカ〔soukkah〕はそれを祝福するために立てられるのである。

それゆえ、われわれがこのテクストに見出した、他なるものに開かれた勇敢なメッセージは宗教的な典礼を解きほぐすことによって豊かになる。ここに、ユダヤ教と現象学という複数の源泉が重なり合っていることの補足的な例証がある。この重なり合いは、レヴィナスの言葉が示唆的であるだけにいっそう実り豊かである。ここに意味の意識的水準に相当する意味が発見されるのである。このことはとりわけレヴィナスのさまざまなテクストについても当てはまる。そこでレヴィナスは、他人との関係と、私が知ることも出会うこともできないが他人の顔において観念に到来する神の啓示のあいだにある紐帯を強調するのである。

Religion et philosophie

第Ⅷ部

宗教と哲学

レヴィナスはユダヤ系哲学者として紹介されることを好んでいなかった。事実、この表現は、彼の著作に固有の哲学的な問題提起を見えにくくしてしまい、レヴィナスの思想の構築において現象学が果たした役割を考慮しないことになる[1]。ユダヤ系哲学者という表現は、彼の解釈学の特異性も表していない。むしろ、レヴィナスは宗教と哲学の区別をきわめて明晰に表現している。「哲学的真理は聖句の権威には基づいてはいません。聖句は現象学的に正当化されなければならないのです[2]」。

『観念に到来する神について』において発表された諸々のテクストは、諸々の宗教によって語られる「神」という語がレヴィナスにとって何を意味するのか、そして、ユダヤ教の神――それについての発話はとりわけ道徳的意味をもつ――の根本的な超越および不可視性が彼の哲学にいかなる意味で着想を与えたのかを理解させてくれる。以下ではこうして、「彼性」という語の意味を明確にし、また、無限の観念――他人の顔はその痕跡である――を取り上げ直すことによって、神的なものへの関係およびレヴィナスが《さようなら《アーデュー》》〔神の－御許へ〕と名づけるものに結びついた革新的な次元についてのこれまでの説明がより詳しくなされる。

第15章　他性と彼性

痕跡と筋立て

彼性は第三者と混然一体となっているわけではない。第三者は他人ではなく、もう一人の隣人であり、第三者によって比較不可能なものの比較が可能になる一方、彼性は自我と超越の垂直の関係を指示する。ただし、この超越は他人の超越ではない。さらに、私は他人と出会うが、彼性と出会うわけではない。彼性は啓示されるとはいえ、それは不在の様相においてである。

レヴィナスが彼性と呼ぶものを理解するためには、レヴィナスがデカルトから援用した無限の観念をあらためて参照する必要がある。無限は有限に先立ち、無限はいかなる観念にも含まれない。無限は私の収容能力を超えている。〈彼〉は神を指し示すのではなく、その観念である。神は共通の尺度をもたない。というのも、神は私の思考の限界をはみ出し、それにもかかわらず神の観念は私のうちにあるからである。彼性は、私の思考を踏み越えつつも私に宿る観念である。より正確に言えば、レヴィナスにとって彼性は他人の顔のうちに啓示される無限である。というのも、他人が無限ではないとしても、他人は無限を表出し、その痕跡だからである。痕跡というこの観念は根源的である。というのも、これは他人への関係と、神が他人の顔において観念に到来するという事態の紐帯を生み出すからである。この事態は私の責任が無限であることを私に教え、私を唯一の者として、選ばれた者として指し示す。かくして、彼性は他人ならびに複数の他人に対する私の責任について語られたことを革新的な仕方で、精神的と呼びうる次元を倫理および政治に与えることで照らし出す。

レヴィナスはいかなる意味で、またどの程度までデカルト主義的なのだろうか。デカルトにとって、自我はどんなことでもできるわけではないし、どんなことでも理解できるわけでもない。というのも、私の知性は制限されているからである。だが、私の意志は無限である。私の意志は自我のうちなる無限の印である。レヴィナスはこの考えを自分自身のものにしているが、しかし彼によれば、私の意志ではなく他人に対する責任が、私の人間としての条件の有限性の印であり、自我のうちにある神的なものの痕跡である。私は他人を取り囲むことなく他人と出会い、そして私を制限のない責任へと立ち返らせつつ、私の自己性を啓示することで、他人は私に呼びかける。さらに換言すれば、自我よりも遠いところからやって来る呼びかけに、その起源を同定できない呼びかけに自我を立ち返らせる。これが「痕跡」という語の意味である。というのも、痕跡について語ることは、呼びかけがどこからやって来るのかを私は知覚しないということを意味するからである。

『レクチュール〈三〉哲学の境界で』に発表された「エマニュエル・レヴィナス、証言の思想家」と題されたテクストにおいて、ポール・リクールは「我ここに」を無限の証言と解釈している(1)。リクールは、「おそらく、そもそも痕跡と呼ばれているのは、ここで証言と呼ばれているものだと言わねばならないだろう」(2)と書いている。それは正しいが、重要なのは、「痕跡」という語が不在を、少なくとも不在の様相における現前を示唆していることである。事実、他人の顔において啓示される私の責任が無限であるというのは、私が意図していなかった何かを、私が最終的な思考として見なしていなかった何かを、私がそれについて何も知らない彼方であるような何かを受け取るということである。これが神の言葉ないし《さようなら《ア・デュー》》である。《さようなら《ア・デュー》》とは「存在の一過程ではない。呼びかけにおいて、私はその人を経由して呼びかけが意味をもつような他の人間へ、私がその人のために恐れなければならない隣人へと差し向けられる」(3)。証人について語ることはできる。というのも、主体は他人との出会いを経験し、主体はその意味を保証することができるからである。だが、それ以上に「痕跡」という語は、この語が示唆する事柄に即している。すなわち、人が受け取る呼びかけは、それが姿を現すことも、そこに接近することもできない起源から到来するのである。さらに、われわれは神的なものを合目的性として見なしたのではなく、神的なものが顕現されるのは他人を通じてである。

他性と彼性の連関を明らかにする二つ目の根源的な観念は、筋立て〔intrigue〕という観念である。これは有限と無限のあいだで結ばれるものを指し示している。この観念のおかげで、他人との出会いにおいてこそ有限と無限の紐帯が顕現するということを、レヴィナスは指摘できるようになった。つまり、一切は、「あたかも他なる人間の顔は、始めから私に要求し命令するものだが、それは神の過ぎ越しの筋立てそれ自体の結び目であり、神の観念の結び目であり、そして〈彼〉がなおも思念され、可視的で既知であるような場としてのあらゆる観念の結び目であるかのようである」(4)。

顔が公現であるという観念は、ここで新たな意義をもっている。ここでわれわれは、これまでしっかりとは言及できなかった解釈のレベルに到達している。なぜなら、神について語らなくてもレヴィナスを読むことは完全に可能であるからであり、諸現象への接近方法を起点として現象を記述するために、〔宗教的な〕既存の世界観ならびに伝統を括弧に入れる哲学者としてレヴィナスを見なすことができるのである。ただし、ここで理解すべきは、彼性について語られていることが、他人への関係と神的なものの紐帯、倫理と精神的なものの紐帯を示しているということである。

彼性は私の思考の限界にある。そこでは、私の思考を超えたものについては何も語りえないが、この彼方はそれにもかかわらず、その不在ないし不可視性を表示するために喚起される。この観念を解明するためには、聖書のテクストも参照しなければならない。「出エジプト記」（三三章一八－二三節）において、神はモーセにその不在の痕跡のみを啓示する。レヴィナスは、宗教的伝統によって伝えられる以上の教訓をいかにして哲学が受け取り、「神」という語の意味を学ぶのかを理解するために、この〔「出エジプト記」という〕源泉から着想を得る。モーセは神に次のように問うている。「お願いですから、あなたの栄光を見せてください」。神は応える。

「わたしはあなたの前にすべてのわたしの善い賜物を通らせ、あなたの前に主という名を宣言する。わたしは恵もうとする者を恵み、憐れもうとする者を憐れむ」。また言われた。「あなたはわたしの顔を見ることができない。人はわたしを見て、なお生きていることができないからである」。更に、主は言われた。「見よ、一つの場所がわたしの傍らにある。あなたはその岩のそばに立ちなさい。わが栄光が通り過ぎるとき、わたしはあなたをその岩の裂け目に入れ、わたしが通り過ぎるまで、わたしの手であなたを覆う。わたしが手を離すとき、あなたはわたしの後ろを見るが、わたしの顔は見えない」。

マイモニデスにとって、神の諸属性は否定的なものである——私は、〈彼〉が何でないかを言うことができるが、〈彼〉が何であるかを言うことはできない——神の諸属性は道徳的な意味をもつ。[5] ラビの伝統や哲学を問わず、ユダヤ教においては、ヘルマン・コーエンおよびフランツ・ローゼンツヴァイクがそうであるように、神について語られることは人間の実践にとって意味をもち、宗教的希望はまず道徳的本性に属する。レヴィナスの思想においても、神の顔の不可視性や、人間を神の命から隔てる深淵を人間が踏破することの不可能性が見られる。ただし、この不可能性は、私の他人への関係においてこの無限の痕跡を私は識別することができるという事態を通じて、いわば贖われる。以上のような神を参照する地平に取り組まずともレヴィナスを読むことは可能であるが、この地平は倫理と政治に関わる哲学的な分析のいたるところに遍在しており、重層的になっているのである。

それゆえ、他人の顔への暴露はその貧窮においてわれわれに直面するという意味で、この暴露は倫理的経験であるのだが、それは同時に精神的経験でもある。他者に対する私の無限責任の発見においてこそ、私は神性の痕跡を垣間見るのである。これが筋立ての意味である。それゆえ、遠くから到来する何か、すでにそこにあった何かが啓示され、覚醒されるのだが、その起源は私から逃れてしまう。それが神なのだろうか。いずれにせよ、神は不可視である。重要なのは、たとえ出会いと啓示の関連がレヴィナスにとって否定できないものであるとしても、他人との出会いは神の啓示と同一ではないということである。私は他人を見つめているときに神を見ているのではない。というのも、神の顔は私にとって到達不可能であり、神と出会うことはないからである。それにもかかわらず、神は観念に到来する。神は、いかなる責務も超出する無限な責任を生じさせつつ、命令を通じて顕現するのである。

神は何を意味するのか？

『観念に到来する神について』と題された書物の序文において、レヴィナスはなぜ神という観念なのかと問うている。まず諸宗教によって語られてきたこの語の背後に何が隠されているのか。いかにしてこの根本的な他性を思考するのか。レヴィナスの中心的な主張は、知や認識によってはそれを理解することができないというものである。神は概念を免れ、同化する知を免れる。「知に属さない思考の可能性を喚起することによって、私は精神的なものを肯定したかったのです[6]」。

したがって、神を別の仕方で考える必要がある。とはいえ、どのように考えるというのだろうか。レヴィナスは次のように答える。すなわち、まず神学から抜け出さなくてはならない。換言すれば、肯定的属性および否定的属性を備える一個の存在のように考えられた神についての言説から抜け出さなくてはならない。知の諸カテゴリーを断念することによって、別の思考へ、「存在するとは別の仕方で」へ接近する必要がある、ということだ。われわれは他人を理解する際に、すでにこうした議論を進めてきた。それゆえ、逆説的な現象学を実践することに慣れている。さて、他人はノエマではないものだったが、神のほうは主題化的志向性を完全に挫折させる。それゆえ、非−構成の現象学は、他なる人間存在の超越を考えるのにきわめて重要であるが、現象でもなく存在者でもないような神を、また他人の超越とは異なる超越である神を考えようとする際にも有用である。

このように、彼以前の数多くの哲学者たちが主張することに反して、レヴィナスは神を至高の存在として理解しているわけではない。聖句に哲学的な裏づけを与えることが問題なのではなく、聖句が何を意味するのか、いかなる意味で聖句は思考を危機に陥らせ、思考に息を吹き込むのかが問題なのだから、ここではドミニク・ジャニコーが告発した現象学の神学的転回は扱わない(7)。レヴィナスが理解しようとしているのは、なぜ神が観念に到来するのか、なぜわれわれは神という怪物じみた観念をもったのかである。というのも、神の観念は例外的なものであり、概念を全面的に逃れるからである。それゆえ、『観念に到来する神について』の序文においてレヴィナスは次の問いを立てるのである。神について考えることが知に属していないなら、その名は何を語ろうとし、われわれの生に対して何をなすのだろうか。

このような挑戦に応じるために、レヴィナスは無限の観念の現象学をつくり上げ、「私のうちなる無限の観念」を記述し、「神に対する私の関係」を分析するのである。

《私の‐うちなる‐無限‐の‐観念》――すなわち神に対する私の関係――は、他の人間に対する私の関係の具体性において、隣人に対する私の責任である社会性において到来する。責任とは、いかなる「経験」においても私が契約したのではないが、他人の顔が、その他性によって、その異邦性そのものによって、どこから来るのかわからないところから到来する命令を語るものである。(8)

無限は地平ではなく、志向的な思念の標的でも合目的性でもない。それは数学者が用いる観念でもない。無限は共時的なものとしてではなく、隔時性として考えられている。他人に出会うことによって、無限というこの観念は、自我のうちで覚醒され、そして私は責任こそが私の自己性を構成するものと感じる。責任が私を彼方へと開くのである。すでに見たように、私はこの他者に直接関わったり世話をしたりするわけだが、この他者を通じた先に、すべての他者が存在するのであって、私を人間である私の兄弟たちへと結びつけるものが何であるかを私は理解するのだった。だが、神的な何らかの観念も存在する。これは現在の時間、私の実存、そして他者たちの実存を超越し、これらに厚みを与えるものである。無限というこの観念は、主体が「〜に捧げられている」ことを意味するのだが、主体はこの観念によって徹底的に攪乱される。「〈無限〉は思考を散乱させつつ触発すると同時に思考に呼びかける。しかるべき位置への再配置を通じて、無限は思考を配置する。無限は思考を覚醒させる」(9)。

殺人の禁止に関する『全体性と無限』の核心的な文章を想起しよう。レヴィナスによれば、私の他人に対する責任の無限と殺人の禁止は、他人を構成することの不可能性から生じる。他人を掌握し主題化しようとする思考の挫折、すなわち、他人が表出する無限は自我よりも大きな観念であるということが、意味を生み出し、筋立てを生み出す。これによって、私はあるべき位置に置き直される。つまり、私は居場所を変えさせられ、私のアイデンティティは、自分が世界の中心だと考えていた際に想像していたものとは異なるようになる。これが、他人の超越、神の彼性、そして身代わりのあいだにある紐帯である。というのも、『存在の彼方へ』において、他者を、私が構成しうるような存在者、事物ないし現象にするのとは別の仕方で考える必要があるからである。他人の顔は私に、意識は意味の贈与者ではないということを、倫理の根拠に他人と彼性という外部性があるということを教える。『存在の彼方へ』末尾の文章は、身代わりが、私の自己性をすっかり刷新する主体の解任であると示唆している。というのも、他人との関係において観念に到来する神について意識することによって、私は同一性の強迫と縁を切り、それにもかかわらず、代‐名詞を受け取るからである。

背面世界に住まうある種の神の死後、人質の身代わりは――つねにすでに過ぎ去った――つねに「彼」である――いかなる現在にも入らない何かの痕跡――発声できない筆記――を発見し、諸存在を指し示す名前も、諸存在の存在することがそこで反響する諸々の動詞ももはやこの何かに合致しないのである――とはいえ、この何かは〈代‐名詞〉として、ある一つの名前を担いうるものにその刻印を押すのである。(10)

彼性によって、われわれは、私がその不在を感じる無限の退隠というテーマに立ち入っている。この退隠は意味を生み出す。レヴィナスは神の無‐起源について語っている。それは、われわれが起源を知らないということ、そして存在の彼方を参照する別の方法である。哲学的なものと聖書的なものは合流し、互いを照らし合う。哲学者は、現象学的読解において、神という観念が産出するものを探求し、それに接近する方法を記述しようとするが、この哲学者の反省を聖書は養うのである。彼性の痕跡である他人を通じて私は彼性を垣間見るのであるから、この方法は間接的である。考えるもの〔cogitatio〕としての思考は、はみ出されている。つまり、われわれはもはや統御の言説のうちにではなく、別の仕方で考えることのうちにある。他人に対するわれわれの関係がノエシス‐ノエマ的関係の断絶だったとすれば、神に対する関係は、はみ出しによって、荒廃によって、償いによって生起する剝奪である。意識は自己自身から連れ去られるのである。(11)

このような自己から連れ去られたままにしておく能力と身代わりのあいだには関連がある。レヴィナスが自己の宗教心について語るのはそのためである。(12) 身代わりは他性と彼性の関連をより明白なものにする。逆に言えば、この精神的地平が他人と第三者との関係に重ね合わされるとき、道徳的および政治的反省は深まる。このような主観性の反転ははるか遠くから到来し、自我と無限を結びつける筋立てを啓示するのであって、この反転がなければ、歓待や連帯が存在することはありえず、いわんや赦しが存在することはないのである。

問題は、この精神的地平が、レヴィナス的な倫理および政治にさらなる意味を与えるかたちでこの倫理と政治に付け加わるのか、それともこの精神的地平は〔レヴィナスの〕理論体系全体を支えているのかということである。顔を起点とする倫理と政治の構築、人権に関するレヴィナスの現象学を検討することによって、われわれは、それらが神をまったく参照することなく意味をもつということを見てきた。それにもかかわらず、われわれはこの精神的地平を参照することなしには、もはや追究しえない彼方の境界に差しかかっている。それはすでに、責任から身代わりに移行し、レヴィナスが人質の条件について語った際に問題となっていたことでもある。とはいえ、次のように言うことで決着をつけることはできない。すなわち、レヴィナスにとって、精神的地平はこの哲学の根拠ないし成就であるとか、精神的地平はこの哲学に重ねられ、紛れ込んでいるにすぎないとは言えないのである。しかも、レヴィナスの営みの豊饒さは、それを哲学の営みとして読むこともできるし、神についての思考がそれに何を付加するかを考えることで、新たな発見をすることもできる点にあるのだ。

『存在の彼方へ』において、レヴィナスは超個体化〔surindividuation〕について語っている[13]。これは、倫理が精神的なものに近似していることを示唆する。〈自己〉は身代わりの〈自我〉である。「引き受けることのできない対格において、自己が暴露されている事態そのものであるが、この対格において、自我自身と自由のうちで合流する〈自我〉の確実性とは逆に、〈自我〉は他者たちを支える[14]」。究極的には、責任から身代わりへ、つまり〈自我〉から〈自己〉へ、また倫理から精神的なものへの移行があるのだが、精神的なものにおいて、他人との出会いと無限の啓示のあいだの筋立て――私の責任の無限であり、どこからともなく到来する――が結ばれる。このような移行において、神がもしかするとそこにいるかもしれないと考えられうるというわけだ。しかし、それは〈彼〉なのだろうか。神が問題なのではないか。

確かなのは、他人に対する私の関係の意味は倫理の秩序に属しており、この関係が〈自我〉を実存の非常に深い諸地平へと開くということである。その結果、自由が任命され、私は他人のために、すべての他人のために存在するというかたちになる。《さようなら《ア・デュー》》は、他人および他者たちとの関係を結びつける筋立てを、そして「私のうちなる無限の観念」を表現している。各自は以上のことを自分なりに理解するだろう。

第16章　哲学は神学ではない

神に目覚めること

『観念に到来する神について』において、レヴィナスは「神」という語の意味を現象学的に探究している。哲学的合理性は聖書の教えに着想を得ているとしても、それは宗教的物語とは異なるし、神学と一線を画している。

同書はまず、古典的な神学と存在論を批判する。これらは、神を至高の存在者とし、ドイツ観念論において頂点に達する、存在と思考の等価性を前提に置いている。(1) 神学は神を主題化し、それを存在者に仕立てるのに対して、聖書の神は存在の彼方にある。聖書の根源的着想に忠実であるためには、ジャン＝リュック・マリオンの著作名を取り上げるならば、(2) 存在なき神を考える必要があり、無限を包括するという哲学的言説の主張を拒む必要がある。すなわち、聖書とデカルトを読まなければならない。デカルトの読解によってレヴィナスは無限について語ることができるのであり、それゆえ、彼性ないし神の観念について語ることができるのである。ここでの神の観念は、私に先行し、私に命令するが、私の思考の所産ではないもののことである。聖書について言えば、聖書ゆえにレヴィナスはデカルトから遠ざかり、神を主題化したり実体化したりするのとは別の仕方で考えるようになる。つまり、意味は本質〔存在することessence〕に還元できないのである。現象学において神を思考することは、実体・本質・事物・存在の用語で考えない、ということなのである。

レヴィナスは、いかなる概念をもはみ出す神の観念――聖書によればわれわれはその顔を見ることができない――の意味を分析している。重要なのは、現象学においてつねにそうであるように、贈与に注意を払うことである。とりわけ、他人の現象性がその意味作用に等しくない場合や、神のように、いかなる現象性もなく、私に何かを意味し教える退隠がある場合など、贈与が逆説的である場合にはなおさら注意を払う必要がある。存在と同じように神に接近できないことが、レヴィナスが〈彼〉と私の連関について語る代わりに、〈呼びかけ〉、《さようなら《ア・デュー》》について語ることを説明している。われわれは、神学の下女ないし宗教的経験の合理化であるような哲学からはほど遠いところにいる。

『観念に到来する神について』において、レヴィナスは、フッサールの場合にも見られるように、西洋思想では、存在が顕現であり、現象性、つまり諸事物の現れが諸事物の意義と合致するという考えに魅了され続けているとしてこれを批判している。視覚に特権を認め、それを認識のモデルと見なす哲学的伝統にレヴィナスは対立する。この伝統は現象学の創設者たるフッサールにも当てはまる。レヴィナスは、自我の心の奥底における外的なものの反映としての表象、また事物と思考の一致としての表象というモデルをフッサールとハイデガー以上に根本的に拒絶する。同書の当該箇所には、哲学の伝統から一線を画すレヴィナスの思想のある種の要約がある。それによれば、この伝統は、支配、概念的把握、主題化、私がすでに知っていたものへ新しいものを同定することを認識のモデルとしているのだが、このモデルは放棄されなければならない。このモデルに対してレヴィナスは、目覚めと呼ばれる、根源的な受動性へと立ち返らせるものを対置する。

レヴィナスが目覚めを不眠に関連づけることに驚かれるかもしれない。このように関連づける理由は、真の警戒が事物を制御する意志とは無関係だという点にある。真の警戒は不眠によって生まれる覚醒を指し示している。それは支配の側にではなく、眠りにつくことを妨げる不穏、他者を同に還元することを禁じる隔たりの側にある。不眠は休息に対立する。不眠は「目覚めの宵」(3)であり、他性および変質の意識である。

〈他〉は［……］不眠のなかで、〈同〉の実体として、同一性として、休息として、現前として、睡眠として核を形成するあらゆるものを抉り出す。［……］〈同〉のなかの〈他〉［……］は同を疎外せず、同を目覚めさせる。(4)

「覚醒すること」がここで意味しているのは、未知のものを既知へと解消する運動や、型にはまった言説によって表現するという運動に屈せずに何かを探求することである。不眠は「志向性なき覚醒――没-利害」(5)である。私はそう決意したわけではなく覚醒している。覚醒に特有の空虚は、あれこれの内容によって埋められるものではない。これが志向性の手前における純粋意識である。レヴィナスは、自分なりの仕方で、このように目覚めの宵を表現している。

それゆえ、他人を、また他人に対する私の責任の無限を受け入れる態勢をもつためには、そして身代わりにおいて存在するためには、レヴィナスが語るような意味で不眠症でなければならない。私が身に着けているものすべてを脱ぎ去って、社会的生活によって、世界についての表象および先入観によって構成された習慣を脇に置いておくためには、現象学者でなければならず、自然的態度と手を切らなければならない。こうした表象および先入観が付着した人々の衣服を裁断しなければならないのだ！「裸になら」なければならず、志向性の手前の意識でなければならない。こうした自発的ではない態度において、他者の苦しみを感知可能であること、他者を顔として見ること、そして顔がその痕跡であるところの私の責任の無限に接近すること、これらを妨げるものを私は厄介払いする。現象学的還元は暴力的で、徹底的である。つまり現象学的還元は、倫理を他人との関係の次元としてさらけ出し、この出会いを超えたところで、《さようなら《ア・デュー》》を啓示しうる一つの方法であり、一つの経験なのである。還元は身代わりおよび剥奪にいたる。その際に理解されるのは、私に呼びかけ、私の邪魔をする他者——それは私が保護することができるが、それだけでなく、消滅させたい他者でもある——が、もう一つの私自身へ、〈自己〉へ、「〜に捧げられている」生の意味へ私を開くということなのである。

根源的受動性があったとしても、なおもこの受動性を受け入れる態勢がなくてはならないということである。このような態勢とは、貧窮状態にあることである。とはいえ、人は純粋意識という本質的な貧しさの状態を強いられることがなければ、貧窮のうちで存在できるだろうか。純粋意識は同の同定によ る何かについての意識ではなく、主体を「脱超越論化する」意識である。このテクストに見られるように、レヴィナスは、認識の特権によって特徴づけられる思考になおも囚われている超越論的観念論を批判している。レヴィナスにとって、主体性は、超越論的なものをまったくもっていない。それは意味の起源ではないのである。

他者と無限を考えるためには、無限が神と呼ばれようと呼ばれまいと、他人の背後に神を見ようと見まいと、私が源泉とはならない贈与を考える必要がある。また、この贈与を受け取る必要もあるのだが、このことは、繰り返すなら、「貧窮」のうちで存在することを含意する。この語は、レヴィナスの書いたもののなかにしばしば見られるのだが、人質という条件を可能にする状況を描き出している。ここでわれわれは、主体の変質として考えられる傷つきやすさと、他者のための私の責任に起因する自我のうちの他性として考えられる傷つきやすさとの関連に立ち戻ることになる。つまり、私が他者によって苦しみ、他者のために苦しむという事態に立ち戻る。他人のための苦しみこそ、「報復、戦争、自我の優先的な肯定を原理とする世界から」引き離すのである。「[……]傷つきやすさはこの世界に別れを告げる権能である。人は老いつつ、この世界に別れを告げる。この別れの挨拶、《さようなら《アデュー》》として、時間は持続する」[6]。

『観念に到来する神について』[7]において、レヴィナスは、自分が超越論的観念論と徹底的に異なること、そして表象の瓦解という点で、フッサールとハイデガーよりも先に進もうとしていることを示すために、哲学史における自らの位置づけの必要性を感じる。その根源性は、身体性に関わる諸現象や他人のような構成を免れる諸現象を記述することに専心する点、人が死を免れないことを理解する点、そして宗教と哲学の境界である《さようなら《ア・デュー》》を考える点にある。神が宗教的言説から生まれるとしても、この語の意味がどのようなものなのかを見ようとする企図は哲学に帰着する。「神」という語へのこのようなアプローチはこれまで顧みられなかった。いまや、現前や顕現といった用語とは別の仕方で神を考える必要があるのである。必要なのは、このような「知とは別の仕方で」たる思考を表現するための言葉であり、認識の挫折ないし非‐把握がある意味をもつこと、意味性の過剰さ——レヴィナスはこの過剰を栄光として示している(8)——を意味するということを示すための言葉である。《さようなら《ア・デュー》》という、目覚めた思考の意味とは、以上のようなものである。

それゆえ、現象学において、「神」という語は、自己に回帰しないこと、非‐等価であることを意味する。思考のもつ、認識しようとする、他者を同へ還元しようとする、一切を概念およびカテゴリーに包含し配置しようとする、一言で言えば計算しようとする要求において、神は思考を炸裂させる。これが、決して包摂されないながらも、私のうちで意味をなす思考の教えである。神を信じているか否かはここでは関係がない。そうした教えの着想源であるデカルトは、自らのうちなる無限の観念を、自らが有限であり、ごく小さいもので、ごく限られたものだと感じることに関連づけた。同様に、レヴィナスにとっても、自我のうちに無限の観念があるからこそ、他人に出会うことによって、私は自らの責任の無限を感じ、神的なものの痕跡を垣間見る。それはどこからやって来るのか。一部の人々は、それを神や聖書のテクストに関連づけ、哲学と宗教の関連を確立しようとするだろう。別の人々は、この問いを開かれたままにするかもしれない。しかし、デカルトにとってそうであるように、無限の観念は自我において原初的なものである。つまり、意識は受動的だということだ。このような目覚めの状態においてこそ、覚醒が生起することになるだろうし、何かが私に啓示されることになるだろう。

　思考は意識と同じ外延をもっているわけではない。われわれは存在論、存在についての言説のうちにはいない。意味は人が使用する語を超え出るのである。他人への逆説的な接近を記述することによって、倫理の源泉に外部性を発見するだろう。ここには、起源が未知であるという意味において、無起源な何かがある。これが神の観念の意味である。ここでの神とは、大半の神学者および哲学者――デカルトもここに含まれる――の注意を引きつけた肯定的な諸属性や全能から遠く離れたものである。

〈善〉の〈欲望〉、倫理と精神性

意味の筋立て〔intrigue〕とは何か。無限は何を問題にするのか。無限はどのように顕現するのか。無-限〔in-fini〕というときの、この否定辞〔in〕、つまり有限のうちに書き込まれた否定性は欲望である。無限は、欲望に穴を開け、それが何によっても埋められえない欲望を穿つ。目標なき、対象なき欲望であり、〈善〉の欲望なのである。

「〈無限〉とは、〈無限〉の〈欲望〉である。〔……〕〈エロス〉なき愛」[9]。神のことを考えることは、この超越が倫理的なものであると理解することである。この超越は、自己の目の前にいる者よりも遠くの他者たちのための参与になるような責任を私に命じることになる。

このような無限の欲望は、デカルトが考えた愛のようなものである。レヴィナスは引用していないが、『情念論』からは、愛とは実存範疇であって、感情ではないということが理解される。[10]つまり、それは主体性の反転である。というのも、他者に対する私の意志によって私は統一を感じるからである。私は、自分がその一部であると感じる全体の構成員であり、愛されるものもまたその一部分である。いかなるエゴイズムからも離れて、またエロス〔恋愛〕、フィリア〔友愛〕、アガペー〔慈愛〕の三分割の外部で、デカルトが思い描く愛それ自体には、その対象によっては定義されない本質的な統一がある。友愛は、エロティックな愛よりも純粋であり、不純物が少ないが、これらのあいだには程度の違いしかなく、本性としての違いはない。愛が純粋であればあるほど、私は、自分がその小さな一部でしかない——しかも最も尊厳ある部分でもない——全体に結びついていることを感じ、他者たちの善を欲望するようになる。愛を考えるためには、愛される対象を、つまり多かれ少なかれ欲望をそそるという対象の特徴を強調してはならない。むしろ強調すべきは、主体であり、〈自我〉から〈自己〉へと移行させる主体性の反転である。主体性の反転によって、神の愛、神のための愛、神がそうである愛が何であるかを理解することができるのであり、かくして、すべての他者たちに開かれることになる——われわれの考えでは、この他者たちのなかに他なる生物も含まれる。

この運動は受動性の目覚めである。つまり、所有と支配を狙う、意味の贈与者たる意識の「志向性の脱自〔忘我〕から覚めている」ことで、〈自我〉が開かれることである。「そして、〈無限〉ないし神が、その欲望をそそる性質それ自体の奥深くから、他者たちの欲望をそそらない近さへ送り返される仕方——われわれはこれを彼性という用語で示した——これは、〈欲望をそそるもの〉の欲望をそそるという性質の法‐外な転覆であり、［……］これによって、〈欲望をそそるもの〉は〈欲望〉を逃れる[11]」。

哲学は宗教的伝統や聖書、そして聖書が引き起こした諸解釈から着想を得ることがありうる。とはいえ、レヴィナスは、宗教的伝統が伝えたものを合理的な用語に翻訳することで良しとはしない。レヴィナスの哲学は、これらのテクストにおいて啓示されるものによって、屈折させられてもいる。哲学者であり続けながらも、宗教的なものから着想を得るに身を任せるためには、非‐知のうちにいなければならない。とりわけ西洋において、哲学的言説は統御の探求によって特徴づけられ、意味の構成を可能にする諸カテゴリーを参照してきた。このような哲学的言説にとって、以上のアプローチは当惑を与えるものである。つまり、エマニュエル・レヴィナスを理解するためには、意味の何重もの重層を総合するのではなく、この重層に慣れる必要がある。他人の超越や殺人の禁止についてレヴィナスが語ることが、宗教的教訓の哲学的な転記にすぎないと見なされるならば、レヴィナスの思想の深さとその普遍性が見過ごされ、そして現象学が倫理学や政治学に何をもたらすのかが見逃されてしまう。他方で、あたかもレヴィナスがユダヤ教の伝統に属する聖書の偉大な読者ではないかのように振る舞うこともできない。

換言すれば、他人との出会いは、非宗教的な経験である。つまり、主題化不可能な出来事であるが、神を介在させなくてもよい出来事である。それにもかかわらず、身代わりにいたるまで考えられた他人との関係は彼性を垣間見させ、倫理学と政治学をはみ出す意味の次元を付け加える。この次元は精神的なものであり、精神的な用語においてしか表現されえない。要するに、レヴィナスがユダヤ教の伝統に依拠していることは抹消できないのである。レヴィナスが用いる語を通じて、レヴィナスは他性と彼性のあいだに橋を架け、また、他人との出会いと、他者のために苦しむ私の能力でもある私と、観念に到来する神のあいだに橋を架ける。以上のすべてのことが、《さようなら《ア・デュー》》という表現において示唆されている。これらの異なる地平は重なり合っているとはいえ、各々の解釈者は好きなように解釈することもできる。ただし、ユダヤ教に精通していることによって、そしてまた聖書を着想源の一つとすることによって、レヴィナスは、他人に対する関係が倫理と無限に対して私を開く関係であると実際に考えるにあたって、フッサールに欠けていたものが何であるかを理解できたのではないかと想像することは可能だろう。

事実、レヴィナスは、フッサールおいては間主観性が類比的な感情移入の再構成を通じて、つまり認識のモデルにとどまるモデルに従って理解されているが、そのような理解の仕方は、私の他人に対する関係の意味について大したことを言っていないと判断したのであり、だからこそ、レヴィナスは独自の思想を築いたのである。レヴィナスがユダヤ教から得た着想、つまりレヴィナスにとって哲学が宗教的源泉を枯れさせることはないということ、そしてレヴィナスが自分のものとしている伝統において他人に対する関係が倫理的秩序に属しているということは、認識のモデルに囚われていた他人への接近の諸々の限界をレヴィナスが看破したということを間違いなく説明している。ユダヤ教においてきわめて徹底的なものである神の超越が、他人は現れの地平に還元されえないという事実にレヴィナスを目覚めさせたのだろうか。このことを表現するためには、文体も必要であった。それゆえ、「痕跡」「謎」「接近」ないし諸項の同時性を前提としない「への関係」という語や、「隔時性」「高さ」「無起源」という語が出てきたのである。「欲望」という語もそうだが、これは「関係」という語よりも適切だろう。

ある意味において、神について考えることはわれわれに主体性の反転を教えてくれる。そこにおそらく聖書の謎の一つがある。哲学にとってこの教えを受け入れることは困難だった。このことは、ヘーゲルの絶対という観念や、体系が現実的なものを全面的に理性に従属させる仕方を考えるなら理解される。それとは反対に、レヴィナスは思考と存在のあいだの等価性を断ち切る。なぜなら、現実的なものは概念を免れ、構成的な意識さえをも免れるからである。そして、現実的なものと思考のこのような非同一性を認めることによって、人は諸事物の意味を理解するだけでなく、体系における全体化するものから逃れ、そのうえ全体主義的なものからも逃れる。『全体性と無限』と『存在するとは別の仕方で』〔『存在の彼方へ』の原題〕である！　デカルトの無限という観念がなければ、全体性の断絶はなかっただろう。そうであるなら、他者へ開かれることもなかっただろう。しかし、聖書から着想を受けなければ、レヴィナスはおそらく、神学と手を切るばかりでなく、配慮の存在論、現存在が存在を了解するという考え、さらにはフッサールの超越論的哲学と手を切ることを含意する《存在するとは別の仕方で》に到達しなかっただろう。

超越を考えることは一つの挑戦である。それゆえ、解釈学が必要になる。つまり、「神」ないし「他人」といったいくつかの語がもつ意義を理解するためには、自己による掌握を免れるいくつかの諸現象に耳を傾け、厄介ないくつかの観念に注意深くあることが必要である。「解釈学の彼方」というテクストの末尾に、われわれはいかなる点で現実的なものの統御者たることを求めるような哲学から遠いのかを見てとれる。哲学はむしろ、後退および不在の様態で与えられるものを統握し、知とは《別の仕方で》を指し示す。哲学は「知を愛にもたら[12]」さなければならないのである。

超越と《さようなら《アデュー》》

すでに見たように、非‐構成の現象学に固有の合理性は、傷つけられた合理性であり、現実的なものを一つの全体のうちに包括しようとするいかなる企てに対しても不信の念を抱き、このような合理性をはみ出し超越するものを受け入れる。しかるに、超越は、神や他人のように自我の彼方にあるものに関わるだけでなく、合理性の下位にあるもの、および言語の手前にあるものにも関わる。

「現実とその影[13]」という驚くべき題名をもち、一九四八年の『レ・タン・モデルヌ』に初めて公刊されたテクストにおいて、レヴィナスはジャン・ヴァールから下越〔transdescendance〕という観念を援用している[14]。上越〔transascendance〕は上昇であり、彼方を目指すのに対して、下越は自我および自然の奥底に下っていく運動を表している。メルロ＝ポンティが考えていたこととは反対に、レヴィナスは、諸事物の本質をわれわれに啓示しない芸術をめぐって下越という語を用いており、諸々の作品における諸感覚の質料性――つまり音や色など――に基づく作用に属するものを通じて「現実的なものの幽霊のような影」を探求している。下越という観念について根源的だとわれわれに見えるのは、このテクストのなかでレヴィナスがこの観念を使用したことよりも、概念と志向性を免れるもののなかに《感じること》を探るという自己深化の観念に関わっている。

拙著において、以上のレヴィナスの直観を敷衍することで、私は身体性を、他性との関係の特権的な場所として、そして私の身体の変質と他者たちへの開けを繋ぎとめるものとして解釈し、下越を共通の基準で計れないものの経験とした。(15) この経験は自己認識の深化の過程を指し示す顧慮の鍵となる。ここにいう自己は、感覚し、生まれ、やがて死ぬ存在のことであり、自己よりも古く広い共通の世界に属しているという意識をもっている。共通の世界は、諸世代の総体、自然的文化的遺産、そして他の生物を含む。顧慮の主体は、主体を人間および非人間の他者たちに統一する緊密な紐帯を感じ、それぞれの存在を注意をもって見る。その際、主体はそれぞれの存在を服従させようとはせずに、それらに固有の価値を認め、それらのために場所を空ける。

それゆえ、倫理は非合理的なものにも神秘主義にも、あるいは全体との融合にも通じていない。というのも、むしろ倫理は個体化の過程に属すからである。個体化の過程は根付きを前提するのではなく、他者たちや共通の世界への開けを前提する。倫理は、精神的と呼ばれうる平面に接合されているが、とはいえ、自らの顧慮の領域を拡張する主体性の反転を確かなものとするために、神を信じる必要はない。《さようなら《ア・デュー》》に見合う倫理、あるいは、われわれの考えでは、共通の世界に関連する倫理を考えることが意味するのは、アリストテレス的な賢慮や熟慮だけでは、諸個人が支配や全能から脱出するのを助けるのに十分ではないということである。哲学的合理性は理性を免れ理性の下位にあるものにも行使されなくてはならないためである。

これがレヴィナスの最も見事な教えの一つである。この教えは、哲学的抽象、悪政からわれわれを守ることのできなかった諸々の自由の哲学、公共福祉を定義するにはあまりにも乏しい諸々の正義論、そして釘づけにされた存在についての諸々の思想——これは権能、同一性、起源の強迫によって特徴づけられる、存在に釘付けにされた思想でもある——に取って代わる選択肢を見つけようとする者たちに道を開くものとなるだろう。

本書は網羅的とは言えないが、エマニュエル・レヴィナスが筆者にいかなる発想を与えてくれたかに密接に結びついている。その行程を締めくくるにあたって、ジャック・デリダに語ってもらおう。デリダは、一九九五年一二月二七日、パンタンにおけるレヴィナスの葬儀の際に、弔辞のなかでレヴィナスに哀悼の意を捧げた[16]。

> エマニュエル・レヴィナスを読み、読み直すたびに、私は感謝と称賛の念で目が眩みます。強制とは違う、とても甘美な力のような必然性によって、目が眩んでしまいます。この甘美な力は、[……]私たちをまったき他者(つまり正義)に関係づけるような別の他律的な湾曲へと従うよう義務を課すのです。[……]それはこのような呼びかけとして、慎み深くも不可逆な仕方で、この千年紀において最も強力で確信に満ちた思想群——フッサールやハイデガーの思想を手始めとして[……]——を攪乱するべく到来したことになるでしょう[……]。

しかし、レヴィナスが《さようなら《ア・デュー》》に託したものを思い起こすだけでなく、何よりもまず彼にさようならを述べたいと私は言いました。彼の名前を通じて彼に呼びかけ、彼の名前を、彼の下の名を呼びたいのです。彼が、もう応答してくれることはないとしても、そのことが私たちのもとで彼が応答してくれることでもあるまさにその瞬間に、彼が自分を呼ぶような名で呼びたいのです。私たちのなかで、私たちの心の奥底で、私たちのなかであると同時に私たちよりも前に、私たちのなかであると同時に私たちの面前で――われわれに呼びかけ、われわれに「さようなら《ア・デュー》」を呼び起こしつつ、彼が答えてくれるその瞬間に。

さようなら、エマニュエル

訳者解説

本書は、フランスの哲学者コリーヌ・ペリュション『レヴィナスを理解するために』の全訳である。原題は『レヴィナスを理解するために――われわれの時代のための哲学』であるが、主題を明確にするために、邦訳では副題を「倫理・ケア・正義」とした。

ペリュションについては、すでにその主著『糧――政治的身体の哲学』が邦訳されており[1]、その仕事についても詳しく紹介されているため、ここではそうした紹介は最小限にとどめておきたい。

ペリュションは一九六七年生まれで、パリ第四大学（ソルボンヌ校）にて哲学を学んだ。一九九五年に哲学教授資格を取得し、二〇〇三年には『レオ・シュトラウスにおける近代的啓蒙批判』で博士論文

（1） Corine Pelluchon, *Les Nourritures: Philosophie du corps politique*, Paris, Seuil, 2015.〔コリーヌ・ペリュション『糧――政治的身体の哲学』服部敬弘／佐藤真人／樋口雄哉／平光佑訳、萌書房、二〇一九年〕

を取得する。指導教官はフランスの中世哲学研究の大家であるレミ・ブラーグで、副査にはヘーゲル研究のジャン゠フランソワ・ケルベガン、現象学のディディエ・フランク、政治思想のフィリップ・レイノーおよびピエール・マナンがいた。同論文は『レオ・シュトラウス――もう一つの啓蒙のもう一つの理性』[2]（ヴラン社、二〇〇五年）として公刊される。

このようにシュトラウス研究で哲学研究のキャリアをスタートさせたが、ペリュションの関心は政治哲学にとどまらなかった。その後、生命倫理の方面での研究を開始し、二〇〇九年に『砕かれた自律――生命倫理と哲学』[3]（PUF、二〇〇九年）を上梓した。翌年、同書に基づく大学教授資格論文（HDR）『生命倫理、エコロジーおよび政治哲学――主体の哲学を豊かにするためのいくつかの提案』をパリ第四大学に提出した（主査はアラン・ルノー）。

その後、動物倫理や環境倫理を含む幅広い分野で重要な著作を次々に公刊する。とりわけ、『傷つきやすさの倫理のための諸要素――人間、動物、自然』[4]（セール社、二〇一一年）はその関心の広がりを示すものであるが、動物倫理に関しては、『動物主義者宣言』[5]（アルマ社、二〇一七年）が重要である。環境倫理については、邦訳のある『糧』における、レヴィナスの「糧」現象学を起点に環境倫理・政治哲学を横断する分析は、ペリュションの名を一躍有名にしたと言えるだろう。

『糧』の邦訳公刊以降にも活発に研究活動を続けており『顧慮の倫理』[6]（スイユ社、二〇一八年）、『世界の修復――人間、動物、自然』[7]（パイヨ社、二〇二〇年）、『生きもの時代の啓蒙』[8]（スイユ社、二〇二一年）など多数の著作がある。

また、レヴィナスを主題とする本書の姉妹編と言うべきものとして、リクールに関する研究書もまとめている（『ポール・リクール――再構築の哲学』[9] PUF、二〇二二年）。訳者の渡名喜とともに二〇二二年にフランスのスリジー・ラ・サールにてレヴィナスとメルロ＝ポンティを主題とする日仏合同シンポジウム「レヴィナスとメルロ＝ポンティ――身体と世界」を共同主催した[10]。一週間にわたるシンポジウムでは、現象学、政治、言語といった従来重視されていたテーマに加え、「感性的世界」「大地への居住」「身体、ケア、傷つきやすさ」「人間と人間ならざるもの」といったテーマが設定され、日仏の複数の研究者らが発表や討議を行なった[11]。本書でも随所で垣間見られるように、こうした観点からレヴィナスの思想を読み直すという企図がペリュションの読み方の特徴をなすと

（2）Corine Pelluchon, *Leo Strauss: une autre raison d'autres Lumières. Essai sur la crise de la rationalité contemporaine*, Paris, Vrin, 2005.
（3）Corine Pelluchon, *L'autonomie brisée: Bioéthique et philosophie*, Paris, PUF, 2009.
（4）Corine Pelluchon, *Éléments pour une éthique de la vulnérabilité: Les hommes, les animaux, la nature*, Paris, Le Cerf, 2011.
（5）Corine Pelluchon, *Manifeste animaliste. Politiser la cause animale*, Paris, Alma, 2017.
（6）Corine Pelluchon, *Éthique de la considération*, Paris, Seuil, 2018.
（7）Corine Pelluchon, *Réparons le monde: Humains, animaux, nature*, Paris, Rivages Poche, 2020.
（8）Corine Pelluchon, *Les Lumières à l'âge du vivant*, Paris, Seuil, 2021.
（9）C orine Pelluchon, *Paul Ricoeur, philosophe de la reconstruction: Soin, attestation, justice*, Paris, PUF, 2022.
（10）Cf. Corine Pelluchon, Yotetsu Tonaki (dir.), *Levinas et Merleau-Ponty: Le corps et le monde*, Paris, Hermann, 2023.

言えるだろう。

レヴィナスについては、すでにその著作のほとんどが邦訳され、また研究書や解説書の類も豊富にあるなかで、あえて本書の邦訳に踏み切ったのには、本書には類書にない以下のような特徴があるように思われるからだ。

何よりもまず、本書の第一の特徴は、以上の紹介からもわかるように、レヴィナスを第一の専門とするのではない哲学研究者によって書かれたところにある。日本でも熊野純彦や齋藤慶典など、それぞれレヴィナス以外にも専門をもつ哲学研究者による優れたレヴィナス本があるし、[12]ケアとの結びつきについても佐藤義之の研究から近年の村上靖彦にいたるまでいくつかの研究がある。[13]だが、ペリュションの関心は、政治哲学から環境倫理・動物倫理・生命倫理などの応用倫理学にいたるまでいっそう幅広い。このように多様な学問的関心のもと、動物や環境危機といった現代的な問題に関しても鋭敏に反応している哲学者がレヴィナスの思想のどこに重要性を見出しているのか。それは、レヴィナス研究を一応の専門としている訳者たちの関心の一つであったばかりでなく、レヴィナスに関心を抱く多くの読者にとっても何らかの指針を与えるのではないかと思われる。

また、随所に現れているように、レオ・シュトラウスをはじめとした英語圏の政治哲学者、ポール・リクールといったフランスの哲学者、テオドール・アドルノやマックス・ホルクハイマーらドイツの哲学者など、同時代の思想家らに対する言及は、レヴィナスの独自性を考えるうえでも参考になる。これはペリュションの関心の広がりを示すだけでなく、二〇世紀の激動を生きた思想家たちが重なり合う地場から彼らがそれぞれどのような独創的な思想を展開しようとしたのかを浮かび上がらせるものだろう。さらに、ケアの倫理や正義論などの分野への折に触れた言及も単に関心の近さを指摘するばかりでなく、それでも残る差異についても欠かさず触れており、示唆に富む。

さらに、本書の宛先に関しても触れておくべきだろう。まえがきにあるように、本書は著者の務めるギュスターヴ・エッフェル大学の大学院での授業が元になっているが、この授業を履修していたのは、哲学を専門とする学生よりもむしろ、医学・看護・介護・心理学・保健行政といった総じて「ケア」と呼ばれる領域に携わる人々が多くを占めている。先述のスリジー・ラ・サールでのシンポジウムにもこうした「学生」の何名かが参加していたが、彼ら／彼女らは、医療やケアの実践のなかでレヴィナス思想の意義を感じとったと語っていた。

(11) シンポジウムの様子については以下を参照。渡名喜庸哲／三宅萌「スリジー＝ラ＝サル・シンポジウム報告 レヴィナスとメルロ＝ポンティ――身体と世界」『境界を越えて 比較文明学の現在』第二三号、立教大学比較文明学会、二〇二三年。

(12) 熊野純彦『レヴィナス――移ろいゆくものへの視線』（岩波現代文庫）、岩波書店、二〇一七年、齋藤慶典『力と他者――レヴィナスに』勁草書房、二〇〇〇年、齋藤慶典『レヴィナス――無起源からの思考』（講談社選書メチエ）、講談社、二〇〇五年。

(13) 佐藤義之『レヴィナス――「顔」と形而上学のはざまで』（講談社学術文庫）、講談社、二〇二〇年、村上靖彦『傷の哲学、レヴィナス』河出書房新社、二〇二三年。なお、レヴィナスとケアの関係については、以下の論集でもいくつかの言及がある。杉村靖彦／渡名喜庸哲／長坂真澄編『個と普遍――レヴィナス哲学の新たな広がり』法政大学出版局、二〇二二年、レヴィナス協会編『レヴィナス読本』法政大学出版局、二〇二二年。

とはいえ本書はそれなりに難解な箇所もあり、そうした読者層に容易に理解できるような記述になっているか、あるいは少なくともこの翻訳がそれを損なっていないかについては心許ないが、本書の元となった授業がこうした企図を有するものであったことは明記しておいてよいだろう。

読者の理解のせめてもの助けとなればと各部・章の概要を記しておきたい。

本書全体は、テーマごとに八つの部からなり、各部には二つの章が置かれている。

第I部では、本論に進むための「予備的材料」として、まず第1章で、レヴィナスの経歴が確認される。レヴィナスの経歴については、すでにサロモン・マルカ『評伝 レヴィナス――生と痕跡』（斎藤慶典／渡名喜庸哲／小手川正二郎訳、慶應義塾大学出版会、二〇一六年）やレヴィナス協会編『レヴィナス読本』（法政大学出版局、二〇二二年）において、かなりの部分が知られており、基本的な情報としては新たな知見はないが、ヘルマン・コーエンとの関係を織り込むのは、レオ・シュトラウス研究者として出発したペリュションならではの視点だろう（レオ・シュトラウスは晩年のヘルマン・コーエンが取り組んだ西洋哲学とユダヤ性の関係の問題をある意味引き受けるところからそのキャリアをスタートさせている）。

第2章では、レヴィナスがフッサールとハイデガーのそれぞれからどのような影響を受け、また彼らをどのように批判したのかが確認される。この点はすでに多くの類書で指摘されているが、本書の特徴は、「顔の倫理」を含め、レヴィナスが「一人の現象学者」として現象学をその基本的な軸としていることをはっきりと強調している点にある。特にペリュションはこれを「非‐構成の現象学」と呼ぶ。その特徴は、第一に、一般的な「ケアの倫理」や間主観性を重視する哲学とは異なり、具体的ないし実践的な次元よりは、いっそう根源的な、「存在すること」の条件を問うという実存論的な次元に関わる点にある。第二に、主体が自らの認識枠組みのうちに回収することのない「他者」こそが、倫理的関係はもとより、「私」という主体の存在を成り立たせているとする点にある。ただし、ペリュションが自らの「糧」の哲学を構築するとき、レヴィナスのこうした「非‐構成の現象学」の意義を認めつつも、そこにおける「他者」の射程が人間的存在に限定され、自然や環境にまでいたっていないことについて異議を唱えている点は付言すべきだろう。

第Ⅱ部「他性と超越」では、レヴィナスの主要概念の一つである「顔」が取り上げられる。ここでは「教え」、デカルトの「無限の観念」、顔の非現象性（顔は物理的な顔面として現れるのではないこと）、自我による意味付与に先立つ意味生成、非暴力的な対話、殺人の禁止（「汝殺すなかれ」）といった、レヴィナスの「顔」概念にとって重要な一連の性格について丁寧に説明が加えられている。とりわけ殺人の禁止を主題とする第4章では、単にその「倫理的」な意義を重視するだけでなく、「非‐構成の現象学」の立場からどのようにこのような倫理が導かれるのかに力点が置かれている。さらにそれにとどまらず、レヴィナスが「他人」の顔に限定した「汝殺すなかれ」という呼びかけを動物にも拡張しうるかという問いが提起され、人間による動物の虐待や殺害の問題との関連が指摘されている。レヴィナスの「顔の倫理」を動物倫理へと応用する試みは、とりわけ英語圏の研究において現在いくつかなされている。ペリュションの議論はそれらを参照しているわけではなく、自身のこれまでの動物倫理に関する研究に基づいているものだが、本章の議論（および第5章後半の動物論）は、レヴィナスと動物というテーマについて今後検討する際に欠かせない参照項となるだろう。

第Ⅲ部は「責任、傷つきやすさ、身代わり」と題されている。ここではまず、前半の第5章において、レヴィナスの「他者」への「責任」という考えが、医療やケアといった問題とどのように関わるかが論じられる。レヴィナスとケアというテーマは近年論じられることが増えてきたが、ペリュションの眼目は、レヴィナス思想をそうした「実践」にどのように活かすかということよりも、むしろ「他者」への「責任」が医療倫理やケアの倫理と地続きであることを認めつつ、レヴィナスの考えの特異性を見定めようとすることにあるだろう。この特異性の第一は、レヴィナスの「顔」の考えにおいては、「他者」が「私」に優先するという非対称性が重要であるものの、実際にはそれに応答するのは「私」である、という「倫理の逆説」にある。ポール・リクールは医療倫理についての具体的な見解を述べるが、レヴィナスの関心はより根本的な問い、すなわち他者に応答する「私」とは誰かという問いにあったという。第二に、このことに私の責任を重視する根源的な姿勢は、従来の社会哲学の土台となっていた「自由」という観念を問いに付すだけでなく、国家をはじめ社会福祉制度を支える組織の基盤となる概念を据え換えるという企図をも含む、という点である。そして第三に、訳者の目からはきわめて重要なのは、ペリュションがこうした議論で「身体」の意義を十全に強調していることだ。「顔」そのものは物理的な顔を指すのではないが、応答する「私」もこの応答ないしケアが向かう「他者」も身体を、しかも「傷つきやすい＝脆弱な（vulnérable）」身体を有している。本書の随所で強調されるように、この身体性こそが倫理とケアの接点となるだろう。

これに対し、「責任から身代わりへ」と題された第6章は、やや理論的な内容である。本書では随所に「責任から身代わりにいたる」という表現が散見されるが、これは一九六一年の第一の主著『全体性と無限』から一九七四年の第二の主著『存在の彼方へ』(原題は『存在するとは別の仕方であるいは存在することの彼方へ』)へのレヴィナスの理論的な態度変更を指すものである。この点についてはジャック・デリダの批判の影響の有無を含めさまざまな議論がなされているが、ペリュションにおいて重要なのは次の点である。すなわち、『全体性と無限』では、基本的に「私」と「他人(顔)」の二者間の関係における責任が問題になっていたのに対し、『存在の彼方へ』では、「身代わり(substitution)」という概念が提示され、私が応答すべき「目の前にいる他者」だけではなく、「私が責任を負う必要ない複数の他者にも責任を負い応答すべき」という思想が登場する。こうした無限の責任の担い手が「人質」とか「身代わり」と呼ばれるわけだ(substitution は代置・代行とも訳せるため、「他人の代わりに私が責任を負う」というニュアンスが含まれている)。本章では、この問題が、ハイデガーの「顧慮」という概念に照らして検討されている。一般の読者にはややわかりにくいかもしれないが、ハイデガーの主要概念である「気遣い(Sorge)」の概念は、自らの存在に対する「ケア」と訳すこともできる。そのなかで「顧慮」は、ハイデガーの文脈では日常生活における他者への配慮(ケア)を指す一方、ドイツ語では公的扶助・福祉も指している。医療や看護とは異なり、ソーシャルワークにおいては、目の前にいる貧窮した他者へのケアというより、専門職によるケア、つまり「他人の代わりに私が責任を負う」というケアの実践があるが、こうした「ケア」の多層性が、ここでの理論的な分析の背景にあるとも言えるだろう。

第Ⅳ部では、先に述べた「身体性」の問題が主題となる。第7章では『全体性と無限』第二部で論じられた「糧」および「享受」の思想の意義が確認される。ペリュションの前著『糧』の前半で援用されたレヴィナスの「糧」論の詳細がここで論じられる。本章でのペリュションの議論は基本的にレヴィナスのテクストに忠実なものであるが、最終節（享受から正義へ）では、レヴィナスを離れ、「食べる」という行為の「倫理的・経済的・政治的」な意義に注目するというペリュションならではの展開が見られる。とりわけ、レヴィナスの「糧」および「享受」の思想の意義を認めつつ、レヴィナス自身がそこに倫理的な意義も政治的・社会的な射程も認めず、さらには動物の傷つきやすさの問いも発しないことについてのペリュションによる批判的な指摘はきわめて示唆に富むだろう。

第8章は「居住」の問題に着目する。現象学においては、フッサールにおいてすでに「大地」の問題が取り上げられていたし、「住む」ことをめぐるオットー・フリードリッヒ・ボルノウの思想を思い起こすこともできるが、レヴィナスの「享受」論にあっても「居住」は重視されていた。レヴィナスのいう「主体」は、自らの身体の置かれた「我が家」を起点にしてこそ他人の呼びかけに応答できるからだ。近年のフランス哲学においては、エコロジーの問題を人間の生息環境としての住処の問題として捉える傾向があり、ペリュションもまた、前著『糧』や近著『世界を修復する』などでもこうしたエコロジー（あるいはエコ現象学）への関心を示しているが、本章ではこの方面はさほど取り上げていない。その代わり、アンリ・マルディネやエルヴィン・シュトラウスらの精神病理学的な関心をもった現象学思想に言及しつつ、「居場所」という人間の存在条件に注意を払う現象学的な態度の意義が確認されている点は付記しておくべきだろう。

第Ⅴ部は「生ける身体と政治的身体」と題されている。たしかに第9章においては、こうした生政治的とも言いうる観点から身体性の問題が——とりわけナチズムとの関係から——取り上げられているが、第Ⅴ部全体でいうと、ハイデガーとの格闘に重きが置かれている。

第9章では、レヴィナスが一九三〇年代に書いた二つの論文「ヒトラー主義哲学に関する若干の考察」と「逃走論」が取り上げられる。前者でレヴィナスは、ナチズムが遺伝や人種といった生物学的な条件によって人間の本質が規定される点を浮き彫りにした。従来の思想がそうした条件からの「解放」を求めるという意味での「自由」を重視していたのに対し、ナチズムは身体への「釘付け」を強いるというのである。この論文にはハイデガーの名前は出てこないが、翌年の論文「逃走論」では、この「釘付け」が「存在への釘付け」と呼ばれることになり、ハイデガーに見られるような存在論への違和感が明瞭に示される。ここにはすでに、後年の《存在するとは別の仕方で》という発想が、「存在からの脱出」というかたちで示されている。

第10章では、いっそう哲学的な観点からレヴィナスとハイデガーの対比が論じられる。章題にもなっている「死と時間」の関係は、第二次世界大戦の直後に発表された「時間と他者」から、晩年のソルボンヌ講義『神・死・時間』にいたるまで、レヴィナスの中心的なテーマだとも言えるだろう。レヴィナスとハイデガーの関係に関しては多くの研究があるが、ペリュションは、「死に臨む存在」というハイデガーの考えが結局のところ「自己のため」に帰着するのに対し、レヴィナスは「他者」を起点に死を考えようとしていると指摘することで、両者の最も根本的な対立をここで明らかにしていると言えるだろう。

第Ⅵ部では、「正義」が主題となる。レヴィナスにおいて「正義」の位置づけは若干特殊である。というのも、レヴィナスのいう「顔」の倫理は、基本的に私と他者の二者関係がベースになっているため、「正義（ないし公正）」や「政治」が前提とする人々の多数性・複数性とは議論の土台が異なるからだ。そのため、レヴィナスにおいて「政治なものは二次的」となるが、それは決して正義や政治が問題そのものとして副次的ということを意味しない。ペリュションが同部で述べるように、レヴィナスにおいては「第三者」や「兄弟関係」という考えがあり[14]、決してこうした多数性・複数性が捨象されているわけではない。むしろ「顔」への応答という発想は、こうした政治的共同体における「正義」ないし「公正」を基礎づける原理として捉えるべきだろう。ペルションが第12章の末尾で述べるように、レヴィナスには具体的な「政治」に関する考察はないが、その原理に関心を寄せていたことは間違いない。そこに、二〇世紀に実際そうであったように全体主義やファシズムに転化することがなく民主主義を維持する条件についての考察を読み取るべきというペルションの指摘は重要だろう。

第Ⅶ部「もう一つのヒューマニズム」では、このようなレヴィナスの政治思想の基本概念のうち、とりわけ「自由」「平和」「人権」に焦点が当てられる。

本書の随所で指摘されるように、「私」の主体性や能動性ではなく受動性を基本とするレヴィナスの思想は、従来の政治思想の自由主義的な基盤そのものへの批判を含んでいる。ただし、レヴィナスは自由を軽視しているわけではなく、「任命された自由」という独自の発想がある。『全体性と無限』では特にサルトルを批判するかたちでこの考えが示すのだが、一言で言えば、「任命された自由」とは、私の自由は他者への関与の基盤となるのではなく、あくまで他者からの「正当化」を必要としているという考えだ。ここには、自由の暴走に警鐘を鳴らしたフランクフルト学派ばかりでなく、個的で自由な主体という発想を問い直すケアの倫理にも通じる考えが見られるだろう。

さらに、ペリュションが強調するように、レヴィナスは「戦争」と「平和」についての思想家だった。実際、『全体性と無限』は「戦争」についての記述で始まり「平和」で閉じられている。ここでレヴィナスのいう「戦争」も「平和」も、具体的な状態を指すわけではないが、「平和」と呼ばれる事態においても「戦争の永続的な可能性」がつねに燻っている事態をまざまざと目にするたびに、レヴィナスの根源的な洞察にははっとさせられる。

また、日本ではさほど注目されてはこなかったが、晩年のレヴィナスには「人権」を主題とするテク

(14) なお、本章以降、「兄弟関係」という語が頻出する。この語は「友愛」と訳されたり、フランス共和国の原理をなす「自由・平等・博愛」の「博愛」をも指す言葉だが、元々は、人類はいずれも兄弟であるという聖書(とりわけノアの逸話)の考えに基づいている。「兄弟」とあることから男性的な共同体が想起されかねず、批判も多くあるが、ペリュションはこの点には特に触れることない。たとえば、フランス革命時の奴隷解放の議論の際「われわれ〔黒人〕は兄弟ではないのか」という標語があったが、この概念には、そのように人間の多数性の承認および公的領域への包摂という含意がある。むしろ重視されているのはこの側面だろう。

ストがいくつかある。これを主題とした第14章はそれだけでも意義をもつだろう。「他者」の「顔」をつねに軸とするレヴィナスの思想は、力強さを示すと同時に、ややもすると具体性を欠いた抽象的な道徳論という印象を与えかねない。ペリュションがここで注目する「無名」というテクストでレヴィナスは「強制収容所の経験とユダヤ人の送った潜伏生活から」引き出される教訓として「内面的生」を挙げているが、これも一見すると同様の印象を与える。しかし、ペリュションのこのテクストの分析は、こうした表面的な印象を打ち破り、レヴィナスが個々人の道徳的な意識に懸けたものが何であったかをはっきりと示すものと言えるだろう。

最終の第Ⅷ部は「宗教」を主題とする。本書の特徴としては、レヴィナスの思想家としての営為のうち、哲学に勝るとも劣らぬほど重要な部分を占めていたユダヤ教ないしユダヤ思想に関する部分を扱わないという態度があることは否めない。ただし、第Ⅷ部は単に補足程度に宗教についても触れる、という性格のものでは断じてない。ここでは、前述の倫理と正義、あるいは倫理と政治における、〈倫理——特異な他人との関係〉〈正義——複数の他者たちとの関係〉という二層構造を補完するものとして、「神」と呼ばれるものがレヴィナスの思想のなかでどのように機能しているのかが問題とされている。レヴィナスの思想における宗教的な側面は、とりわけ日本の読者にとってはつまづきの元となることが多いと思われるが、レヴィナス思想の展開の全体を見渡すペリュションのここでの説明はきわめて示唆に富む。もちろんここで「神」と呼ばれるものは信仰の対象としてのそれではない。レヴィナスは「痕跡」とか「彼性」といった言葉でそれを名づけようとしているが、ペリュションはこれを「精神的なもの」「精神的地平」と呼んでいる。そうすることで、「神」に触れつつ、神学思想ではなくあくまで現象学として、レヴィナスの思想が何を問題としていたのかが最終的に明らかにされると言えるだろう。

本書は、二〇一九年、『糧』の邦訳公刊の際に、ペリュションが来日したことを機縁にしている。ペリュションの来日の主たる目的はアンスティチュ・フランセ東京（現在の東京日仏学院）が毎年開催している「哲学の夕べ」という講演への参加にあったが、その独自のレヴィナス解釈に関心を抱いた渡名喜が、所属するレヴィナス協会にて講演を打診したところ快く応じてくれた。二〇一九年五月に慶應義塾大学にて行なわれたセミナーでは本書第Ⅳ部に相当する内容が報告され、それについての質疑がなされた。その後、コロナ禍においても折に触れてコンタクトを取ってきたが、このようなかたちでペリュションのレヴィナス解釈が日本語で読めるようになったことは、友人としてもうれしく思う。

本書の翻訳の担当についても記しておきたい。まえがき・第Ⅱ部・第Ⅲ部を渡名喜が、第Ⅰ部・第Ⅳ部・第Ⅶ部・第Ⅷ部を犬飼が、第Ⅴ部・第Ⅵ部を樋口が担当した。ただし、読み合わせを行ない、訳文の相互チェックを行なった。著者ペリュションの企図に合わせ、できるかぎり読みやすいものになるように修正を繰り返したものの、いまだ晦渋な箇所が多く残っているのはひとえに訳者の非力によるものである。読者のご叱正を乞う次第である。

また明石書店編集部の村上浩一さんには、渡名喜が携わったジャン＝ピエール・デュピュイ『カタストロフか生か――コロナ懐疑主義批判』（二〇二三年）に続き編集を担当いただき、丁寧に訳文を読んでいただいた。本書が少しでも読みやすいものになっていれば村上さんのおかげである。記して感謝を申し上げたい。

二〇二三年一一月

訳者を代表して　渡名喜庸哲

第16章　哲学は神学ではない

(1) *De Dieu qui vient à l'idée, op. cit.*, p. 94-99.〔前掲『観念に到来する神について』114–120頁〕

(2) Jean-Luc Marion, *Dieu sans l'être* (1982), Paris, P.U.F., « Quadrige », 2013.〔ジャン＝リュック・マリオン『存在なき神』永井晋／中島盛夫訳（叢書・ウニベルシタス）、法政大学出版局、2010年〕

(3) *Ibid.*, p. 98.〔同書119頁〕

(4) *Ibid.*, p. 98-99.〔同書119－120頁〕

(5) *Ibid.*, p. 99.〔同書120頁〕

(6) *Ibid.*, p. 134.〔同書164頁〕この抜粋は、質疑応答の発表物である一節から引かれたものである。1975年3月、レヴィナスは、彼の著作をめぐって、何人ものオランダの哲学者からの質問に答えている。

(7) *Ibid.*, p. 94, 97 et même 101 *sq.*〔同書114、117－118、122頁以下〕

(8) *Ibid.*, p. 264.〔同書324頁〕

(9) *Ibid.* p. 111-113.〔同書133－135頁〕

(10) René Descartes, *Les Passions de l'âme*, § 80, 81 et 82, in *Œuvres philosophiques*, éd. Ferdinand Alquié, Paris, Garnier, t. III, 1998, p. 1013-1016.〔ルネ・デカルト『省察 情念論』井上庄七／森啓／野田又夫訳（中公クラシックス）、中央公論新社、2002年、201－204頁〕以下を参照。C. Pelluchon, *Éthique de la considération, op. cit.*, p. 77-82.〔コリーヌ・ペリュション『顧慮の倫理』（未邦訳）〕

(11) *De Dieu qui vient à l'idée, op. cit.*, p. 113-114.〔前掲『観念に到来する神について』135－136頁〕

(12) *Ibid.*, p. 172.〔同書211頁。ペリュションの引用は « apporter la sagesse de l'amour » であるが、レヴィナスの原文は « apporter la sagesse à l'amour » である〕。

(13) Emmanuel Levinas, « La réalité et son ombre », *Les Imprévus de l'histoire, op. cit.*〔前掲「現実とその影」302－332頁〕

(14) Jean Wahl, « Sur l'idée de transcendance », *Existence humaine et Transcendance*, Neuchâtel, Éditions de la Baconnière, « Cahiers de philosophie », 1944.〔ジャン・ヴァール「超越の観念について」『人間の実存と超越』（未邦訳）〕

(15) C. Pelluchon, *Éthique de la considération, op. cit.*, p. 95-103.〔前掲『顧慮の倫理』（未邦訳）〕

(16) Jacques Derrida, *Adieu à Emmanuel Levinas*, Paris, Galilée, 1997.〔ジャック・デリダ『アデュー――エマニュエル・レヴィナスへ』藤本一勇訳、岩波書店、2004年、15、20頁〕

(26) *Ibid.*, p. 144.〔同書189頁〕

(27) *Ibid.*, p. 145.〔同書190頁〕

(28) *Ibid.*, p. 144-145.〔同書190頁〕

(29) この情報を教示してくれたドミニク・パンソ－アサティアニに感謝する。

第Ⅷ部　宗教と哲学

(1) F. Poirié, *Emmanuel Levinas, op. cit.*, p. 131.〔前掲『暴力と聖性』147頁〕「ユダヤ教の伝統に全面的に無縁である［……］誰かであってもあなたを一人の哲学者として読むことができるでしょう」。

(2) *Ibid.*

第15章　他性と彼性

(1) Paul Ricoeur, « Emmanuel Levinas, penseur du témoignage » (1989), *Lectures 3. Aux frontières de la philosophie,* Paris, Points, 2006, p. 101.〔ポール・リクール『レクチュール3 哲学の境界で』（未邦訳）〕ポール・リクールは*Autrement qu'être, op. cit.*, p. 229〔エマニュエル・レヴィナス『存在するとは別の仕方であるいは存在することの彼方へ』合田正人訳、朝日出版社、1990年、333頁〕を引用している。われわれは、リクールのこの文章に注意を促してくれたことについて、ジョエル・セカルディに感謝する。

(2) *Ibid.*〔同書333頁〕

(3) *De Dieu qui vient à l'idée, op. cit.*, p. 264-265.〔前掲『観念に到来する神について』324－325頁〕強調は引用者。

(4) *Ibid.*, p. 12.〔同書12頁〕

(5) Leo Strauss, « Cohen et Maïmonide », *op. cit.*, p. 263-265.

(6) Emmanuel Levinas, *Autrement que savoir*, Paris, Osiris, 1988, p. 90.〔『知とは別の仕方で』未邦訳〕

(7) Dominique Janicaud, *Le Tournant théologique de la phénoménologie française*, Paris, L'Éclat, 2001.〔ドミニク・ジャニコー『現代フランス現象学――その神学的転回』北村晋／本郷均／阿部文彦訳（ヴァリエ叢書）、文化書房博文社、1994年〕

(8) *De Dieu qui vient à l'idée, op. cit.*, p. 11.〔前掲『観念に到来する神について』12頁〕

(9) *Ibid.*, p. 109.〔同書131頁〕

(10) *Autrement qu'être, op. cit.*, p. 283-284.〔前掲『存在の彼方へ』413頁〕

(11) *Ibid.*, p. 184-188.〔同書271－275頁〕

(12) *Ibid.*, p. 186.〔同書272頁〕

(13) *Ibid.*, p. 187.〔同書274頁〕

(14) *Ibid.*, p. 188.〔同書275頁〕

だで――《他者に向けて思考すること》をめぐる試論 新装版』合田正人／谷口博史訳（叢書・ウニベルシタス）、法政大学出版局、2015年、290－295頁〕

（3） *Ibid.*, p. 216.〔同書292頁〕

（4） *Hors sujet*, *op. cit.*, p. 166.〔前掲『外の主体』201頁〕

（5） *Ibid.*, p. 161.〔同書194頁〕

（6） *Ibid.*, p. 167.〔同書202頁〕

（7） *Ibid.*, p. 169.〔同書204頁〕

（8） *Ibid.*〔同書204頁〕

（9） *Ibid.*〔同書204頁〕

（10） *Ibid.*〔同書204頁〕

（11） *Ibid.* p. 169-170.〔同書204頁〕

（12） *Entre nous*, *op. cit.*, p. 216.〔前掲『われわれのあいだで』292頁〕

（13） *Ibid.* p. 218.〔同書294頁〕

（14） *Ibid.*〔同書294頁〕

（15） *Ibid.* p. 219.〔同書294頁〕

（16） P. Ricoeur, *Soi-même comme un autre*, *op. cit.*, p. 202.〔前掲『他者のような自己自身 新装版』223頁〕このような類似は、リクールが同書の第7～9章においてレヴィナスの作品に言及しているため、よりいっそう正当化される。

（17） *Ibid.*, p. 406.〔同書433頁〕

（18） *Ibid.*, p. 335 et 405.〔同書357、432頁〕リクールは該当ページにおいて、確信という自分の観念を展開している。

（19） ポール・リクールは1913年2月27日、エマニュエル・レヴィナスは1906年1月12日に生まれた。

（20） とりわけ、Theodor W. Adorno et Max Horkheimer, *Dialectique de la raison* (1947), trad. É. Kaufholtz, Paris, Gallimard, « Tel », 1974〔マックス・ホルクハイマー／テオドール・W・アドルノ『啓蒙の弁証法――哲学的断想』徳永恂訳（岩波文庫）、岩波書店、2007年〕を参照。

（21） François Dosse, *Paul Ricoeur. Le sens d'une vie (1913-2005)*, Paris, La Découverte, 2008〔フランソワ・ドッス『ポール・リクール――人生の意味（1913-2005）』（未邦訳）〕を参照。ポール・リクールは1940年から1945年までの5年間、西ポモージェのグロス・ボルン（現在のボルネ・スリノボ）にある捕虜士官収容所に収容された。

（22） « Sans nom », *op. cit.*, p. 145.〔前掲「無名／旗なき名誉」190頁〕

（23） *Ibid.*, p. 141.〔同書185頁〕

（24） *Ibid.*, p. 142.〔同書186頁〕

（25） *Ibid.*, p. 143-144.〔同書188－189頁〕

(30) *Ibid.*〔同書547頁〕

(31) *Ibid.*〔同書547頁〕

(32) Sören Kierkegaard, *Crainte et Tremblement* (1843), in *Œuvres complètes*, trad. P.-H. Tisseau et E.-M. Jacquet-Tisseau, Paris, L'Orante, 1972, t. V, Ⅲ, p. 86 et 117-130.〔キェルケゴール『キェルケゴール著作全集3上 畏れとおののき 受け取り直し 不安の概念』尾崎和彦訳、創言社、2010年、80、104−115頁〕

(33) それゆえ、キェルケゴールは次のように書いている「もし私が信仰をもっていたとするなら、私はレギーネのもとに留まっていただろう」。以下を参照。*L'Alternative*, in *Œuvres complètes*, trad. P.-H. Tisseau et E.-M. Jacquet-Tisseau, Paris, L'Orante, 1970, t. IV, Ⅳ, p. 107.〔キェルケゴール『キェルケゴール著作全集2 これか − あれか』太田早苗／大谷長訳、創言社、1994年、156頁〕同様に、『畏れとおののき』において、彼は諦念の騎士——騎士と〈絶対者〉の絶対的関係がこの騎士を孤立させる——をアブラハムによって受肉した信仰の騎士に対立させる。後者の信仰は、神が最終的にイサクの犠牲を諦めるほど全面的である。アブラハムは〈絶対者〉との人格的関係をもちながらも、幸福に生きることができる。

(34) E. Levinas, *Totalité et infini*, *op.*, *cit.*, p. 341.〔前掲『全体性と無限』547頁〕

(35) *Ibid.*, p. 342.〔同書548頁〕

(36) *Ibid.*〔同書548頁〕

(37) *Ibid.*〔同書548頁〕

(38) *Ibid.*〔同書548頁〕

(39) この演説の抜粋は以下のアドレスから閲覧することができる。http://www.jaures.eu/ressources/de_jaures/le-capitalisme-porte-en-lui-la-guerre-1895/

(40) *Totalité et infini*, *op.*, *cit.*, p. 342.〔前掲『全体性と無限』548−549頁〕

(41) *Ibid.*〔同書549頁〕

(42) *Ibid.*〔同書549頁〕

(43) Theodor W. Adorno, *Minima moralia. Réflexions sur la vie mutilée,* trad. É. Kaufholz et J.-R. Ladmira, Paris, Payot, 2003.〔テーオドル・W・アドルノ『ミニマ・モラリア——傷ついた生活裡の省察 新装版』三光長治訳（叢書・ウニベルシタス）、法政大学出版局、2009年〕

(44) E. Levinas, *Totalité et infini*, *op.*, *cit.*, p. 343.〔前掲『全体性と無限』549−550頁〕

(45) 最後の引用箇所は、『憂鬱』「私は千年生きたよりも多くの思い出をもつ」と題されたボードレールの詩の2つの詩句に合致する。この詳細についてローラン・ベルジェに感謝する。

第14章　人権の現象学と文明

(1) Emmanuel Levinas, *Hors sujet*, *op. cit.*, p. 157-170.〔エマニュエル・レヴィナス『外の主体』合田正人訳、みすず書房、1997年、191−205頁〕

(2) Emmanuel Levinas, *Entre nous*, *op. cit.*, p. 215-219.〔エマニュエル・レヴィナス『われわれのあい

(3) *Ibid.*〔同書541頁〕

(4) *Ibid.*〔同書541頁〕

(5) *Ibid.*〔同書541－542頁〕

(6) *Ibid.*〔同書542頁〕

(7) *Ibid.*, p. 337-338.〔同書542頁〕

(8) Emmanuel Levinas, *Humanisme de l'autre homme*, Paris, Le Livre de Poche, « Biblio-Essais », 2012, p. 73-87.〔エマニュエル・レヴィナス『他者のユマニスム』小林康夫訳(叢書言語の政治)、書肆風の薔薇、1990年、105－130頁〕

(9) *Totalité et Infini*, *op. cit.*, p. 338.〔前掲『全体性と無限』542頁〕

(10) *Ibid.*〔同書542頁〕

(11) *Ibid.*〔同書542頁〕

(12) *Ibid.*〔同書542－543頁。ペリュションは、« me commande comme libre » と引用しているが、レヴィナスの原文の冒頭から引用すると、« Mais la vraie extériorité est métaphysique – elle ne pèse pas sur l'être séparé et le commande comme libre» である。したがって、ペリュションは「分離した存在」を「自我」に読み替えて引用している〕。

(13) *Ibid.*〔同書543頁〕

(14) *Totalité et Infini*, *op. cit.*, p. 338.〔前掲『全体性と無限』543頁〕

(15) *Ibid.*〔同書543頁〕

(16) *Ibid.* p. 339.〔同書543頁〕

(17) *Ibid.*〔同書543頁〕

(18) *Ibid.*〔同書543－544頁〕

(19) *Ibid.*〔同書544頁〕

(20) Max Horkheimer, *Eclipse of Reason* (1947), London, Bloomsbury, 2013, p. 20.〔マックス・ホルクハイマー『理性の腐蝕』山口祐弘訳、せりか書房、1987年、57－58頁〕

(21) *Totalité et infini*, *op. cit.*, p. 339.〔前掲『全体性と無限』544頁〕

(22) *Ibid.*, p. 339-340.〔同書545頁〕

(23) *Ibid.*〔同書545頁〕

(24) *Ibid.*, p. 340.〔同書545頁〕

(25) *Ibid.*, p. 340-341.〔同書546頁〕

(26) *Ibid.*, p. 341.〔同書546頁〕

(27) *Ibid.*〔同書546頁〕

(28) *Ibid.*〔同書547頁〕

(29) *Ibid.*〔同書547頁〕

(22) *Ibid.*, p. 236.〔同書380頁〕

(23)「自由・平等・博愛」という定式は、1848年に第二共和政によって、そして何よりも、1879年以降に第三共和政によって標語に採用されたということに、ついでに触れておこう。

(24) *Totalité et Infini, op. cit.*, p. 238.〔前掲『全体性と無限』383頁〕

第12章　正義において私は何をなすべきか

(1) *Autrement qu'être, op. cit.*, p. 245.〔前掲『存在の彼方へ』357頁〕

(2) *Ibid.*〔同書358頁〕

(3) François Poirié, *Emmanuel Levinas, op. cit.*, p. 143-144.〔前掲『暴力と聖性』160頁〕

(4) *Autrement qu'être, op. cit.*, p. 247.〔前掲『存在の彼方へ』360頁〕

(5) *Ibid.*〔同書359–360頁〕

(6) *Ibid.*, p. 245.〔同書358頁〕

(7) *Ibid.*, p. 246.〔同書359頁〕

(8) *Ibid.*, p. 247.〔同書360頁〕

(9) François Poirié, *Emmanuel Levinas*, p. 135.〔前掲『暴力と聖性』151頁〕

(10) *Ibid.*, p. 140.〔同書157頁〕

(11) ジャック・デリダが「暴力と形而上学」(前掲『エクリチュールと差異』所収)で提起している問いを参照のこと。

(12) *Autrement qu'être, op. cit.*, p. 247.〔前掲『存在の彼方へ』361頁〕

(13) *Ibid.*, p. 246.〔同書359頁〕

(14) *Ibid.*, p. 248.〔同書362頁〕

(15) F. Poirié, *Emmanuel Levinas, op cit.*, p. 137.〔前掲『暴力と聖性』154頁〕

(16) *Ibid.*, p. 132.〔同書148頁〕

(17) *Autrement qu'être, op. cit.*, p. 249.〔前掲『存在の彼方へ』363頁〕

(18) F. Poirié, *Emmanuel Levinas*, p. 115 et 132-133.〔前掲『暴力と聖性』130–131、148–149頁〕

(19) *De Dieu qui vient à l'idée*, p. 262.〔前掲『観念に到来する神について』310–311頁〕

(20) *Ibid.*〔同書311頁〕

(21) *Autrement qu'être, op. cit.*, p. 248.〔前掲『存在の彼方へ』361–362頁〕

第Ⅶ部　もう一つのヒューマニズム

第13章　多元的様態、善性、平和

(1) *Totalité et infini, op. cit.*, p. 337.〔前掲『全体性と無限』541頁〕

(2) *Ibid.*〔同書541頁〕

第11章　倫理と政治

(1) *Éthique et Infini, op. cit.*, p. 73-74.〔前掲『倫理と無限』99–101頁。筆者が参照しているこの箇所では、対談者のフィリップ・ネモが、社会における人々の多元性が可能となるのは「秘密」を起点としてのみであるという『全体性と無限』の一節（89-90頁）を引用している。しかし、レヴィナスは自身の発言のなかでこの語を用いてはいない〕

(2) *Totalité et Infini, op. cit.*, p. 234-235.〔前掲『全体性と無限』377–379頁〕

(3) *Ibid.*, p. 234.〔同書377頁〕

(4) レヴィナスにおける倫理と政治の関係に関心があり、別の解釈に触れることを望む読者には、ジェラール・ベンスーサンの著作『倫理と経験——政治的レヴィナス』〔未邦訳〕がある。著者は「倫理的二者関係の周囲に第三者が幽霊のように現前すること」を強調しており、また複数の第三者についても語っている。

(5) *Éthique et Infini, op. cit.*, p. 75.〔前掲『倫理と無限』102頁〕

(6) *Totalité et Infini, op. cit.*, p. 235.〔前掲『全体性と無限』379頁〕

(7) *Ibid.*, p. 236.〔同書381頁〕

(8) *Ibid.*, p. 234.〔同書376頁〕

(9) *Ibid.*〔同書376頁〕

(10) *Ibid.*〔同書376頁〕

(11) *Ibid.*〔同書377頁〕

(12) この点が、レヴィナスの哲学をマルティン・ブーバーの哲学から区別している。

(13) *Totalité et Infini, op. cit.*, p. 234.〔前掲『全体性と無限』377頁〕

(14) *Ibid.*〔同書377頁〕

(15) *Ibid.*〔同書377頁〕

(16) ジョン・ロックにおいては、啓示と私の理性から同時に由来する2つの先－政治的規範が、万人に課せられる。すなわち、自己の保護と種の保護である。したがって、私には、他人を飢餓に追いやりながら諸資源を独り占めすることも、人類を危地に陥れるような仕方で振る舞うことも、決してできない。同じく契約に先立っている自己の保護に関する自然法についてはというと、これはロックによる自殺の非難を説明づけている。次の著作を参照のこと。*Le Second traité du gouvernement* (1690), trad. J.-F. Spitz avec la collaboration de C. Lazzeri, Paris, PUF, « Épiméthée », 1993.〔ジョン・ロック「後編 政治的統治について」『完訳 統治二論』加藤節訳（岩波文庫）、岩波書店、2010年〕

(17) *Totalité et Infini, op. cit.*, p. 234.〔前掲『全体性と無限』377頁〕

(18) *Ibid.*〔同書377頁〕

(19) *Ibid.*, p. 235.〔同書378頁〕

(20) *Ibid.*〔同書378頁〕

(21) *Ibid.*〔同書379頁〕

(27) *De l'évasion, op. cit.*, p. 127.〔前掲『レヴィナス・コレクション』178頁〕

第10章　死と時間

(1) *Dieu, la mort et le temps, op. cit.*, p. 60-63.〔前掲『神・死・時間』68–73頁〕

(2) *Ibid.*, p. 60.〔同書68頁〕

(3) *Ibid.*〔同書68頁〕

(4) 次の著作におけるデリダの分析を参照のこと。*Apories*, Paris, Galilée, 1996, p. 128-138.〔ジャック・デリダ『アポリア 死す——「真理の諸限界」を［で／相］待－期する』港道隆訳、人文書院、2000年、142–155頁〕

(5) *Dieu, la mort et le temps, op. cit.*, p. 61.〔前掲『神・死・時間』69–70頁〕

(6) というのも実際、終末期の病人にとっては、現在の可能性と質が、企投以上に意味をもつからである。拙書『砕かれた自律——生命倫理と哲学』第2部第1章（前掲書）でもこのことを示唆した。

(7) *Ibid.*, p. 122-133.〔前掲『神・死・時間』146–160頁〕

(8) *Ibid.*, p. 129.〔同書155頁〕

(9) われわれの考えでは、動物もまた、われわれをこの超えられない限界へと差し向け、私は必ず死ぬ、私は生きたい、死にたくない、と訴えかける。動物はおそらく自分の死を先取りしない。だが、生命を失うのを恐れる経験をするときや、まさに殺されようとしているとき、死ぬことへの怖れを表現する。

(10) *Dieu, la mort et le temps, op. cit.*, p. 121.〔前掲『神・死・時間』145頁〕

(11) *Ibid.*, p. 133.〔同書159頁〕

(12) *Ibid.*, p. 133.〔前掲『神・死・時間』159頁〕

(13) *Ibid.*〔同書159–160頁〕

(14) *Ibid.*, p. 133.〔同書160頁〕

(15) *Ibid.*〔同書160頁〕

(16) *Ibid.*, p. 28.〔同書25頁〕

(17) *Ibid.*, p. 66.〔同書76頁〕

(18) *Ibid.*, p. 65.〔同書76頁〕レヴィナスはベルクソン『創造的進化』の次の箇所を引用している。*L'Évolution créatrice*, in *Œuvres*, Paris, PUF, 1970, p. 724-725.〔アンリ・ベルクソン『創造的進化』合田正人／松井久訳（ちくま学芸文庫)、筑摩書房、2010年、344頁。強調はレヴィナス〕

(19) *Ibid.*, p. 19.〔前掲『神・死・時間』14頁〕

(20) *De l'existence à l'existant, op. cit.*, p. 100.〔前掲『実存から実存者へ』129–130頁〕

第VI部　第三者と正義

(1) François Poirié, *Emmanuel Levinas, op. cit.*, p. 90.〔前掲『暴力と聖性』105頁〕

(3) Emmanuel Levinas, *Quelques réflexions sur la philosophie de l'hitlérisme* (1934), Paris, Payot, 1997, p. 24.〔エマニュエル・レヴィナス「ヒトラー主義哲学に関する若干の考察」、前掲『レヴィナス・コレクション』107頁〕

(4) *Ibid.*, p. 8.〔同書93頁〕

(5) Johann Chapoutot, *Le National-Socialisme et l'Antiquité*, Paris, PUF, 2008.〔ヨアン・シャプト『国家社会主義と古代』(未邦訳)〕

(6) *Quelques réflexions sur la philosophie de l'hitlérisme*, *op. cit.*, p. 14-15.〔前掲「ヒトラー主義哲学に関する若干の考察」99頁〕

(7) *Ibid.*, p. 15.〔同書99頁〕

(8) *Ibid.*, p. 20.〔同書104頁〕

(9) *Ibid.*, p. 21.〔同書104頁〕

(10) *Ibid.*〔同書104頁〕

(11) *Ibid.*, p. 15-16.〔同書99–100頁〕

(12) *Ibid.*, p. 16.〔同書100頁〕

(13) *Ibid.*, p. 18.〔同書101頁〕

(14) *Ibid.*, p. 18-19.〔同書102頁〕

(15) *Ibid.*, p. 19.〔同書102–103頁〕

(16) *Ibid.*, p. 20.〔同書103頁〕

(17) *Ibid.*, p. 21.〔同書104頁〕

(18) Leo Strauss, « Sur le nihilisme allemand » (1941), *Nihilisme et Politique*, trad. O. Sedeyn, Paris, Payot & Rivages, 2001, p. 31-76.〔レオ・シュトラウス「ドイツのニヒリズムについて――1941年2月26日発表の講演」國分功一郎訳、『思想』第1014号、岩波書店、2008年、247–272頁〕

(19) *Quelques réflexions sur la philosophie de l'hitlérisme*, *op. cit.*, p. 23.〔前掲「ヒトラー主義哲学に関する若干の考察」106頁〕

(20) *De l'évasion*, *op. cit.*, p. 96 et 97.〔前掲「逃走論」149、150頁〕

(21) *Ibid.*, p. 98.〔同書151頁〕

(22) *Ibid.*, p. 127.〔同書177頁〕

(23) *Ibid.*, p. 97.〔同書150頁〕

(24) *Ibid.*, p. 94.〔同書147頁〕

(25) François Poirié, *Emmanuel Levinas*, *op. cit.*, p. 84.〔前掲『暴力と聖性』98–99頁〕

(26)『存在と時間』からの引用に際して本書で使用したのは、仏訳書 *Être et temps*, traduction par Emmanuel Martineau, Authentica, 1985, p. 264-266である〔*Sein und Zeit*, Neunzehnte Auflage, Max Niemeyer, 2006, S. 382-387(以下、同著作を *SZ* と略記);マルティン・ハイデッガー『存在と時間』下、細谷貞雄訳(ちくま学芸文庫)、筑摩書房、1994年、321–331頁〕。

(13) *Totalité et Infini*, *op. cit.*, p. 163.〔前掲『全体性と無限』269頁〕

(14) この語が習俗・慣習・習慣だけでなく、家畜小屋、つまり放牧のあとに動物たちが戻ってくる場所を表していたことを思い起こそう。したがって内部と外部、内奥と出発地点には紐帯がある。

(15) Voir *Les Nourritures*, *op. cit.*, p. 79–158.

(16) Martin Heidegger, « Bâtir, habiter, penser », *Essais et conférences*, trad. A. Préau, Paris, Gallimard, 1958, p. 170–193〔マルティン・ハイデガー「建てること、住むこと、考えること」『技術とは何だろうか――三つの講演』森一郎編訳（講談社学術文庫）、講談社、2017年、61-94頁〕; Henry Maldiney, *Regard, parole, espace*, Paris, Cerf, « Bibliothèque du Cerf », 2013〔アンリ・マルディネ『眼差し、発話、空間』（未邦訳）〕; Watsuji Tetsuro, *Fûdo. Le milieu humain*, trad. A. Berque, P. Couteau et K. Akinobu, Paris, CNRE Editions, « Reseau Asie », 2011.〔和辻哲郎『風土――人間学的考察』（岩波文庫）、岩波書店、1979年〕

(17) Augustin Berque, *Écoumene. Introduction à l'étude des milieux humains*, Paris, Belin, 1987.〔オーギュスタン・ベルク『風土学序説――文化をふたたび自然に、自然をふたたび文化に』中山元訳、筑摩書房、2002年〕

(18) E. Straus, *Du sens des sens* Contribution à l'étude des fondements de la psychologie, trad. G. Thinès et J.-P. Legrand, Grenoble, J. Million, « Krisis », 2000. シュトラウスによれば、これはマルディネが被触発的（pathique）と呼んだものである。

(19) Maurice Merleau-Ponty, *Causeries* (1948), sous la direction de Stéphanie Ménasé, Paris, Seuil, « Traces écrites », 2012〔モーリス・メルロ＝ポンティ、ステファニ・メナセ校訂『知覚の哲学――ラジオ講演 1948年』菅野盾樹訳（ちくま学芸文庫）、筑摩書房、2011年〕以下も参照。*La Nature. Notes de cours – Collège de France, cours de 1956-1960*, texte établi par Dominique Séglard, Paris, Seuil, « Traces écrites », 1995.〔モーリス・メルロ＝ポンティ、ドミニク・セグラール編『自然――コレージュ・ド・フランス講義ノート』松葉祥一／加國尚志訳、みすず書房、2020年〕

(20) レヴィナスはこの顧慮の概念を用いることはなかった。しかし、カントにとって、尊敬は個人の尊敬ではなくつねに人格の尊敬であるが、そのような尊敬と、見られる者を見る者として個別化する顧慮のあいだの区別は、レヴィナスの倫理と関係をもたないわけではない。それは、顧慮の倫理が徳倫理であるにもかかわらずそうなのだ。以下を参照。*Éthique de la considération*, *op. cit.*, p. 236-239.

第Ⅴ部　生ける身体と政治的身体

(1) *De l'évasion*, *op. cit.*, p. 99.〔前掲「逃走論」153頁〕

第9章　身体と他性

(1) *De l'évasion*, *op. cit.*, p. 109.〔前掲「逃走論」161頁〕

(2) 『クリティカル・インクワイアリー』1990年秋号（*Critical Inquiry*, automne 1990, vol. 17, nº 1, p. 63-71）で発表された「ヒトラー主義哲学に関する若干の考察」の英訳にレヴィナスが付した後書きを参照のこと。

(16) *Les Nourritures, op.cit.*, p. 43.〔前掲『糧』37－38頁〕

(17) *Ibid.*〔同書37－38頁〕生への原初的な愛着は、レヴィナスが語らない旺盛な食欲においてだけでなく、乳児が母親の乳や哺乳瓶をがつがつ吸う仕方においても明白である。

(18) *Ibid.*, p. 44.〔同書38頁〕

(19) *Totalité et Infini, op. cit.*, p. 142.〔前掲『全体性と無限』236頁〕

(20) *Ibid.*〔同書237頁〕

(21) *Ibid.*, p. 136.〔同書228頁。引用の原文は以下のとおりであるが、引用において下線の箇所が « seulement» に変更されている。 « simplement le vis-à-vis ou le contemporain de la pensée et de sa liberté constituante»〕

(22) *Ibid.*〔同書228頁〕

(23) C. Pelluchon, *Les Nourritures, op. cit.*, p. 21-24〔前掲『糧』17－20頁〕et « Le monde des nourritures chez Levinas : de la jouissance à la justice », *Levinas : au-delà du visible, Cahiers de philosophie de Caen*, collectif sur les Inédits de Levinas dirigé par E. Housset et R. Calin, PUC, 2012, N°49, septembre 2012, p. 283–302.〔コリーヌ・ペリュション「レヴィナスにおける糧の世界――享受から正義へ」『レヴィナス――見えるものの彼方 カーン哲学手帖』(未邦訳)〕

(24) *De Dieu qui vient à l'idée* (1982), Paris , Vrin, 2004, p. 262.〔前掲『観念に到来する神について』321－322頁〕

(25) *Ibid.*〔同書321－322頁〕

第8章　重力と局所化

(1) *Totalité et Infini, op.cit.*, p. 134 sq.〔前掲『全体性と無限』225頁以下〕

(2) Edmund Husserl, *La terre ne se meut pas*, trad. D. Franck, D. Pradelle, J.-F. Lavigne, Paris, Minuit, « Philosophie », 1989.〔エトムント・フッサール『大地は動かない』(未邦訳)〕

(3) Paul Ricoeur, *Soi-même comme un autre, op. cit.*, p. 178.〔前掲『他者のような自己自身 新装版』193－194頁〕

(4) Husserl, *La terre ne se meut pas, op. cit.*, p. 27.

(5) *Totalité et Infini*, op.cit., p. 163.〔前掲『全体性と無限』270頁〕

(6) *Ibid.*, p. 164.〔同書271頁〕

(7) *Ibid.*, p. 166.〔同書275頁〕

(8) *Ibid.*, p. 162.〔同書269頁〕

(9) « Sans Nom » , *Noms propres* (1976), Paris, Le livre de Poche, coll. « Biblio-Essais », 1987, p. 144.〔前掲「無名／旗なき名誉」190頁〕

(10) *Ibid.*〔同書189頁〕

(11) *Totalité et Infini, op. cit.*, p. 164–167.〔前掲『全体性と無限』272－275頁〕

(12) « Sans Nom », *op. cit.*, p. 145.〔前掲「無名／旗なき名誉」190頁〕

第Ⅳ部　「〜によって生きる」の哲学

第7章　受容性と体内化としての実存

（1） *Totalité et Infini, op. cit.,* p. 112.〔前掲『全体性と無限』191頁〕

（2） *Ibid.*, p. 111-196.〔同書189−319頁〕

（3） 拙著『糧』は、糧というレヴィナスの考えから着想を得ているが、それと同時にその批判でもある。というのも、われわれは食べるや否や、一般的な仕方でいえば、われわれの糧への関係において、地球での居住、環境ないし資源の利用において、倫理のうちにいるということを示すからだ。倫理とは、われわれが実存のただなかで人間ならびに人間ではない他者たちに認める場として考えられる。われわれはこの点について「享受から正義へ」と題された一節のなかで詳しく見る。

（4） *Ibid.*, p. 113.〔同書191−192頁〕

（5） *Ibid.*, p. 135.〔同書226頁〕

（6） 1948年の『レ・タン・モデルヌ』が初出であるテクストにおいて、レヴィナスは、ジャン・ヴァールの下越の観念を取り上げて次のように明言している。すなわち、概念から逃れてしまう感じることをその物質性において探求することが芸術の特性である。芸術はメルロ＝ポンティが考えるのとは反対に真理を開示しないが、「現実の影」を理解させてくれる。« La réalité et son ombre », *Les Imprévus de l'histoire,* p. 107–127.〔エマニュエル・レヴィナス「現実とその影」、前掲『レヴィナス・コレクション』301−332頁〕

（7） Descartes, *Méditations métaphysiques,* II, *Œuvres philosophiques,* t. II, ed. F. Alquié, Paris, Classiques Garnier, 1967, p. 423–429.〔ルネ・デカルト『省察』山田弘明訳（ちくま学芸文庫）、筑摩書房、2006年、51−57頁〕

（8） *Totalité et Infini, op.cit.,* p. 143 et 136.〔前掲『全体性と無限』238、227−228頁〕レヴィナスはここでデカルトの感性的なものの哲学を称賛している。おそらくベルクソンからの借用もあるだろう。ベルクソンは諸感覚の無限小の特徴について、その特異性について主張している。こうした特徴を日常言語は表すことができず、凝固させる。

（9） *Ibid.*, p. 141.〔同書236頁〕

（10） *Ibid.*, p. 154.〔同書256頁〕

（11） *De l'existence à l'existant, op. cit.*, p. 68.〔前掲『実存から実存者へ』89頁〕

（12） *Totalité et Infini, op. cit.,* p. 154.〔前掲『全体性と無限』256頁〕

（13） *Ibid.*, p. 141.〔同書236頁〕

（14） *Ibid.*〔同書236頁。この引用は正確ではない。引用箇所の原文は以下のとおりである。« Elle consiste à mordre à pleines dents aux nourritures du monde, à agréer le monde comme richesses ».「それ〔実存に対する無頓着〕は、世界の糧にがつがつと食らいつくことであり、豊かさとしての世界を快く受け入れることである」〕。

（15） *Ibid.*, p. 142.〔同書236頁〕

(2) *Ibid.*, 282.〔同書411頁〕

(3) レヴィナスがこの区別をしている論文「～のために死ぬこと」〔前掲『われわれのあいだで』273－289頁〕を参照。さらに以下も参照。Jean-Luc Marion, « La substitution et la sollicitude. Comment Levinas reprit Heidegger », *Emmanuel Levinas et les territoires de la pensée*, D. Cohen-Levinas et B. Clément (dir.), Paris, PUF, « Épiméthée », 2007, p. 51-72.

(4) *Autrement qu'être, op. cit.*, p. 222.〔前掲『存在の彼方へ』323頁〕

(5) *Ibid.*, p. 186.〔同書272頁〕

(6) *Entre nous, op. cit.*, p. 210-214.〔前掲『われわれのあいだで』282－289頁〕

(7) この類比は、ジョエル・シェカルディによる。

(8) *Autrement qu'être, op. cit.*, p. 228.〔前掲『存在の彼方へ』317頁〕

(9) *Entre nous, op. cit.*, p. 177-188.〔前掲『われわれのあいだで』237－254頁〕

(10) *Autrement qu'être, op. cit.*, p., 174.〔前掲『存在の彼方へ』256頁〕

(11) *Ibid.*, p., 180.〔同書265頁〕

(12) *Ibid.*, p., 186.〔同書272頁〕

(13) この表現はジャン＝リュック・マリオンのものである。Cf. Jean-Luc Marion, « La substitution et la sollicitude. Comment Levinas reprit Heidegger », *op. cit.*, p. 69.

(14) *Autrement qu'être, op. cit.*, p.181.〔前掲『存在の彼方へ』266頁〕

(15) Jean-Luc Marion, « La substitution et la sollicitude. Comment Levinas reprit Heidegger », *op. cit.*, p. 67.

(16) *Autrement qu'être, op. cit.*, p.186.〔前掲『存在の彼方へ』273頁〕

(17) *Ibid.*, p. 180-181.〔同書265頁〕

(18) Theodor W. Adorno, « Après Auschwitz », *Dialectique négative*, Paris, Payot, 2003, p. 437-442.〔テオドール・W・アドルノ『否定弁証法』木田元／渡辺祐邦／須田朗／徳永恂／三島憲一／宮武昭訳、作品社、1996年、438-444頁〕

(19) *Autrement qu'être, op. cit.*, p, 228.〔前掲『存在の彼方へ』332頁〕さらに以下も参照。*De Dieu qui vient à l'idée* (1982), Paris, Vrin, 2004, p. 135.〔エマニュエル・レヴィナス『観念に到来する神について 新装版』内田樹訳、国文社、2017年、165頁〕さらに付言すれば、『倫理と無限』(98／130頁) においてレヴィナスは『カラマーゾフの兄弟』を別のかたちで引用し、「有罪である」の代わりに「責任を負っている」と書いている。「私たちは皆、すべてのことについて、万人の前で万人について責任を負っているのです。しかも他の誰よりも私がそうなのです」。

(20) Claudine Vegh, *Je ne lui ai pas dit au revoir. Des enfants de déportés parlent*, Paris, Gallimard, 1996.

調は引用者。

(12) *Ibid.*, p. 85.〔同書131-132頁〕

(13) Simone de Beauvoir, *La Vieillesse,* Paris, Gallimard, 1970, p. 309.〔シモーヌ・ド・ボーヴォワール『老い 新装版』下、朝吹三吉訳、人文書院、2013年、18頁〕さらに以下も参照。Corine Pelluchon, « La vieillesse et l'amour du monde », *Esprit*, no 366, 2010, p. 171-180.

(14) Simone de Beauvoir, *La Vieillesse, op. cit.*, p. 311.〔前掲『老い』下、21頁〕

(15) 同書。

(16) *De l'existence à l'existant, op.cit.*, p. 45.〔前掲『実存から実存者へ』59頁〕

(17) このような傷つきやすさの倫理の三項構造は、『砕かれた自律』では、主体の哲学を基礎づけるものとして論じた。この考えは、自己との関係、他者との関係、制度との関係を分節化するポール・リクールに多くを負っている。とりわけ以下を参照。*Soi-même comme un autre, op. cit.*, p. 202／前掲『他者のような自己自身 新装版』223頁。

(18) 考慮とは、「〜によって生きる」「〜とともに生きる」「〜のために生きる」のあいだに存する紐帯についての意識である。以下を参照。*Éthique de la considération, op. cit.*, p. 159-160.

(19) これが拙著『傷つきやすさの倫理のための諸要素――人間、動物、自然』から『糧――政治的身体の哲学』にいたる道筋である。後者で筆者はレヴィナスのいくつかの主張について、とりわけ、彼が糧の世界と正義とのあいだに認める分離について論じている。

(20) Jacques Derrida, *L'Animal que donc je suis*, Paris, Galilée, 2006, p. 162.〔ジャック・デリダ、マリ＝ルイーズ・マレ編『動物を追う、ゆえに私は〈動物で〉ある』鵜飼哲訳、筑摩書房、2014年、215頁〕

(21) *Ibid.*, p. 156.〔同書206–207頁〕

(22) E. Levinas, « Nom d'un chien ou le droit naturel », *Difficile liberté* (1963), Paris, Le Livre de poche, « Biblio − Essais », 2003, p. 234〔E・レヴィナス「犬の名前、あるいは自然権」『困難な自由 増補版・定本全訳 新装版』合田正人監訳・三浦直希訳（叢書・ウニベルシタス）、法政大学出版局、2022年、204頁。このテクストは『困難な自由』1963年版ではなく、1976年版に所収〕。

(23) *Ibid.*, 234-235／204–205頁。

第6章　責任から身代わりへ

(1) *Autrement qu'être, op. cit.*, p. 189.〔前掲『存在の彼方へ』276頁。引用文そのものは該当箇所に見当たらないが、類似の内容を語っている箇所として以下を参照。« Que l'emphase de l'ouverture soit la responsabilité pour l'autre jusqu'à la substitution – le *pour l'autre* du dévoilement , de la monstration à l'autre, virant en *pour l'autre* de la responsabilité – c'est en somme la thèse du présent ouvrage. »（開口のこのような誇張、それは身代わりに行き着く、他人に対する責任であり、身代わりにおいては、他人への開示ないし顕出としての対他が、責任としての「他人のために」〔他人の代わりに〕に一変する。つまるところ、これが本書の主張である〕

第Ⅲ部　責任、傷つきやすさ、身代わり

第5章　実践的な含意——医療、政治、動物の問い

(1) これらの考えについては、すでに以下のいくつかの著作で展開した。*L'Autonomie brisée. Bioéthique et philosophie* (2009), Paris, PUF, 2014.〔コリーヌ・ペリュション『砕かれた自律——生命倫理と哲学』(未邦訳)〕さらに以下の論文も参照。« Levinas et l'éthique médicale », *Cahiers d'Études lévinassiennes*, avril 2010, no 9, p. 239-256.〔コリーヌ・ペリュション「レヴィナスと医療倫理」(未邦訳)〕

(2) John Rawls, *La Théorie de la justice comme équité* (1971), trad. C. Audard, Paris, Points essais, 1997.〔ジョン・ロールズ『正義論 改訂版』川本隆史／福間聡／神島裕子訳、紀伊國屋書店、2010年〕

(3) この表現は、〔本書の元となる〕セミナーのなかで、ティエリー・ビレットが用いたものである。彼は、患者を診るときに、こうした感情を抱くことがあるとし、レヴィナスの非対称性の考えと、小児神経医としての自身の経験が共鳴していることを強調している。

(4) Paul Ricœur, *Soi-même comme un autre*, Paris, Points essais, 1990, p. 387-393.〔ポール・リクール『他者のような自己自身 新装版』久米博訳（叢書・ウニベルシタス）、法政大学出版局、2010年、413-420頁〕さらに以下も参照。*Autrement. Lecture d'Autrement qu'être ou Au-delà de l'essence*, Paris, PUF, « Collège international de philosophie », 1997.〔ポール・リクール『別様に——エマニュエル・レヴィナスの『存在するとは別様に、または存在の彼方へ』を読む』関根小織訳・解説、現代思潮新社、2014年〕

(5) Emmanuel Levinas, *Du sacré au saint. Cinq nouvelles lectures talmudiques* (1968), Paris, Minuit, 1977, p. 20.〔エマニュエル・レヴィナス『タルムード新五講話——神聖から聖潔へ 新装版』内田樹訳、人文書院、2015年、23－24頁〕レヴィナスはリトアニアのラビであるイスラエル・サランテルを引用している。

(6) Emmanuel Levinas, *Autrement qu'être ou Au-delà de l'essence* (1974), Paris, Le Livre de Poche, « Biblio-Essais », 1996, p. 180.〔E・レヴィナス『存在の彼方へ』合田正人訳（講談社学術文庫）、講談社、1999年、265頁〕

(7) *Ibid.*〔同書265頁〕

(8) この解釈およびこの節でなされた分析全般は、前著『砕かれた自律』および『顧慮の倫理』における私の仕事の中核にある。

(9) John Rawls, *La Théorie de la justice comme équité, op. cit.*, §22.〔前掲『正義論 改訂版』第22章〕ロールズは、自身の正義論は、こうした条件のものでしか適用可能ではないと書いている。この条件は、彼が、ヒュームに倣って、「正義の状況」と呼ぶものに関わっている。

(10) これらの問いは、以下の拙著で展開された。*Éléments pour une éthique de la vulnérabilité. Les hommes, les animaux, la nature, op. cit.*〔コリーヌ・ペリュション『傷つきやすさの倫理のための諸要素——人間、動物、自然』(未邦訳)〕

(11) *Autrement qu'être ou Au-delà de l'essence, op. cit.*, p. 86-87.〔前掲『存在の彼方へ』131－132頁〕強

(4) *Totalité et Infini*, *op. cit.*, p. 44.〔前掲『全体性と無限』74頁〕

(5) *Le Temps et l'Autre*, *op. cit.*, p. 89.〔前掲「時間と他なるもの」288頁〕

(6)『著作集』第2巻の「権能と期限」を参照（« Pouvoirs et Origine », in *Œuvres* 2, *op. cit.*, p. 146.〔前掲「権能と起源」147頁〕)。「意識とは聴覚である」。

(7) *Totalité et Infini*, *op. cit.*, p. 142.〔前掲『全体性と無限』237頁〕

(8) *Ibid.*, p. 44.〔同書74–75頁〕

(9) Emmanuel Levinas, *Liberté et Commandement* , Paris, Le Livre de Poche, « Biblio–Essais », 2008, p. 97.〔エマニュエル・レヴィナス「超越と高さ」、ピエール・アヤ編『歴史の不測――付論 自由と命令・超越と高さ』合田正人／谷口博史訳（叢書・ウニベルシタス）、法政大学出版局、1997年、258頁〕

(10) *Totalité et Infini*, *op. cit.*, p. 5.〔前掲『全体性と無限』15頁〕

(11) *Ibid.*, p. 28.〔同書50–51頁〕

(12) *Ibid.*, p. 44.〔同書75頁〕

(13) *Ibid.*, p. 30.〔同書53頁〕

(14) *Ibid.*, p. 212.〔同書344頁〕

(15) *Ibid.*, p. 212-213.〔同書345-346頁〕

第4章　顔と倫理

(1) *Ibid.*, p. 215-218.〔同書350－354頁〕

(2) *Ibid.*, p. 213.〔同書346頁〕

(3) *Ibid.*, p. 211.〔同書343-344頁〕

(4) *Ibid.*, p. 215.〔同書350頁〕

(5) *Ibid.*, p. 216.〔同書350－351頁〕

(6) ここは、この節について以下の著作において私たちが行なった分析に依拠している。*Tu ne tueras point. Réflexions sur l'actualité de l'interdit du meurtre*, Paris, Cerf, « Passages », 2013, chap. ii.〔コリーヌ・ペリュション『汝殺すなかれ――殺害の禁止の現代性についての考察』（未邦訳）〕

(7) *Totalité et Infini*, *op. cit.*, p. 216.〔前掲『全体性と無限』351頁〕

(8) David Rousset, *L'Univers concentrationnaire* (1965), Paris, Pluriel, 2019.〔ダヴィッド・ルッセ『強制収容所の世界』（未邦訳）〕

(9) *Totalité et Infini*, *op. cit.*, p. 216.〔前掲『全体性と無限』351頁〕

(10) *Ibid.*, p. 217.〔同書352頁〕

(11) *Ibid.*, p. 217.〔同書352頁〕

(12) *Ibid.*, p. 217.〔同書352–353頁〕

(13) この点は、とりわけ本書第Ⅶ部において検討したい。

(8) Emmanuel Levinas, *Éthique et Infini* (1982), Paris, Le Livre de Poche, « Biblio-Essais », 1996, p. 27-28.〔エマニュエル・レヴィナス『倫理と無限――フィリップ・ネモとの対話』西山雄二訳（ちくま学芸文庫）、筑摩書房、2010年、39頁〕

(9) *Ibid.*, p. 30-31.〔同書42－44頁〕

(10) Emmanuel Levinas, *Dieu, la mort et le temps*, Paris, Le Livre de Poche, « Biblio-Essais », 1995, p. 19.〔エマニュエル・レヴィナス、ジャック・ロラン編『神・死・時間』合田正人訳（叢書・ウニベルシタス）、法政大学出版局、1994年、13－14頁〕

(11) Emmanuel Levinas, *De l'existence à l'existant* (1947), Paris, Vrin, 2002, p. 97.〔エマニュエル・レヴィナス『実存から実存者へ』西谷修訳（ちくま学芸文庫）、筑摩書房、2005年、126頁〕

(12) *Ibid.*, p. 93.〔同書122頁〕

(13) Emmanuel Levinas, *De l'évasion* (1935), Paris, Le Livre de Poche, « Biblio-Essais », 1998, p. 99.〔エマニュエル・レヴィナス「逃走論」、前掲『レヴィナス・コレクション』152頁。厳密には、該当箇所において「釘付け（rivé）」ではなく「繋縛（enchaînement）」という言葉が使われている。「釘付け」という言葉は同論文のなかで数回用いられている〕。

(14) *Dieu, la mort et le temps, op. cit.*, p. 133.〔前掲『神・死・時間』159－160頁〕

(15) とりわけ以下を参照。Carol Gilligan, *Une voix différente. Pour une éthique du care* (1982), trad. A. Kwiatek, Paris, Flammarion, 2008〔キャロル・ギリガン『もうひとつの声で――心理学の理論とケアの倫理』川本隆史／山辺恵理子／米典子訳、風行社、2022年〕。それだけでなく、ジョアン・トロント、エヴァ・キテイその他の諸著作も参照。フランスにおいては、なかでもファビアンヌ・ブリュゲールやサンドラ・ロジエの仕事も参照。

(16) *Totalité et Infini, op. cit.*, p. 115.〔前掲『全体性と無限』194頁〕

(17) *Ibid.*, p. 142.〔同書236頁〕

(18) « Pouvoirs et Origine », in *Œuvres* 2, *op. cit.*, p. 109-150.〔エマニュエル・レヴィナス「権能と起源」、前掲『レヴィナス著作集2 哲学コレージュ講演集』109－151頁〕

(19) *Ibid.*, p. 144.〔同書145頁〕

第II部　他性と超越

第3章　顔と無限

(1) われわれのここでの分析は、『全体性と無限』の最初の部である「形而上学と超越」のいくつかの抜粋に関するものである。ここでの引用は以下である。*Totalité et Infini, op. cit.*, p. 43.〔前掲『全体性と無限』73頁〕

(2) *Totalité et Infini, op. cit.*, p. 43.〔前掲『全体性と無限』73頁〕

(3) Emmanuel Levinas, « La trace de l'autre » (1963), in *En découvrant l'existence avec Husserl et Heidegger, op. cit.*, p. 187-202.〔エマニュエル・レヴィナス「他者の痕跡」『実存の発見――フッサールとハイデッガーと共に』佐藤真理人／三谷嗣／小川昌宏訳（叢書・ウニベルシタス）、法政大学出版局、1996年、270-295頁〕

(7) Jacques Derrida, « Violence et métaphysique » (1964), in *L'Écriture et la Différence* (1967), Paris, Points essais, 1979, p. 117-228.〔ジャック・デリダ『エクリチュールと差異 改訳版』谷口博史訳（叢書・ウニベルシタス）、法政大学出版局、2022年〕

(8)「糧」および「教え」の講演は、それぞれ1950年2月16日と23日に哲学コレージュにて行なわれた。これら2つの講演は以下で出版された。*Parole et Silence et Autres Conférences. Œuvres 2*, Paris, Grasset-IMEC, 2011, p. 151-172 et 173-198.〔エマニュエル・レヴィナス『レヴィナス著作集2 哲学コレージュ講演集』ロドルフ・カラン／カトリーヌ・シャリエ監修、藤岡俊博／渡名喜庸哲／三浦直希訳、法政大学出版局、2016年、153－175、177－204頁〕

(9) Leo Strauss, « Essai d'introduction à *La Religion de la raison tirée des sources du judaïsme* », trad. O. Sedeyn, in *Études de philosophie politique platonicienne* (1983), Paris, Belin, 1992, p. 333-352.〔レオ・シュトラウス「ヘルマン・コーエン『理性の宗教』への導入的試論」合田正人訳、『思想』第1014号、岩波書店、2008年、156－174頁〕

(10) Leo Strauss, « Cohen et Maïmonide » (1931), trad. C. Pelluchon, *Revue de métaphysique et de morale*, 2003, no 2, p. 233-275. また以下も参照。Corine Pelluchon, *Leo Strauss : une autre raison, d'autres Lumières. Essai sur la crise de la rationalité contemporaine*, Paris, Vrin, 2005.〔コリーヌ・ペリュション『レオ・シュトラウス――もう一つの啓蒙のもう一つの理性』（未邦訳）〕

第2章　レヴィナス、一人の現象学者

(1) Edmund Husserl, *Méditations cartésiennes. Introduction à la phénoménologie*, trad. G. Peiffer et E. Levinas, Paris, Vrin, 1980. Voir ainsi la cinquième méditation, § 49 à 55, p. 90-109.〔フッサール『デカルト的省察』浜渦辰二訳（岩波文庫）、岩波書店、2001年、192－229頁〕

(2) Emmanuel Levinas, *Le temps et l'autre* (1979), Paris, PUF, « Quadrigue », 1983, p. 86.〔エマニュエル・レヴィナス「時間と他なるもの」『レヴィナス・コレクション』合田正人編訳（ちくま学芸文庫）、筑摩書房、1999年、286頁〕

(3) この表現は、ジャック・タミニオーによってしばしば用いられるものである。とりわけ以下を参照。Jacques Taminiaux, *Sillages phénoménologiques. Auditeurs et lecteurs de Heidegger*, Bruxelles, Ousia, 2002.〔ジャック・タミニオー『現象学の航跡――ハイデガーの聴衆と読者』（未邦訳）〕

(4) Leo Strauss, « La philosophie et la loi », in *Maïmonide*, trad. R. Brague, Paris, PUF, 1998, p. 31-33.〔レオ・シュトラウス「哲学と法」『マイモニデス』（未邦訳）〕

(5)『黒ノート（*schwarze Hefte*）』は、1931年から1975年の期間にわたる。そのうちのいくつかはフランス語に翻訳されている。Martin Heidegger, *Réflexions II-VI. Cahiers noirs (1931-1938)* et *Réflexions VII-XI (1938-1939)*, trad. F. Fédier, Paris, Gallimard, 2018.

(6) Nicolas Weill, *Heidegger et les cahiers noirs. Mystique du ressentiment*, Paris, CNRS Éditions, 2018, p. 75-77.〔ニコラ・ヴェイユ『ハイデガーと黒ノート――遺恨の神秘家』（未邦訳）〕

(7) Emmanuel Levinas, *Totalité et Infini. Essai sur l'extériorité* (1961), Paris, Le Livre de Poche, « Biblio-Essais », 1994, p. 154.〔エマニュエル・レヴィナス『全体性と無限』藤岡俊博訳（講談社学術文庫）、講談社、2020年、256頁〕

原　注

まえがき

(1) 以下を参照。*Emmanuel Levinas*, no 60, sous la direction de Catherine Chalier et de Miguel Abensour, Paris, Le Livre de Poche, « Cahiers de l'Herne », 1993. さらに、幾人かの名前を挙げるにとどめるが、ロドルフ・カラン、ラウル・モアティ、フランソワ＝ダヴィッド・セバーの単著や、ジェラール・ベンスーサン、カトリーヌ・シャリエ、ダニエル・コーエン＝レヴィナス、ディディエ・フランク、ジャン＝リュック・マリオンらの著作や論文も参照。彼らないし他の論者が編者となっている論集も忘れてはならない。国外でも、同じくらい刺激に富むレヴィナスについての研究が多くある。最後に、アラン・フィンケルクロート、ベニー・レヴィ、ベルナール＝アンリ・レヴィらによって2000年にレヴィナス研究所が設立されたことにも触れておこう。ここではセミナーが開催され、またジル・アニュスが編集長を務める『レヴィナス研究手帖』が公刊されている（https://levinas.fr/emmanuel-levinas/）。

第Ⅰ部　いくつかの予備的材料

第1章　一つの生、一つの作品

(1) 1996年、エマニュエル・レヴィナスの草稿は、ミカエル・レヴィナスによって、ノルマンディーのアルデンヌ大修道院に位置するIMEC（現代出版資料研究所）に保管された。そこにはレヴィナスの草稿、講義ノート、手紙、遺稿などが収められている。2009年、この豊富な資料によって、IMECはグラッセ社とのパートナーシップのもと、『著作集』の公刊を実現することになった。現在、第3巻までが出版されている。

(2) 関心のある人はいまもなおレヴィナスに捧げられたいくつもの伝記を参照することができる。とりわけ、Salomon Malka, *Emmanuel Levinas. La vie et la trace*, Lattès, 2002〔サロモン・マルカ『評伝レヴィナス――生と痕跡』慶應義塾大学出版会、2016年〕、特にMarie-Anne Lescouret, *Emmanuel Levinas,* Paris, Flammarion, 1994〔マリー＝アンヌ・レスクレ『エマニュエル・レヴィナス』（未邦訳）〕から貴重な情報を得た。また、以下も参照。François Poirié, *Emmanuel Levinas. Essai et entretiens avec François Poirié* (1987), Arles, Actes Sud, « Babel », 1996〔エマニュエル・レヴィナス／フランソワ・ポワリエ『暴力と聖性――レヴィナスは語る』内田樹訳、国文社、1991年〕同書はレヴィナスの人生と略歴を明らかにしている。

(3) F. Poirié, *Emmanuel Levinas. Essai et entretiens, op. cit.*, p. 81-84.〔前掲『暴力と聖性』96-99頁〕

(4) *Ibid.*

(5) Emmanuel Levinas, « Sans nom » (1966), in *Noms propres*, Paris, Le Livre de Poche, « Biblio-Essais », 1987, p. 142.〔エマニュエル・レヴィナス「無名／旗なき名誉」『固有名』合田正人訳、みすず書房、1994年、186頁〕

(6) こうしてミニュイ社の社長ジェローム・ランドンは、1968年から1998年まで、『タルムード講話』『聖なるものから聖潔へ』『聖句の彼方』『諸国民の時に』を出版する。

や

ら

た

な

は

ま

さ

し

事項索引

ま

ら

わ

人名索引

［訳者］

渡名喜庸哲（となき ようてつ）

立教大学文学部教授。主著に『現代フランス哲学』（筑摩書房）、『レヴィナスの企て——『全体性と無限』と「人間」の多層性』（勁草書房）、『カタストロフからの哲学——ジャン=ピエール・デュピュイをめぐって』（共編著、以文社）、訳書にグレゴワール・シャマユー『ドローンの哲学——遠隔テクノロジーと〈無人化〉する戦争』（明石書店）、クロード・ルフォール『民主主義の発明——全体主義の限界』（共訳、勁草書房）など。

樋口雄哉（ひぐち ゆうや）

同志社大学文学部嘱託講師・同志社大学ライフリスク研究センター嘱託研究員。著書に『個と普遍——レヴィナス哲学の新たな広がり』（共著、法政大学出版局）、訳書にコリーヌ・ペリュション『糧——政治的身体の哲学』（共訳、萌書房）、ジャン=ミシェル・ル・ラヌー『存在と力』（共訳、萌書房）、論文に「アンリとヴァール、近さと隔たり」（『ミシェル・アンリ研究』第12号）。

犬飼智仁（いぬかい ともひろ）

明治大学大学院文学研究科博士後期課程。著書に『レヴィナス読本』（共編、法政大学出版局）、論文に「レヴィナスにおける「最初の語ること」と神という語——哲学と宗教の交錯点」（『文学研究論集』第55号）。

［著者］

コリーヌ・ペリュション（Corine Pelluchon）

ギュスターヴ・エッフェル大学（旧パリ東大学）教授。1967年フランス生まれ。邦訳に『糧——政治的身体の哲学』（萌書房、2019年）、そのほかの主著に『動物主義者宣言』（2017年）、『顧慮の倫理』（2018年）、『世界の修復——人間、動物、自然』（2020年）、『生きもの時代の啓蒙』（2021年）など多数。2012年にはアカデミー・フランセーズからモロン賞、2020年ギュンター・アンダース批判思想賞を受賞。

レヴィナスを理解するために——倫理・ケア・正義

2023年12月26日　初版第1刷発行

著　者　コリーヌ・ペリュション
訳　者　渡名喜庸哲
　　　　樋口雄哉
　　　　犬飼智仁
発行者　大江道雅
発行所　株式会社 明石書店
〒101-0021　東京都千代田区外神田6－9－5
電話　03（5818）1171
ＦＡＸ　03（5818）1174
振替　00100-7-24505
https://www.akashi.co.jp/
装丁　宗利淳一
印刷／製本　モリモト印刷株式会社

（定価はカバーに表示してあります）　ISBN978-4-7503-5684-6

カタストロフか生か

コロナ懐疑主義批判

ジャン＝ピエール・デュピュイ 著
渡名喜庸哲 監訳

■四六判／並製／292頁 ◎2700円

新型コロナウイルス（COVID−19）が猛威を振るうなか、「生政治」や「剥き出しの生」といった概念のもと、パンデミックの深刻さを矮小化するコロナ懐疑主義。賢明な破局論で知られる気鋭の哲学者が、パンデミックにおける知識人たちの欺瞞を暴き出す。

● 内容構成 ●